CHINA TRANSPORT STATISTICAL YEARBOOK 2017

# 2017 中国交通运输统计年鉴

中华人民共和国交通运输部 编

Compiled by Ministry of Transport of the People's Republic of China

人民交通出版社股份有限公司

## 图书在版编目（CIP）数据

2017中国交通运输统计年鉴 / 中华人民共和国交通运输部编. — 北京：人民交通出版社股份有限公司，2019.2
ISBN 978-7-114-15340-2

Ⅰ.①2… Ⅱ.①中… Ⅲ.①交通运输业—统计资料—中国—2017—年鉴 Ⅳ.①F512.3-54

中国版本图书馆CIP数据核字（2019）第013050号

| | |
|---|---|
| 书　　名： | 2017中国交通运输统计年鉴 |
| 著　作　者： | 中华人民共和国交通运输部 |
| 责任编辑： | 张征宇　陈　鹏 |
| 责任校对： | 尹　静 |
| 责任印制： | 张　凯 |
| 出版发行： | 人民交通出版社股份有限公司 |
| 地　　址： | （100011）北京市朝阳区安定门外外馆斜街3号 |
| 网　　址： | http://www.ccpress.com.cn |
| 销售电话： | （010）59757973 |
| 总 经 销： | 人民交通出版社股份有限公司发行部 |
| 经　　销： | 各地新华书店 |
| 印　　刷： | 北京印匠彩色印刷有限公司 |
| 开　　本： | 880×1230　1/16 |
| 印　　张： | 16.5 |
| 字　　数： | 484千 |
| 版　　次： | 2019年3月　第1版 |
| 印　　次： | 2019年3月　第1次印刷 |
| 书　　号： | ISBN 978-7-114-15340-2 |
| 定　　价： | 300.00元 |

（有印刷、装订质量问题的图书由本公司负责调换
本书附同版本CD-ROM一张，光盘内容以书面文字为准）

# 《2017中国交通运输统计年鉴》
## 编委会和编辑工作人员

## 编 委 会

| | | | |
|---|---|---|---|
| 主　　任： | 李小鹏 | 交通运输部 | 部　长 |
| 副 主 任： | 戴东昌 | 交通运输部 | 副部长 |
| 编　　委： | 陈　健 | 交通运输部综合规划司 | 司　长 |
| | 徐亚华 | 交通运输部运输服务司 | 司　长 |
| | 庞　松 | 交通运输部科技司 | 司　长 |
| | 许如清 | 交通运输部中国海上搜救中心 | 常务副主任 |
| | 王振亮 | 交通运输部救捞局 | 局　长 |
| | 石宝林 | 交通运输部科学研究院 | 院　长 |
| | 陈胜营 | 交通运输部规划研究院 | 院　长 |

# 编辑工作人员

总 编 辑：陈 健

副总编辑：毛 健　崔学忠

编辑部主任：郑文英

编辑部副主任：余高潮　宋颖欣

编辑人员：许宝利　林小平　刘秀华　张 慧　刘 方　王 哲
　　　　　武瑞利　王望雄　王 涛　程 长　张若旗　宋晓丽
　　　　　余丽波　马海燕　张子晗　龙博学　陈 捷　赵 源
　　　　　张 赫　张皖杉　岳 雷　徐瑞光　仵思燃　杜雅萍
　　　　　李贺华　齐亚丽　周梦婕　王英平

# 编 者 说 明

一、为全面反映我国公路、水路交通运输业发展状况，方便各界了解中国交通运输建设与发展现状，交通运输部组织编辑了《2017中国交通运输统计年鉴》，供社会广大读者作为资料性书籍使用。

二、《2017中国交通运输统计年鉴》收录了2017年交通运输主要指标数据，正文内容具体分为交通运输综合指标、公路运输、水路运输、城市客运、港口吞吐量、交通固定资产投资、交通运输科技、救助打捞8篇。附录简要列示了1978年以来的交通运输主要指标，各篇前设简要说明；简要概述本部分的主要内容、资料来源、统计范围、统计方法以及历史变动情况等；各篇末附主要统计指标解释。

三、本资料的公路运输、水路运输、城市客运、港口吞吐量、交通固定资产投资、交通运输科技、救助打捞数据来源于交通运输部综合规划司、运输服务司、科技司、救捞局、中国海上搜救中心、各省（区、市）交通运输厅（局、委）、交通运输部所属单位、主要港口和有关运输企业；铁路运输相关指标来源于国家铁路局；航空运输主要指标来源于中国民用航空局；邮政行业主要指标来源于国家邮政局；个别指标数据引自国家统计局的统计资料。统计数据由交通运输部科学研究院交通信息中心负责整理和汇总。

四、根据2015年开展的公路水路运输量小样本抽样调查，对2015年公路水路运输量统计数据进行了调整。本资料中有关2016年年度公路水路客货运输量同期比均基于调整后的数据进行计算。

五、从2010年起，由交通运输部门管理的公共汽车、出租车不再纳入公路载客汽车统计，该部分数据纳入城市客运运力统计。

六、从2017年1月起，原厦门港及原漳州港统计范围按照所在地市行政区划调整，同期比按可比口径进行计算。

七、本资料中所涉及的全国性统计资料，除国土面积外，均未包括香港和澳门特别行政区以及台湾省的数据。

八、本资料部分数据对因计算单位取舍不同或计算时四舍五入而产生的计算误差未做调整。

九、本资料的符号使用说明：

"-"表示该项数据为零，或没有该项数据，或该项数据不详；

"/"表示该项不宜比较；

"…"表示该项数据不足最小单位数；

"#"表示其中的主要项；

"*"或"①、②、…"表示有注解。

中华人民共和国交通运输部

二〇一八年九月

# 目 录
## CONTENTS

### 一、交通运输综合指标

简要说明 ··································································································· (2)
1-1　国民经济主要指标 ···················································································· (3)
1-2　交通运输主要指标 ···················································································· (4)

### 二、公路运输

简要说明 ··································································································· (8)
2-1　全国公路里程（按行政等级分） ··································································· (9)
2-2　全国公路里程（按技术等级分） ··································································· (10)
2-3　国道里程（按技术等级分） ········································································· (11)
2-4　省道里程（按技术等级分） ········································································· (12)
2-5　县道里程（按技术等级分） ········································································· (13)
2-6　乡道里程（按技术等级分） ········································································· (14)
2-7　专用公路里程（按技术等级分） ··································································· (15)
2-8　村道里程（按技术等级分） ········································································· (16)
2-9　全国公路里程（按路面类型分） ··································································· (17)
2-10　国道里程（按路面类型分） ········································································· (18)
2-11　省道里程（按路面类型分） ········································································· (19)
2-12　县道里程（按路面类型分） ········································································· (20)
2-13　乡道里程（按路面类型分） ········································································· (21)
2-14　专用公路里程（按路面类型分） ··································································· (22)
2-15　村道里程（按路面类型分） ········································································· (23)
2-16　全国公路养护里程 ···················································································· (24)
2-17　全国公路绿化里程 ···················································································· (25)
2-18　全国高速公路里程 ···················································································· (26)
2-19　全国公路密度及通达率 ·············································································· (27)
2-20　公路桥梁（按使用年限分） ········································································· (29)
2-21　公路桥梁（按跨径分） ·············································································· (30)
2-22　公路隧道、渡口 ······················································································ (32)
2-23　全国公路营运车辆拥有量 ··········································································· (34)

| | | |
|---|---|---|
| 2-24 | 公路客、货运输量 | (36) |
| 2-25 | 交通拥挤度情况 | (37) |
| 2-26 | 道路运输经营业户数 | (38) |
| 2-27 | 道路运输相关业务经营业户数 | (40) |
| 2-28 | 道路客运线路班次 | (42) |
| 2-29 | 道路运输从业人员数 | (44) |
| 2-30 | 机动车维修业及汽车综合性能检测站 | (45) |
| 2-31 | 2016年、2015年出入境汽车运输对比表 | (48) |
| 2-32 | 出入境汽车运输——分国家及香港、澳门特别行政区运输完成情况 | (50) |
| 2-33 | 出入境汽车运输——中方及内地完成运输情况 | (52) |
| | 主要统计指标解释 | (54) |

## 三、水路运输

| | | |
|---|---|---|
| | 简要说明 | (56) |
| 3-1 | 全国内河航道通航里程数（按技术等级分） | (57) |
| 3-2 | 全国内河航道通航里程数（按水系分） | (58) |
| 3-3 | 全国内河航道通航里程数（按水域类型分） | (59) |
| 3-4 | 各水系内河航道通航里程数（按技术等级分） | (60) |
| 3-5 | 各水域类型内河航道通航里程数（按技术等级分） | (60) |
| 3-6 | 全国内河航道枢纽及通航建筑物数（按行政区域分） | (61) |
| 3-7 | 全国水路运输工具拥有量 | (62) |
| 3-8 | 远洋运输工具拥有量 | (66) |
| 3-9 | 沿海运输工具拥有量 | (70) |
| 3-10 | 内河运输工具拥有量 | (74) |
| 3-11 | 水路客、货运输量 | (78) |
| 3-12 | 水路旅客运输量（按航区分） | (79) |
| 3-13 | 水路货物运输量（按航区分） | (80) |
| 3-14 | 海上险情及搜救活动 | (81) |
| | 主要统计指标解释 | (82) |

## 四、城市客运

| | | |
|---|---|---|
| | 简要说明 | (84) |
| 4-1 | 全国城市客运经营业户 | (85) |
| 4-2 | 全国城市客运设施 | (87) |
| 4-3 | 全国公共汽电车数量 | (88) |
| 4-4 | 全国公共汽电车数量（按长度分） | (89) |
| 4-5 | 全国公共汽电车数量（按燃料类型分） | (90) |
| 4-6 | 全国公共汽电车数量（按排放标准分） | (91) |
| 4-7 | 全国公共汽电车场站及线路 | (92) |
| 4-8 | 全国公共汽电车客运量 | (93) |

| | | |
|---|---|---|
| 4-9 | 全国出租汽车车辆数 | (94) |
| 4-10 | 全国出租汽车运量 | (95) |
| 4-11 | 全国轨道交通运营车辆数 | (96) |
| 4-12 | 全国轨道交通运营线路条数 | (97) |
| 4-13 | 全国轨道交通运营线路总长度 | (98) |
| 4-14 | 全国轨道交通运量 | (99) |
| 4-15 | 全国城市客运轮渡船舶及航线数 | (100) |
| 4-16 | 全国城市客运轮渡运量 | (101) |
| 4-17 | 中心城市城市客运经营业户 | (102) |
| 4-18 | 中心城市城市客运设施 | (104) |
| 4-19 | 中心城市公共汽电车数量 | (105) |
| 4-20 | 中心城市公共汽电车数量（按长度分） | (106) |
| 4-21 | 中心城市公共汽电车数量（按燃料类型分） | (107) |
| 4-22 | 中心城市公共汽电车数量（按排放标准分） | (108) |
| 4-23 | 中心城市公共汽电车场站及线路 | (109) |
| 4-24 | 中心城市公共汽电车客运量 | (110) |
| 4-25 | 中心城市出租汽车车辆数 | (111) |
| 4-26 | 中心城市出租汽车运量 | (112) |
| 4-27 | 中心城市轨道交通运营车辆数 | (113) |
| 4-28 | 中心城市轨道交通运营线路条数 | (114) |
| 4-29 | 中心城市轨道交通运营线路总长度 | (115) |
| 4-30 | 中心城市轨道交通运量 | (116) |
| 4-31 | 中心城市客运轮渡船舶及航线数 | (117) |
| 4-32 | 中心城市客运轮渡运量 | (118) |
| | 主要统计指标解释 | (119) |

## 五、港口吞吐量

| | | |
|---|---|---|
| | 简要说明 | (122) |
| 5-1 | 全国港口生产用码头泊位拥有量 | (123) |
| 5-2 | 全国港口吞吐量 | (124) |
| 5-3 | 全国港口货物吞吐量 | (125) |
| 5-4 | 规模以上港口旅客吞吐量 | (126) |
| 5-5 | 规模以上港口货物吞吐量 | (130) |
| 5-6 | 规模以上港口分货类吞吐量 | (134) |
| 5-7 | 沿海规模以上港口分货类吞吐量 | (135) |
| 5-8 | 内河规模以上港口分货类吞吐量 | (136) |
| 5-9 | 规模以上港口煤炭及制品吞吐量 | (137) |
| 5-10 | 规模以上港口石油、天然气及制品吞吐量 | (141) |
| 5-11 | 规模以上港口原油吞吐量 | (145) |
| 5-12 | 规模以上港口金属矿石吞吐量 | (149) |
| 5-13 | 规模以上港口钢铁吞吐量 | (153) |

| | | |
|---|---|---|
| 5-14 | 规模以上港口矿建材料吞吐量 | (157) |
| 5-15 | 规模以上港口水泥吞吐量 | (161) |
| 5-16 | 规模以上港口木材吞吐量 | (165) |
| 5-17 | 规模以上港口非金属矿石吞吐量 | (169) |
| 5-18 | 规模以上港口化学肥料及农药吞吐量 | (173) |
| 5-19 | 规模以上港口盐吞吐量 | (177) |
| 5-20 | 规模以上港口粮食吞吐量 | (181) |
| 5-21 | 规模以上港口机械、设备、电器吞吐量 | (185) |
| 5-22 | 规模以上港口化工原料及制品吞吐量 | (189) |
| 5-23 | 规模以上港口有色金属吞吐量 | (193) |
| 5-24 | 规模以上港口轻工、医药产品吞吐量 | (197) |
| 5-25 | 规模以上港口农、林、牧、渔业产品吞吐量 | (201) |
| 5-26 | 规模以上港口其他吞吐量 | (205) |
| 5-27 | 规模以上港口集装箱吞吐量 | (209) |
| 5-28 | 规模以上港口集装箱吞吐量（重箱） | (213) |
| | 主要统计指标解释 | (217) |

## 六、交通固定资产投资

| | | |
|---|---|---|
| | 简要说明 | (220) |
| 6-1 | 交通固定资产投资额（按地区和使用方向分） | (221) |
| 6-2 | 公路建设投资完成额（按公路种类分） | (222) |
| 6-3 | 公路建设投资完成额（按设施分） | (224) |
| | 主要统计指标解释 | (226) |

## 七、交通运输科技

| | | |
|---|---|---|
| | 简要说明 | (228) |
| 7-1 | 交通运输科技机构数量（按地区分） | (229) |
| 7-2 | 交通运输科技活动人员数量（按机构性质分） | (230) |
| 7-3 | 交通运输科研实验室及研究中心数量（按地区分） | (231) |
| 7-4 | 交通运输科技成果、效益及影响情况 | (232) |
| | 主要统计指标解释 | (233) |

## 八、救助打捞

| | | |
|---|---|---|
| | 简要说明 | (236) |
| 8-1 | 救助任务执行情况 | (237) |
| 8-2 | 救捞系统船舶情况 | (238) |
| 8-3 | 救助飞机飞行情况 | (239) |
| 8-4 | 捞、拖完成情况 | (239) |
| | 主要统计指标解释 | (240) |

## 附录　交通运输历年主要指标

| 简要说明 | (242) |
| --- | --- |
| 附录1-1　全国公路总里程（按行政等级分） | (243) |
| 附录1-2　全国公路总里程（按技术等级分） | (244) |
| 附录1-3　全国公路密度及通达情况 | (245) |
| 附录1-4　全国内河航道里程及构筑物数量 | (246) |
| 附录1-5　公路客、货运输量 | (247) |
| 附录1-6　水路客、货运输量 | (248) |
| 附录2-1　沿海规模以上港口泊位及吞吐量 | (250) |
| 附录2-2　内河规模以上港口泊位及吞吐量 | (251) |
| 附录3-1　交通固定资产投资（按使用方向分） | (252) |

# 一、交通运输综合指标

# 简 要 说 明

本篇资料反映我国国民经济和交通运输的主要指标。

国民经济主要指标包括：国内生产总值、全社会固定资产投资、全国人口数等共计7个指标。

交通运输主要指标包括：公路基础设施、港口设施、公路水路运输装备、公路水路运输量、城市客运、港口生产、交通固定资产投资等各专项指标。

## 1-1  国民经济主要指标

| 指　　标 | 单　位 | 2013年 | 2014年 | 2015年 | 2016年 |
|---|---|---|---|---|---|
| 一、国内生产总值（按当年价格计算） | 亿元 | 643 974 | 689 052 | 744 127 | 827 122 |
| 　　第一产业 | 亿元 | 58 344 | 60 862 | 63 671 | 65 468 |
| 　　第二产业 | 亿元 | 277 572 | 282 040 | 296 236 | 334 623 |
| 　　第三产业 | 亿元 | 308 059 | 346 150 | 384 221 | 427 032 |
| 二、全社会固定资产投资额 | 亿元 | 512 021 | 562 000 | 606 466 | 641 238 |
| 　　其中：东部地区 | 亿元 | 206 412 | 232 107 | 252 923 | 268 911 |
| 　　　　　中部地区 | 亿元 | 124 250 | 143 118 | 159 706 | 166 140 |
| 　　　　　西部地区 | 亿元 | 129 191 | 140 416 | 157 195 | 169 715 |
| 　　　　　东北地区 | 亿元 | 45 899 | 40 806 | 31 264 | 31 253 |
| 三、全社会消费品零售总额 | 亿元 | 271 896 | 300 931 | 332 316 | 366 262 |
| 四、全国公共财政收入 | 亿元 | 140 370 | 152 269 | 159 605 | 172 567 |
| 　　其中：税收收入 | 亿元 | 119 175 | 124 922 | 130 361 | 144 360 |
| 五、广义货币供应量 | 万亿元 | 122.8 | 139.2 | 155.0 | 167.7 |
| 六、全国人口数 | 万人 | 136 782 | 137 462 | 138 271 | 139 008 |
| 　　其中：城镇 | 万人 | 74 916 | 77 116 | 79 298 | 81 347 |
| 　　　　　乡村 | 万人 | 61 866 | 60 346 | 58 973 | 57 661 |
| 七、社会物流总费用 | 万亿元 | 10.6 | 10.8 | 11.1 | 12.1 |
| 　　其中：运输 | 万亿元 | 5.6 | 5.8 | 6.0 | 6.6 |
| 　　全国社会物流总额 | 万亿元 | 213.5 | 219.2 | 229.7 | 252.8 |
| 　　全国物流业增加值 | 万亿元 | 3.5 | 3.6 | 3.8 | 4.2 |

注：1. 社会物流总费用源自中国物流与采购联合会；
　　2. 其他数据源自国家统计局，其中2017年数据为初步数据。

# 1-2 交通运输主要指标

| 指 标 名 称 | 计算单位 | 2017 年 | 2016 年 | 2017年比2016年增减 | 2017年为2016年 % |
|---|---|---|---|---|---|
| 一、交通设施及运输线路拥有量 | | | | | |
| 　1. 铁路营业里程 | 万公里 | 12.70 | 12.40 | 0.30 | 102.4 |
| 　2. 公路线路里程 | 万公里 | 477.35 | 469.52 | 7.82 | 101.7 |
| 　　　其中： 高速公路里程 | 万公里 | 13.64 | 13.00 | 0.65 | 105.0 |
| 　　　　　　高速公路车道里程 | 万公里 | 60.43 | 57.53 | 2.89 | 105.0 |
| 　　　　　　二级及以上公路里程 | 万公里 | 62.22 | 59.94 | 2.28 | 103.8 |
| 　　　　　　等级公路里程 | 万公里 | 433.86 | 422.55 | 11.31 | 102.7 |
| 　3. 公路桥梁　数量 | 万座 | 83.25 | 80.53 | 2.72 | 103.4 |
| 　　　　　　　长度 | 万米 | 5 225.62 | 4 916.96 | 308.66 | 106.3 |
| 　4. 公路隧道　数量 | 万处 | 1.62 | 1.52 | 0.10 | 106.9 |
| 　　　　　　　长度 | 万米 | 1 528.51 | 1 403.97 | 124.53 | 108.9 |
| 　5. 全国公共汽电车运营线路总长度 | 万公里 | 106.94 | 98.12 | 8.82 | 109.0 |
| 　　　# 无轨电车运营线路总长度 | 公里 | 1 015 | 924 | 91 | 109.9 |
| 　6. 全国公交专用车道长度 | 公里 | 10 915 | 9 778 | 1 137 | 111.6 |
| 　7. 全国轨道交通运营线路总长度 | 公里 | 4 583 | 3 728 | 856 | 123.0 |
| 　8. 内河航道通航里程 | 万公里 | 12.70 | 12.71 | -0.01 | 99.9 |
| 　　　# 等级航道 | 万公里 | 6.62 | 6.64 | -0.02 | 99.6 |
| 　9. 港口生产用码头泊位 | 个 | 27 578 | 30 388 | -2 810 | 90.8 |
| 　　　　沿海 | 个 | 5 830 | 5 887 | -57 | 99.0 |
| 　　　　内河 | 个 | 21 748 | 24 501 | -2 753 | 88.8 |
| 　　　# 万吨级及以上码头泊位 | 个 | 2 366 | 2 317 | 49 | 102.1 |
| 　10. 颁证民用航空机场 | 个 | 229 | 218 | 11 | 105.0 |
| 　　　其中：定期航班通航机场 | 个 | 228 | 216 | 12 | 105.6 |
| 　11. 邮路总长度 | 万公里 | 938.47 | 658.50 | 279.96 | 142.5 |
| 　　　其中：航空邮路 | 万公里 | 599.61 | 372.94 | 226.67 | 160.8 |
| 　　　　　　铁路邮路 | 万公里 | 21.52 | 20.37 | 1.15 | 105.6 |
| 　　　　　　汽车邮路 | 万公里 | 315.62 | 264.47 | 51.15 | 119.3 |
| 二、交通运输工具拥有量 | | | | | |
| 　1. 铁路 | | | | | |
| 　　　客车拥有量 | 万辆 | 7.30 | 7.09 | 0.21 | 103.0 |
| 　　　货车拥有量 | 万辆 | 79.90 | 76.48 | 3.42 | 104.5 |
| 　　　机车拥有量 | 万台 | 2.10 | 2.15 | -0.05 | 97.9 |
| 　2. 公路 | | | | | |
| 　　　公路营运汽车 | 万辆 | 1 450.22 | 1 435.77 | 14.45 | 101.0 |
| 　　　载货汽车 | 万辆 | 1 368.62 | 1 351.77 | 16.85 | 101.2 |
| 　　　 | 万吨位 | 11 774.81 | 10 826.78 | 948.03 | 108.8 |
| 　　　载客汽车 | 万辆 | 81.61 | 84.00 | -2.40 | 97.1 |
| 　　　 | 万客位 | 2 099.18 | 2 140.26 | -41.08 | 98.1 |
| 　3. 城市客运 | | | | | |
| 　　　全国公共汽电车运营车辆数 | 万辆 | 65.12 | 60.86 | 4.26 | 107.0 |

## 1-2（续表一）

| 指 标 名 称 | 计算单位 | 2017 年 | 2016 年 | 2017年比2016年增减 | 2017年为2016年 % |
|---|---|---|---|---|---|
| | 万标台 | 73.93 | 68.73 | 5.21 | 107.6 |
| #无轨电车运营车辆数 | 辆 | 2 505 | 2 241 | 264 | 111.8 |
| 全国轨道交通运营车辆数 | 辆 | 28 707 | 23 791 | 4 916 | 120.7 |
| | 标台 | 73 104 | 57 627 | 15 477 | 126.9 |
| 全国出租汽车运营车辆数 | 万辆 | 139.58 | 140.40 | −0.82 | 99.4 |
| 全国客运轮渡营运船舶 | 艘 | 264 | 282 | −18 | 93.6 |
| 4.全国营业性民用运输轮驳船拥有量 | | | | | |
| 艘数 | 万艘 | 14.49 | 16.01 | −1.52 | 90.5 |
| 净载重量 | 万吨 | 25 651.63 | 26 622.71 | −971.08 | 96.4 |
| 载客量 | 万客位 | 96.75 | 100.21 | −3.46 | 96.5 |
| 集装箱箱位 | 万 TEU | 216.30 | 191.04 | 25.26 | 113.2 |
| 总功率 | 万千瓦 | 6 618.20 | 6 701.82 | −83.62 | 98.8 |
| （1）机动船 | | | | | |
| 艘数 | 万艘 | 13.17 | 14.46 | −1.28 | 91.1 |
| 净载重量 | 万吨 | 24 675.08 | 25 517.08 | −842.00 | 96.7 |
| 载客量 | 万客位 | 96.44 | 99.90 | −3.46 | 96.5 |
| 集装箱箱位 | 万 TEU | 215.99 | 190.71 | 25.29 | 113.3 |
| 总功率 | 万千瓦 | 6 618.20 | 6 701.82 | −83.62 | 98.8 |
| （2）驳船 | | | | | |
| 艘数 | 万艘 | 1.32 | 1.56 | −0.24 | 84.6 |
| 净载重量 | 万吨 | 976.55 | 1 105.63 | −129.08 | 88.3 |
| 载客量 | 万客位 | 0.31 | 0.31 | … | 99.9 |
| 集装箱箱位 | 万 TEU | 0.31 | 0.34 | −0.03 | 92.5 |
| 三、客货运输量 | | | | | |
| 1.铁路运输 | | | | | |
| （1）客运量 | 亿人 | 30.84 | 28.14 | 2.70 | 109.6 |
| 其中：国家铁路 | 亿人 | 30.38 | 27.73 | 2.65 | 109.6 |
| （2）旅客周转量 | 亿人公里 | 13 456.92 | 12 579.29 | 877.63 | 107.0 |
| 其中：国家铁路 | 亿人公里 | 13 396.96 | 12 527.88 | 869.08 | 106.9 |
| （3）货运总量 | 亿吨 | 36.89 | 33.32 | 3.57 | 110.7 |
| 其中：国家铁路 | 亿吨 | 29.19 | 26.52 | 2.67 | 110.1 |
| （4）货运总周转量 | 亿吨公里 | 26 962.20 | 23 792.26 | 3 169.94 | 113.3 |
| 其中：国家铁路 | 亿吨公里 | 24 091.70 | 21 273.21 | 2 818.49 | 113.2 |
| 2.公路运输 | | | | | |
| （1）全国营业性公路客运量 | 亿人 | 145.68 | 154.28 | −8.60 | 94.4 |
| （2）全国营业性公路旅客周转量 | 亿人公里 | 9 765.18 | 10 228.71 | −463.53 | 95.5 |
| （3）全国营业性公路货运量 | 亿吨 | 368.69 | 334.13 | 34.56 | 110.3 |
| （4）全国营业性公路货物周转量 | 亿吨公里 | 66 771.52 | 61 080.10 | 5 691.42 | 109.3 |
| 3.城市客运 | | | | | |
| 全国公共交通客运量 | 亿人次 | 1 273.40 | 1 285.15 | −11.75 | 99.1 |

## 1-2 （续表二）

| 指标名称 | 计算单位 | 2017年 | 2016年 | 2017年比2016年增减 | 2017年为2016年% |
|---|---|---|---|---|---|
| #公共汽电车客运总量 | 亿人次 | 722.87 | 745.35 | -22.49 | 97.0 |
| 轨道交通客运总量 | 亿人次 | 184.30 | 161.51 | 22.79 | 114.1 |
| 出租汽车客运总量 | 亿人次 | 365.40 | 377.35 | -11.95 | 96.8 |
| 客运轮渡客运总量 | 亿人次 | 0.83 | 0.94 | -0.11 | 88.5 |
| 4.水路运输 | | | | | |
| （1）全国营业性水路客运量 | 亿人 | 2.83 | 2.72 | 0.11 | 103.9 |
| （2）全国营业性水路旅客周转量 | 亿人公里 | 77.66 | 72.33 | 5.34 | 107.4 |
| （3）全国营业性水路货运量 | 亿吨 | 66.78 | 63.82 | 2.96 | 104.6 |
| （4）全国营业性水路货物周转量 | 亿吨公里 | 98 611.25 | 97 338.80 | 1 272.44 | 101.3 |
| 5.港口生产 | | | | | |
| （1）全国港口货物吞吐量 | 亿吨 | 140.07 | 132.01 | 8.07 | 106.1 |
| #规模以上港口货物吞吐量 | 亿吨 | 126.72 | 118.89 | 7.83 | 106.6 |
| （2）全国港口外贸货物吞吐量 | 亿吨 | 40.93 | 38.51 | 2.41 | 106.3 |
| （3）全国港口集装箱吞吐量 | 亿TEU | 2.38 | 2.20 | 0.18 | 108.3 |
| （4）全国港口旅客吞吐量 | 亿人 | 1.85 | 1.85 | … | 100.2 |
| 6.运输航空 | | | | | |
| （1）旅客运输量 | 亿人次 | 5.52 | 4.88 | 0.64 | 113.0 |
| （2）旅客周转量 | 亿人公里 | 9 512.78 | 8 378.13 | 1 134.65 | 113.5 |
| （3）货邮运输量 | 亿吨 | 0.07 | 0.07 | … | 105.7 |
| （4）货邮周转量 | 亿吨公里 | 243.54 | 222.45 | 21.09 | 109.5 |
| 7.邮电运输 | | | | | |
| （1）邮政业务总量 | 亿元 | 9 763.71 | 7 397.24 | 2 366.48 | 132.0 |
| （2）邮政函件业务 | 亿件 | 31.48 | 36.19 | -4.70 | 87.0 |
| （3）包裹业务 | 亿件 | 0.27 | 0.28 | -0.01 | 95.1 |
| （4）快递业务量 | 亿件 | 400.56 | 312.83 | 87.73 | 128.0 |
| **四、交通固定资产投资** | | | | | |
| 1.铁路固定资产投资 | 亿元 | 8 010.00 | 8 015.00 | -5.00 | 99.9 |
| 2.公路、水路固定资产投资 | 亿元 | 23 141.16 | 19 887.63 | 3 253.53 | 116.4 |
| **五、新增生产能力** | | | | | |
| 1.铁路新增生产能力 | | | | | |
| 新线投产里程 | 公里 | 3 038 | 3 281 | -243 | 92.6 |
| 其中：高速铁路 | 公里 | 2 182 | 1 903 | 279 | 114.7 |
| 2.公路、水路新增生产能力 | | | | | |
| 新建公路 | 公里 | 67 011 | 61 439 | 5 572 | 109.1 |
| 改建公路 | 公里 | 255 283 | 268 421 | -13 138 | 95.1 |
| 新增及改善内河航道 | 公里 | 590 | 750 | -160 | 78.7 |
| 新、改（扩）建码头泊位 | 个 | 287 | 344 | -57 | 83.4 |

注：1. 铁路客货发送量、客货周转量为确报数，铁路其他数据为速报数；货运总量、货运总周转量中含行包运量。
2. 城市客运统计范围指城市（县城）。

## 二、公路运输

# 简 要 说 明

一、本篇资料反映我国公路基础设施、运输装备和公路运输发展的基本情况。主要包括：公路里程、营运车辆拥有量、公路客货运输量、交通量、道路运输统计资料。

二、公路里程为年末通车里程，不含在建和未正式投入使用的公路里程。按照《国家公路网规划（2013—2030年）》，结合各省（区、市）路网调整情况，本资料中国道、省道、县道、乡道、村道里程的统计口径做了部分调整；2016年全国公路里程数据进行了修正。

三、从2010年起，由交通运输部门管理的公共汽电车、出租汽车，不再纳入公路载客汽车统计，该部分数据纳入城市客运运力统计。

四、从2013年起，公路营运载货汽车包括货车、牵引车和挂车。

五、公路运输量范围为在道路运输管理部门注册登记的，从事公路运输的营业性运输工具产生的运输量，包括营业性客运车辆和营业性货运车辆。在公路上进行旅客运输的公共汽电车、出租汽车不纳入公路运输量的统计范围。

六、根据2015年开展的公路水路运输量小样本抽样调查，对2015年公路水路运输量统计数据进行了调整。本资料中有关2016年年度公路水路客货运输量同期比均基于调整后的数据进行计算。

七、出入境汽车运输量统计的是由中、外双方承运者完成的通过我国已开通汽车运输边境口岸公路的旅客、货物运输量。

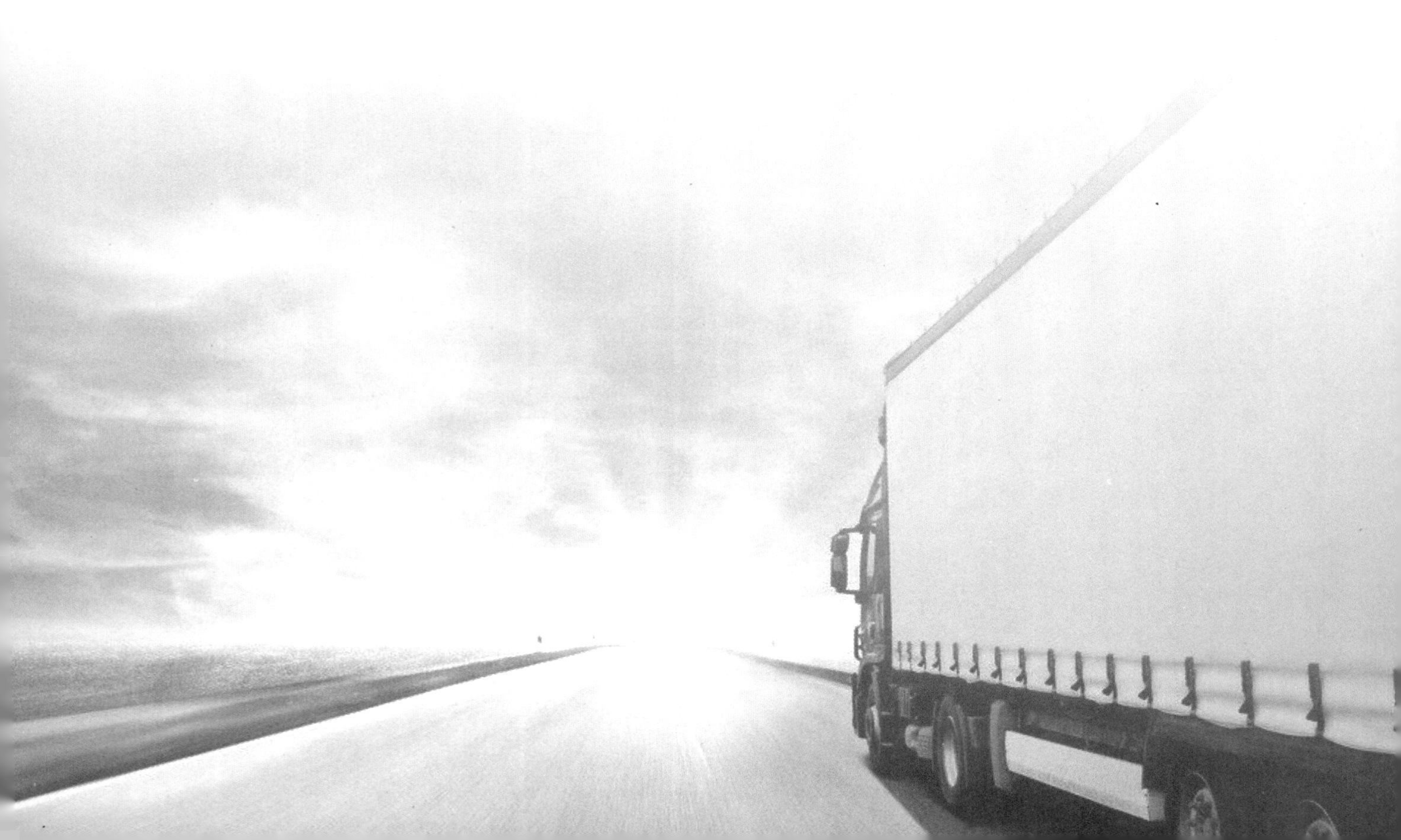

## 2-1 全国公路里程（按行政等级分）

单位：公里

| 地区 | 总计 | 国道 | 国家高速公路 | 省道 | 县道 | 乡道 | 专用公路 | 村道 |
|---|---|---|---|---|---|---|---|---|
| 全国总计 | 4 773 469 | 358 389 | 102 249 | 333 782 | 550 702 | 1 157 727 | 72 038 | 2 300 831 |
| 北京 | 22 226 | 1 851 | 615 | 1 991 | 3 839 | 7 662 | 1 314 | 5 569 |
| 天津 | 16 532 | 1 538 | 547 | 2 317 | 1 301 | 3 833 | 985 | 6 558 |
| 河北 | 191 693 | 15 402 | 5 094 | 10 141 | 12 207 | 46 061 | 1 762 | 106 120 |
| 山西 | 142 855 | 11 095 | 3 193 | 6 789 | 19 906 | 48 911 | 533 | 55 621 |
| 内蒙古 | 199 423 | 21 865 | 5 381 | 17 310 | 39 203 | 39 552 | 932 | 80 561 |
| 辽宁 | 122 705 | 10 550 | 3 442 | 10 461 | 9 026 | 30 821 | 887 | 60 961 |
| 吉林 | 103 896 | 9 777 | 2 554 | 4 756 | 10 686 | 28 228 | 1 614 | 48 834 |
| 黑龙江 | 165 989 | 14 746 | 3 382 | 13 144 | 3 324 | 49 802 | 18 690 | 66 285 |
| 上海 | 13 322 | 715 | 477 | 1 045 | 2 983 | 7 081 | - | 1 498 |
| 江苏 | 158 475 | 8 320 | 3 449 | 8 124 | 23 926 | 52 653 | 159 | 65 293 |
| 浙江 | 120 101 | 7 355 | 3 060 | 4 655 | 29 080 | 19 677 | 623 | 58 713 |
| 安徽 | 203 285 | 10 925 | 3 594 | 4 571 | 23 636 | 36 600 | 1 002 | 126 551 |
| 福建 | 108 012 | 10 625 | 3 590 | 5 340 | 15 067 | 41 810 | 123 | 35 047 |
| 江西 | 162 285 | 11 857 | 4 161 | 12 640 | 21 791 | 41 903 | 16 | 74 078 |
| 山东 | 270 590 | 12 665 | 4 422 | 12 750 | 23 315 | 32 471 | 2 195 | 187 195 |
| 河南 | 267 805 | 13 941 | 4 237 | 23 257 | 27 280 | 59 098 | - | 144 230 |
| 湖北 | 269 484 | 14 109 | 4 831 | 19 363 | 10 514 | 61 341 | 743 | 163 415 |
| 湖南 | 239 724 | 13 589 | 4 780 | 24 037 | 36 113 | 56 610 | 1 008 | 108 368 |
| 广东 | 219 580 | 14 703 | 5 473 | 21 725 | 9 386 | 101 056 | 153 | 72 559 |
| 广西 | 123 259 | 14 814 | 3 871 | 10 146 | 18 088 | 28 325 | 338 | 51 548 |
| 海南 | 30 684 | 2 159 | 779 | 1 399 | 2 858 | 6 513 | 25 | 17 731 |
| 重庆 | 147 881 | 8 054 | 2 636 | 10 071 | 7 047 | 14 483 | 558 | 107 668 |
| 四川 | 329 950 | 22 229 | 4 845 | 4 783 | 38 007 | 52 440 | 5 038 | 207 454 |
| 贵州 | 194 379 | 11 735 | 3 280 | 20 331 | 34 501 | 45 822 | - | 81 989 |
| 云南 | 242 546 | 19 471 | 4 252 | 23 911 | 51 105 | 106 622 | 3 341 | 38 097 |
| 西藏 | 89 343 | 13 416 | - | 15 506 | 18 275 | 11 669 | 8 730 | 21 747 |
| 陕西 | 174 395 | 13 478 | 4 532 | 4 021 | 16 028 | 23 723 | 2 166 | 114 979 |
| 甘肃 | 142 252 | 12 834 | 3 489 | 16 759 | 7 865 | 10 322 | 2 626 | 91 847 |
| 青海 | 80 895 | 13 148 | 3 105 | 8 465 | 9 326 | 22 725 | 1 512 | 25 720 |
| 宁夏 | 34 561 | 3 764 | 1 350 | 2 806 | 813 | 9 108 | 1 947 | 16 123 |
| 新疆 | 185 338 | 17 661 | 3 832 | 11 170 | 24 207 | 60 806 | 13 019 | 58 475 |

## 2-2 全国公路里程（按技术等级分）

单位：公里

| 地区 | 总计 | 等级公路 | | | | | | 等外公路 |
| --- | --- | --- | --- | --- | --- | --- | --- | --- |
| | | 合计 | 高速 | 一级 | 二级 | 三级 | 四级 | |
| 全国总计 | 4 773 469 | 4 338 560 | 136 449 | 105 224 | 380 481 | 429 035 | 3 287 372 | 434 909 |
| 北京 | 22 226 | 22 226 | 1 013 | 1 450 | 3 985 | 3 949 | 11 829 | - |
| 天津 | 16 532 | 16 532 | 1 248 | 1 204 | 3 133 | 1 181 | 9 765 | - |
| 河北 | 191 693 | 186 266 | 6 531 | 5 983 | 20 419 | 19 973 | 133 360 | 5 427 |
| 山西 | 142 855 | 140 201 | 5 335 | 2 638 | 15 691 | 19 102 | 97 434 | 2 654 |
| 内蒙古 | 199 423 | 192 222 | 6 320 | 7 056 | 17 235 | 31 385 | 130 225 | 7 201 |
| 辽宁 | 122 705 | 111 358 | 4 212 | 4 094 | 18 212 | 32 443 | 52 396 | 11 347 |
| 吉林 | 103 896 | 98 908 | 3 119 | 2 154 | 9 498 | 9 148 | 74 989 | 4 988 |
| 黑龙江 | 165 989 | 140 698 | 4 512 | 2 657 | 11 797 | 34 252 | 87 480 | 25 291 |
| 上海 | 13 322 | 13 322 | 829 | 502 | 3 607 | 2 696 | 5 688 | - |
| 江苏 | 158 475 | 155 803 | 4 688 | 14 234 | 23 084 | 15 661 | 98 137 | 2 672 |
| 浙江 | 120 101 | 118 848 | 4 154 | 6 765 | 10 263 | 8 197 | 89 469 | 1 253 |
| 安徽 | 203 285 | 201 081 | 4 673 | 4 151 | 10 879 | 20 897 | 160 482 | 2 204 |
| 福建 | 108 012 | 91 297 | 5 039 | 1 161 | 10 669 | 8 532 | 65 897 | 16 715 |
| 江西 | 162 285 | 134 863 | 5 916 | 2 917 | 10 837 | 13 165 | 102 027 | 27 422 |
| 山东 | 270 590 | 269 698 | 5 821 | 10 312 | 24 854 | 26 145 | 202 566 | 892 |
| 河南 | 267 805 | 232 813 | 6 523 | 3 350 | 26 360 | 21 174 | 175 407 | 34 992 |
| 湖北 | 269 484 | 259 591 | 6 252 | 5 874 | 22 712 | 10 795 | 213 959 | 9 893 |
| 湖南 | 239 724 | 217 251 | 6 419 | 1 669 | 13 865 | 5 709 | 189 590 | 22 473 |
| 广东 | 219 580 | 206 461 | 8 347 | 11 628 | 19 210 | 18 978 | 148 299 | 13 119 |
| 广西 | 123 259 | 112 619 | 5 259 | 1 443 | 12 714 | 8 296 | 84 907 | 10 640 |
| 海南 | 30 684 | 30 232 | 795 | 374 | 1 781 | 1 589 | 25 693 | 452 |
| 重庆 | 147 881 | 120 915 | 3 023 | 773 | 7 963 | 5 515 | 103 641 | 26 966 |
| 四川 | 329 950 | 294 809 | 6 821 | 3 669 | 14 912 | 13 632 | 255 775 | 35 142 |
| 贵州 | 194 379 | 148 839 | 5 835 | 1 313 | 7 468 | 7 235 | 126 988 | 45 540 |
| 云南 | 242 546 | 208 526 | 5 022 | 1 354 | 11 941 | 8 937 | 181 272 | 34 021 |
| 西藏 | 89 343 | 77 911 | 38 | 578 | 1 038 | 10 151 | 66 106 | 11 432 |
| 陕西 | 174 395 | 159 026 | 5 279 | 1 575 | 9 393 | 15 776 | 127 003 | 15 369 |
| 甘肃 | 142 252 | 124 788 | 4 016 | 429 | 8 894 | 13 521 | 97 927 | 17 465 |
| 青海 | 80 895 | 68 470 | 3 223 | 680 | 7 522 | 5 276 | 51 768 | 12 425 |
| 宁夏 | 34 561 | 34 432 | 1 609 | 1 845 | 3 820 | 6 336 | 20 822 | 129 |
| 新疆 | 185 338 | 148 554 | 4 578 | 1 392 | 16 725 | 29 388 | 96 472 | 36 783 |

## 2-3 国道里程（按技术等级分）

单位：公里

| 地区 | 总计 | 等级公路 | | | | | | 等外公路 |
|---|---|---|---|---|---|---|---|---|
| | | 合计 | 高速 | 一级 | 二级 | 三级 | 四级 | |
| 全国总计 | 358 389 | 356 593 | 102 598 | 46 972 | 141 585 | 45 144 | 20 295 | 1 796 |
| 北　京 | 1 851 | 1 851 | 699 | 424 | 546 | 182 | - | - |
| 天　津 | 1 538 | 1 538 | 547 | 550 | 424 | - | 17 | - |
| 河　北 | 15 402 | 15 402 | 5 094 | 3 065 | 6 108 | 1 119 | 16 | - |
| 山　西 | 11 095 | 11 092 | 3 193 | 1 304 | 5 604 | 863 | 128 | 3 |
| 内蒙古 | 21 865 | 21 840 | 5 381 | 3 677 | 8 132 | 3 013 | 1 637 | 25 |
| 辽　宁 | 10 550 | 10 550 | 3 442 | 1 918 | 4 952 | 202 | 35 | - |
| 吉　林 | 9 777 | 9 777 | 2 554 | 1 358 | 4 896 | 829 | 140 | - |
| 黑龙江 | 14 746 | 14 715 | 3 386 | 1 790 | 6 623 | 2 641 | 274 | 31 |
| 上　海 | 715 | 715 | 477 | 96 | 142 | - | - | - |
| 江　苏 | 8 320 | 8 320 | 3 454 | 4 132 | 730 | 4 | - | - |
| 浙　江 | 7 355 | 7 355 | 3 060 | 2 262 | 1 727 | 119 | 187 | - |
| 安　徽 | 10 925 | 10 925 | 3 596 | 2 469 | 4 136 | 521 | 203 | - |
| 福　建 | 10 625 | 10 625 | 3 596 | 496 | 5 207 | 891 | 435 | - |
| 江　西 | 11 857 | 11 836 | 4 161 | 1 692 | 5 009 | 673 | 301 | 21 |
| 山　东 | 12 665 | 12 665 | 4 422 | 5 130 | 3 013 | 99 | - | - |
| 河　南 | 13 941 | 13 895 | 4 237 | 2 274 | 6 221 | 944 | 219 | 46 |
| 湖　北 | 14 109 | 14 104 | 4 835 | 2 025 | 6 662 | 210 | 372 | 5 |
| 湖　南 | 13 589 | 13 589 | 4 780 | 793 | 6 293 | 864 | 859 | - |
| 广　东 | 14 703 | 14 703 | 5 516 | 3 844 | 4 372 | 631 | 339 | - |
| 广　西 | 14 814 | 14 780 | 3 871 | 1 125 | 7 311 | 1 418 | 1 056 | 33 |
| 海　南 | 2 159 | 2 159 | 779 | 139 | 1 150 | 92 | - | - |
| 重　庆 | 8 054 | 8 044 | 2 636 | 354 | 3 857 | 827 | 370 | 10 |
| 四　川 | 22 229 | 22 018 | 4 847 | 1 942 | 8 574 | 3 799 | 2 856 | 211 |
| 贵　州 | 11 735 | 11 715 | 3 280 | 802 | 4 611 | 1 878 | 1 143 | 21 |
| 云　南 | 19 471 | 19 326 | 4 261 | 948 | 7 150 | 3 290 | 3 678 | 146 |
| 西　藏 | 13 416 | 12 926 | - | 3 | 971 | 9 039 | 2 913 | 489 |
| 陕　西 | 13 478 | 13 458 | 4 532 | 822 | 4 846 | 2 766 | 492 | 20 |
| 甘　肃 | 12 834 | 12 758 | 3 572 | 119 | 5 995 | 2 073 | 999 | 76 |
| 青　海 | 13 148 | 12 595 | 3 139 | 244 | 5 997 | 1 802 | 1 413 | 554 |
| 宁　夏 | 3 764 | 3 764 | 1 350 | 392 | 1 790 | 208 | 24 | - |
| 新　疆 | 17 661 | 17 557 | 3 903 | 784 | 8 536 | 4 146 | 189 | 104 |

## 2-4 省道里程（按技术等级分）

单位：公里

| 地区 | 总计 | 等级公路 合计 | 高速 | 一级 | 二级 | 三级 | 四级 | 等外公路 |
|---|---|---|---|---|---|---|---|---|
| 全国总计 | 333 782 | 326 767 | 33 571 | 30 207 | 106 662 | 64 212 | 92 116 | 7 014 |
| 北京 | 1 991 | 1 991 | 313 | 499 | 1 028 | 150 | – | – |
| 天津 | 2 317 | 2 317 | 701 | 516 | 999 | 102 | – | – |
| 河北 | 10 141 | 10 141 | 1 437 | 2 120 | 5 416 | 1 168 | – | – |
| 山西 | 6 789 | 6 789 | 2 142 | 546 | 3 382 | 556 | 162 | – |
| 内蒙古 | 17 310 | 17 280 | 940 | 2 330 | 4 016 | 7 295 | 2 700 | 29 |
| 辽宁 | 10 461 | 10 440 | 770 | 1 308 | 7 154 | 1 100 | 108 | 21 |
| 吉林 | 4 756 | 4 743 | 565 | 460 | 2 003 | 1 242 | 473 | 14 |
| 黑龙江 | 13 144 | 13 029 | 1 072 | 415 | 3 679 | 5 786 | 2 076 | 115 |
| 上海 | 1 045 | 1 045 | 352 | 213 | 450 | 29 | – | – |
| 江苏 | 8 124 | 8 124 | 1 223 | 4 988 | 1 788 | 125 | – | – |
| 浙江 | 4 655 | 4 655 | 1 094 | 1 243 | 1 592 | 493 | 231 | – |
| 安徽 | 4 571 | 4 571 | 1 077 | 892 | 2 168 | 264 | 170 | – |
| 福建 | 5 340 | 5 328 | 1 387 | 233 | 1 908 | 1 022 | 777 | 13 |
| 江西 | 12 640 | 12 512 | 1 739 | 801 | 4 426 | 3 359 | 2 187 | 128 |
| 山东 | 12 750 | 12 750 | 1 399 | 3 818 | 6 864 | 649 | 21 | – |
| 河南 | 23 257 | 22 905 | 2 285 | 1 076 | 10 592 | 4 711 | 4 241 | 352 |
| 湖北 | 19 363 | 19 335 | 1 326 | 1 539 | 11 371 | 2 301 | 2 798 | 28 |
| 湖南 | 24 037 | 23 943 | 1 639 | 472 | 5 401 | 2 237 | 14 193 | 94 |
| 广东 | 21 725 | 21 684 | 2 830 | 3 116 | 7 035 | 5 248 | 3 454 | 41 |
| 广西 | 10 146 | 10 039 | 1 388 | 120 | 3 876 | 1 676 | 2 978 | 107 |
| 海南 | 1 399 | 1 399 | 17 | 219 | 495 | 371 | 297 | – |
| 重庆 | 10 071 | 9 958 | 387 | 172 | 3 150 | 2 216 | 4 031 | 114 |
| 四川 | 4 783 | 4 783 | 1 927 | 235 | 1 653 | 648 | 320 | – |
| 贵州 | 20 331 | 19 799 | 2 555 | 393 | 2 484 | 3 472 | 10 895 | 532 |
| 云南 | 23 911 | 23 407 | 762 | 220 | 3 751 | 2 366 | 16 309 | 504 |
| 西藏 | 15 506 | 12 531 | 38 | 569 | 66 | 1 054 | 10 804 | 2 975 |
| 陕西 | 4 021 | 4 021 | 747 | 342 | 1 345 | 1 464 | 122 | – |
| 甘肃 | 16 759 | 16 327 | 444 | 189 | 2 163 | 5 250 | 8 281 | 432 |
| 青海 | 8 465 | 7 731 | 84 | 433 | 1 206 | 2 223 | 3 785 | 733 |
| 宁夏 | 2 806 | 2 802 | 260 | 307 | 569 | 1 562 | 104 | 4 |
| 新疆 | 11 170 | 10 390 | 670 | 423 | 4 628 | 4 072 | 597 | 780 |

## 2-5 县道里程（按技术等级分）

单位：公里

| 地区 | 总计 | 等级公路 合计 | 高速 | 一级 | 二级 | 三级 | 四级 | 等外公路 |
|---|---|---|---|---|---|---|---|---|
| 全国总计 | 550 702 | 533 758 | 115 | 14 211 | 77 234 | 150 618 | 291 581 | 16 944 |
| 北京 | 3 839 | 3 839 | - | 340 | 1 212 | 2 152 | 134 | - |
| 天津 | 1 301 | 1 301 | - | 80 | 432 | 519 | 270 | - |
| 河北 | 12 207 | 12 128 | - | 159 | 4 706 | 6 117 | 1 146 | 80 |
| 山西 | 19 906 | 19 828 | - | 330 | 4 504 | 9 942 | 5 053 | 78 |
| 内蒙古 | 39 203 | 38 391 | - | 700 | 3 237 | 13 805 | 20 649 | 812 |
| 辽宁 | 9 026 | 9 026 | - | 796 | 5 138 | 3 052 | 40 | - |
| 吉林 | 10 686 | 10 533 | - | 133 | 1 831 | 4 588 | 3 980 | 153 |
| 黑龙江 | 3 324 | 3 294 | - | 71 | 339 | 2 055 | 829 | 30 |
| 上海 | 2 983 | 2 983 | - | 193 | 1 767 | 1 018 | 5 | - |
| 江苏 | 23 926 | 23 863 | 12 | 3 395 | 11 565 | 7 271 | 1 620 | 63 |
| 浙江 | 29 080 | 29 063 | - | 3 096 | 5 428 | 4 937 | 15 602 | 17 |
| 安徽 | 23 636 | 23 636 | - | 314 | 3 545 | 14 739 | 5 037 | - |
| 福建 | 15 067 | 14 154 | 56 | 352 | 2 295 | 4 447 | 7 004 | 913 |
| 江西 | 21 791 | 20 116 | - | 195 | 665 | 7 052 | 12 204 | 1 675 |
| 山东 | 23 315 | 23 315 | - | 654 | 7 546 | 9 822 | 5 293 | - |
| 河南 | 27 280 | 26 397 | - | - | 6 240 | 8 606 | 11 551 | 883 |
| 湖北 | 10 514 | 10 512 | - | 358 | 1 889 | 3 188 | 5 076 | 1 |
| 湖南 | 36 113 | 35 613 | - | 370 | 1 947 | 2 194 | 31 102 | 500 |
| 广东 | 9 386 | 9 337 | - | 1 139 | 2 298 | 3 831 | 2 070 | 48 |
| 广西 | 18 088 | 17 685 | - | 161 | 1 337 | 4 303 | 11 885 | 403 |
| 海南 | 2 858 | 2 837 | - | 10 | 51 | 913 | 1 863 | 20 |
| 重庆 | 7 047 | 7 005 | - | 76 | 528 | 1 224 | 5 176 | 42 |
| 四川 | 38 007 | 36 201 | 47 | 763 | 3 366 | 6 534 | 25 491 | 1 806 |
| 贵州 | 34 501 | 31 059 | - | 68 | 223 | 1 560 | 29 207 | 3 443 |
| 云南 | 51 105 | 49 377 | - | 151 | 898 | 2 714 | 45 613 | 1 728 |
| 西藏 | 18 275 | 16 971 | - | - | - | 31 | 16 940 | 1 303 |
| 陕西 | 16 028 | 16 028 | - | 61 | 1 736 | 6 969 | 7 261 | - |
| 甘肃 | 7 865 | 7 485 | - | 74 | 257 | 3 441 | 3 713 | 380 |
| 青海 | 9 326 | 8 364 | - | - | 162 | 851 | 7 352 | 961 |
| 宁夏 | 813 | 813 | - | 97 | 101 | 568 | 47 | - |
| 新疆 | 24 207 | 22 603 | - | 73 | 1 991 | 12 172 | 8 367 | 1 604 |

## 2-6 乡道里程（按技术等级分）

单位：公里

| 地区 | 总计 | 等级公路 合计 | 高速 | 一级 | 二级 | 三级 | 四级 | 等外公路 |
|---|---|---|---|---|---|---|---|---|
| 全国总计 | 1 157 727 | 1 078 935 | – | 6 409 | 27 971 | 111 964 | 932 591 | 78 792 |
| 北　京 | 7 662 | 7 662 | – | 171 | 436 | 980 | 6 076 | – |
| 天　津 | 3 833 | 3 833 | – | – | 305 | 228 | 3 301 | – |
| 河　北 | 46 061 | 44 744 | – | 385 | 2 606 | 9 057 | 32 697 | 1 317 |
| 山　西 | 48 911 | 48 309 | – | 296 | 1 360 | 4 887 | 41 766 | 603 |
| 内蒙古 | 39 552 | 38 869 | – | 280 | 1 076 | 3 914 | 33 599 | 683 |
| 辽　宁 | 30 821 | 30 821 | – | 33 | 724 | 23 576 | 6 489 | – |
| 吉　林 | 28 228 | 27 469 | – | 89 | 380 | 1 950 | 25 051 | 759 |
| 黑龙江 | 49 802 | 46 231 | – | 82 | 520 | 13 952 | 31 677 | 3 570 |
| 上　海 | 7 081 | 7 081 | – | – | 1 215 | 1 543 | 4 322 | – |
| 江　苏 | 52 653 | 52 300 | – | 831 | 4 199 | 4 878 | 42 392 | 354 |
| 浙　江 | 19 677 | 19 449 | – | 68 | 579 | 1 364 | 17 439 | 227 |
| 安　徽 | 36 600 | 36 215 | – | 13 | 394 | 3 562 | 32 246 | 385 |
| 福　建 | 41 810 | 37 013 | – | 75 | 1 037 | 1 772 | 34 129 | 4 797 |
| 江　西 | 41 903 | 34 050 | – | 107 | 273 | 1 297 | 32 373 | 7 853 |
| 山　东 | 32 471 | 32 471 | – | 156 | 2 658 | 6 472 | 23 185 | – |
| 河　南 | 59 098 | 54 948 | – | – | 2 201 | 5 353 | 47 394 | 4 151 |
| 湖　北 | 61 341 | 60 430 | – | 198 | 1 002 | 3 870 | 55 360 | 911 |
| 湖　南 | 56 610 | 54 639 | – | 22 | 126 | 288 | 54 203 | 1 971 |
| 广　东 | 101 056 | 98 819 | – | 2 731 | 4 086 | 7 481 | 84 521 | 2 237 |
| 广　西 | 28 325 | 26 935 | – | 18 | 138 | 679 | 26 101 | 1 390 |
| 海　南 | 6 513 | 6 285 | – | 3 | 76 | 117 | 6 089 | 228 |
| 重　庆 | 14 483 | 13 373 | – | 31 | 113 | 632 | 12 597 | 1 110 |
| 四　川 | 52 440 | 46 245 | – | 404 | 760 | 1 633 | 43 448 | 6 195 |
| 贵　州 | 45 822 | 37 404 | – | 38 | 62 | 180 | 37 124 | 8 418 |
| 云　南 | 106 622 | 93 612 | – | 25 | 102 | 434 | 93 051 | 13 009 |
| 西　藏 | 11 669 | 10 795 | – | 6 | – | 4 | 10 786 | 874 |
| 陕　西 | 23 723 | 23 401 | – | 35 | 270 | 2 488 | 20 608 | 322 |
| 甘　肃 | 10 322 | 9 215 | – | 4 | 151 | 1 651 | 7 410 | 1 107 |
| 青　海 | 22 725 | 17 862 | – | – | 13 | 168 | 17 681 | 4 863 |
| 宁　夏 | 9 108 | 9 108 | – | 297 | 540 | 3 069 | 5 202 | – |
| 新　疆 | 60 806 | 49 347 | – | 12 | 569 | 4 489 | 44 276 | 11 459 |

## 2-7 专用公路里程（按技术等级分）

单位：公里

| 地区 | 总计 | 等级公路 | | | | | | 等外公路 |
|---|---|---|---|---|---|---|---|---|
| | | 合计 | 高速 | 一级 | 二级 | 三级 | 四级 | |
| 全国总计 | 72 038 | 51 690 | 157 | 1 362 | 4 416 | 9 584 | 36 172 | 20 348 |
| 北 京 | 1 314 | 1 314 | - | - | 659 | 244 | 411 | - |
| 天 津 | 985 | 985 | - | 58 | 589 | 153 | 185 | - |
| 河 北 | 1 762 | 1 738 | - | 69 | 288 | 295 | 1 086 | 24 |
| 山 西 | 533 | 533 | - | 7 | 53 | 285 | 188 | - |
| 内蒙古 | 932 | 932 | - | 22 | 158 | 196 | 555 | - |
| 辽 宁 | 887 | 869 | - | 11 | 68 | 367 | 423 | 17 |
| 吉 林 | 1 614 | 1 531 | - | 16 | 5 | 44 | 1 466 | 83 |
| 黑龙江 | 18 690 | 9 896 | 45 | 188 | 276 | 2 582 | 6 805 | 8 794 |
| 上 海 | - | - | - | - | - | - | - | - |
| 江 苏 | 159 | 158 | - | 13 | 21 | 67 | 57 | 0 |
| 浙 江 | 623 | 574 | - | 12 | 37 | 111 | 414 | 49 |
| 安 徽 | 1 002 | 1 002 | - | - | 46 | 241 | 715 | - |
| 福 建 | 123 | 117 | - | - | 11 | 5 | 100 | 6 |
| 江 西 | 16 | 16 | 16 | - | - | - | - | - |
| 山 东 | 2 195 | 2 195 | - | 46 | 110 | 336 | 1 703 | - |
| 河 南 | - | - | - | - | - | - | - | - |
| 湖 北 | 743 | 724 | 90 | - | 59 | 63 | 512 | 19 |
| 湖 南 | 1 008 | 662 | - | 2 | 4 | 3 | 652 | 346 |
| 广 东 | 153 | 130 | - | 22 | - | 35 | 73 | 23 |
| 广 西 | 338 | 203 | - | 11 | 18 | 21 | 153 | 135 |
| 海 南 | 25 | 25 | - | - | - | - | 25 | - |
| 重 庆 | 558 | 448 | - | 4 | 26 | 86 | 332 | 110 |
| 四 川 | 5 038 | 2 414 | - | 17 | 86 | 172 | 2 140 | 2 624 |
| 贵 州 | - | - | - | - | - | - | - | - |
| 云 南 | 3 341 | 2 214 | - | - | 31 | 105 | 2 077 | 1 127 |
| 西 藏 | 8 730 | 6 300 | - | - | 1 | 19 | 6 280 | 2 430 |
| 陕 西 | 2 166 | 2 108 | - | 92 | 414 | 329 | 1 274 | 58 |
| 甘 肃 | 2 626 | 2 085 | - | 19 | 113 | 459 | 1 494 | 541 |
| 青 海 | 1 512 | 1 307 | - | 2 | 41 | 138 | 1 126 | 205 |
| 宁 夏 | 1 947 | 1 947 | - | 648 | 401 | 111 | 787 | - |
| 新 疆 | 13 019 | 9 263 | 5 | 101 | 901 | 3 117 | 5 139 | 3 757 |

## 2-8 村道里程（按技术等级分）

单位：公里

| 地区 | 总计 | 等级公路 | | | | | | 等外公路 |
|---|---|---|---|---|---|---|---|---|
| | | 合计 | 高速 | 一级 | 二级 | 三级 | 四级 | |
| 全国总计 | 2 300 831 | 1 990 815 | 8 | 6 063 | 22 613 | 47 515 | 1 914 617 | 310 016 |
| 北京 | 5 569 | 5 569 | – | 16 | 104 | 241 | 5 208 | – |
| 天津 | 6 558 | 6 558 | – | – | 385 | 181 | 5 993 | – |
| 河北 | 106 120 | 102 113 | – | 186 | 1 295 | 2 217 | 98 415 | 4 006 |
| 山西 | 55 621 | 53 651 | – | 155 | 789 | 2 568 | 50 138 | 1 970 |
| 内蒙古 | 80 561 | 74 910 | – | 48 | 615 | 3 162 | 71 085 | 5 651 |
| 辽宁 | 60 961 | 49 652 | – | 29 | 175 | 4 147 | 45 301 | 11 309 |
| 吉林 | 48 834 | 44 855 | – | 98 | 384 | 495 | 43 879 | 3 979 |
| 黑龙江 | 66 285 | 53 533 | 8 | 110 | 361 | 7 236 | 45 818 | 12 752 |
| 上海 | 1 498 | 1 498 | – | – | 32 | 105 | 1 360 | – |
| 江苏 | 65 293 | 63 039 | – | 875 | 4 780 | 3 316 | 54 067 | 2 255 |
| 浙江 | 58 713 | 57 753 | – | 85 | 899 | 1 173 | 55 596 | 960 |
| 安徽 | 126 551 | 124 731 | – | 463 | 589 | 1 570 | 122 110 | 1 820 |
| 福建 | 35 047 | 24 060 | – | 5 | 209 | 395 | 23 451 | 10 987 |
| 江西 | 74 078 | 56 333 | – | 122 | 465 | 784 | 54 963 | 17 745 |
| 山东 | 187 195 | 186 303 | – | 507 | 4 663 | 8 768 | 172 365 | 892 |
| 河南 | 144 230 | 114 668 | – | – | 1 107 | 1 560 | 112 002 | 29 561 |
| 湖北 | 163 415 | 154 487 | – | 1 752 | 1 729 | 1 164 | 149 842 | 8 928 |
| 湖南 | 108 368 | 88 805 | – | 9 | 93 | 123 | 88 581 | 19 562 |
| 广东 | 72 559 | 61 788 | – | 776 | 1 418 | 1 752 | 57 843 | 10 770 |
| 广西 | 51 548 | 42 976 | – | 8 | 34 | 199 | 42 735 | 8 572 |
| 海南 | 17 731 | 17 527 | – | 3 | 9 | 96 | 17 419 | 204 |
| 重庆 | 107 668 | 82 087 | – | 136 | 288 | 530 | 81 133 | 25 580 |
| 四川 | 207 454 | 183 149 | – | 308 | 474 | 846 | 181 520 | 24 306 |
| 贵州 | 81 989 | 48 862 | – | 13 | 87 | 145 | 48 618 | 33 127 |
| 云南 | 38 097 | 20 590 | – | 11 | 10 | 27 | 20 543 | 17 506 |
| 西藏 | 21 747 | 18 387 | – | – | – | 3 | 18 383 | 3 360 |
| 陕西 | 114 979 | 100 010 | – | 222 | 782 | 1 761 | 97 245 | 14 969 |
| 甘肃 | 91 847 | 76 918 | – | 24 | 216 | 648 | 76 031 | 14 928 |
| 青海 | 25 720 | 20 610 | – | – | 105 | 94 | 20 411 | 5 109 |
| 宁夏 | 16 123 | 15 998 | – | 104 | 419 | 817 | 14 658 | 125 |
| 新疆 | 58 475 | 39 394 | – | – | 99 | 1 392 | 37 904 | 19 080 |

## 2-9　全国公路里程（按路面类型分）

单位：公里

| 地　区 | 总　计 | 有铺装路面（高级） | | | 简易铺装路面（次高级） | 未铺装路面（中级、低级、无路面） |
|---|---|---|---|---|---|---|
| | | 合　计 | 沥青混凝土 | 水泥混凝土 | | |
| 全国总计 | 4 773 469 | 3 385 239 | 930 326 | 2 454 912 | 409 583 | 978 647 |
| 北　京 | 22 226 | 22 226 | 17 292 | 4 934 | – | – |
| 天　津 | 16 532 | 16 532 | 12 476 | 4 056 | – | – |
| 河　北 | 191 693 | 163 390 | 61 413 | 101 977 | 9 589 | 18 714 |
| 山　西 | 142 855 | 107 358 | 36 798 | 70 560 | 19 333 | 16 164 |
| 内蒙古 | 199 423 | 139 013 | 73 258 | 65 755 | 12 185 | 48 224 |
| 辽　宁 | 122 705 | 63 746 | 50 017 | 13 729 | 22 994 | 35 966 |
| 吉　林 | 103 896 | 85 908 | 21 256 | 64 652 | 35 | 17 953 |
| 黑龙江 | 165 989 | 120 052 | 14 843 | 105 210 | 728 | 45 208 |
| 上　海 | 13 322 | 13 322 | 6 713 | 6 609 | – | – |
| 江　苏 | 158 475 | 152 969 | 50 863 | 102 105 | 1 850 | 3 656 |
| 浙　江 | 120 101 | 115 176 | 37 114 | 78 062 | 3 415 | 1 510 |
| 安　徽 | 203 285 | 169 916 | 27 859 | 142 056 | 11 127 | 22 242 |
| 福　建 | 108 012 | 89 161 | 7 223 | 81 938 | 1 517 | 17 333 |
| 江　西 | 162 285 | 125 393 | 17 372 | 108 021 | 3 103 | 33 790 |
| 山　东 | 270 590 | 193 686 | 80 296 | 113 390 | 60 845 | 16 060 |
| 河　南 | 267 805 | 198 663 | 48 286 | 150 378 | 24 743 | 44 399 |
| 湖　北 | 269 484 | 226 275 | 25 760 | 200 516 | 14 525 | 28 684 |
| 湖　南 | 239 724 | 214 926 | 20 159 | 194 767 | 1 425 | 23 373 |
| 广　东 | 219 580 | 155 849 | 16 655 | 139 193 | 7 602 | 56 129 |
| 广　西 | 123 259 | 85 654 | 11 324 | 74 330 | 14 668 | 22 937 |
| 海　南 | 30 684 | 30 002 | 3 607 | 26 395 | 146 | 536 |
| 重　庆 | 147 881 | 98 720 | 21 848 | 76 871 | 6 636 | 42 526 |
| 四　川 | 329 950 | 241 751 | 43 166 | 198 585 | 17 456 | 70 744 |
| 贵　州 | 194 379 | 97 622 | 17 662 | 79 961 | 33 018 | 63 739 |
| 云　南 | 242 546 | 133 665 | 60 642 | 73 023 | 7 488 | 101 393 |
| 西　藏 | 89 343 | 20 857 | 16 655 | 4 202 | 593 | 67 893 |
| 陕　西 | 174 395 | 120 312 | 30 082 | 90 230 | 17 079 | 37 004 |
| 甘　肃 | 142 252 | 70 315 | 17 300 | 53 015 | 31 516 | 40 421 |
| 青　海 | 80 895 | 35 338 | 15 094 | 20 244 | 4 430 | 41 128 |
| 宁　夏 | 34 561 | 26 738 | 17 341 | 9 397 | 2 844 | 4 979 |
| 新　疆 | 185 338 | 50 705 | 49 954 | 750 | 78 691 | 55 941 |

## 2-10 国道里程（按路面类型分）

单位：公里

| 地区 | 总计 | 有铺装路面（高级） | | | 简易铺装路面（次高级） | 未铺装路面（中级、低级、无路面） |
|---|---|---|---|---|---|---|
| | | 合计 | 沥青混凝土 | 水泥混凝土 | | |
| 全国总计 | 358 389 | 331 533 | 287 162 | 44 371 | 18 350 | 8 506 |
| 北　京 | 1 851 | 1 851 | 1 851 | — | — | — |
| 天　津 | 1 538 | 1 538 | 1 536 | 2 | — | — |
| 河　北 | 15 402 | 15 200 | 14 901 | 299 | 202 | — |
| 山　西 | 11 095 | 10 813 | 10 258 | 556 | 275 | 6 |
| 内蒙古 | 21 865 | 19 482 | 19 003 | 479 | 1 230 | 1 153 |
| 辽　宁 | 10 550 | 10 391 | 10 374 | 16 | 159 | — |
| 吉　林 | 9 777 | 9 687 | 8 664 | 1 024 | — | 90 |
| 黑龙江 | 14 746 | 14 169 | 6 959 | 7 210 | 88 | 488 |
| 上　海 | 715 | 715 | 715 | 0 | — | — |
| 江　苏 | 8 320 | 8 320 | 8 286 | 34 | — | — |
| 浙　江 | 7 355 | 7 355 | 6 971 | 384 | — | — |
| 安　徽 | 10 925 | 10 871 | 9 984 | 887 | 54 | — |
| 福　建 | 10 625 | 10 568 | 4 587 | 5 981 | 55 | 2 |
| 江　西 | 11 857 | 11 566 | 9 338 | 2 229 | 268 | 23 |
| 山　东 | 12 665 | 12 653 | 12 473 | 180 | 12 | — |
| 河　南 | 13 941 | 13 651 | 12 469 | 1 182 | 238 | 51 |
| 湖　北 | 14 109 | 13 234 | 11 008 | 2 226 | 843 | 32 |
| 湖　南 | 13 589 | 13 522 | 9 575 | 3 947 | 51 | 16 |
| 广　东 | 14 703 | 14 599 | 7 944 | 6 654 | 100 | 4 |
| 广　西 | 14 814 | 12 348 | 7 550 | 4 797 | 2 410 | 56 |
| 海　南 | 2 159 | 2 159 | 1 650 | 509 | — | — |
| 重　庆 | 8 054 | 7 864 | 7 065 | 799 | 176 | 14 |
| 四　川 | 22 229 | 19 706 | 17 506 | 2 200 | 1 656 | 867 |
| 贵　州 | 11 735 | 9 140 | 9 042 | 97 | 2 526 | 70 |
| 云　南 | 19 471 | 17 771 | 17 015 | 756 | 1 027 | 673 |
| 西　藏 | 13 416 | 10 667 | 10 508 | 159 | 192 | 2 557 |
| 陕　西 | 13 478 | 13 253 | 12 397 | 855 | 192 | 34 |
| 甘　肃 | 12 834 | 10 048 | 9 848 | 200 | 2 255 | 531 |
| 青　海 | 13 148 | 10 704 | 10 142 | 563 | 919 | 1 525 |
| 宁　夏 | 3 764 | 3 662 | 3 632 | 29 | 102 | — |
| 新　疆 | 17 661 | 14 027 | 13 912 | 115 | 3 320 | 314 |

## 2-11　省道里程（按路面类型分）

单位：公里

| 地区 | 总计 | 有铺装路面（高级） | | | 简易铺装路面（次高级） | 未铺装路面（中级、低级、无路面） |
| --- | --- | --- | --- | --- | --- | --- |
| | | 合计 | 沥青混凝土 | 水泥混凝土 | | |
| 全国总计 | 333 782 | 267 311 | 182 189 | 85 122 | 38 424 | 28 047 |
| 北　京 | 1 991 | 1 991 | 1 988 | 3 | – | – |
| 天　津 | 2 317 | 2 317 | 2 317 | 0 | – | – |
| 河　北 | 10 141 | 10 002 | 9 656 | 346 | 139 | – |
| 山　西 | 6 789 | 6 584 | 6 234 | 350 | 204 | – |
| 内蒙古 | 17 310 | 14 569 | 12 500 | 2 070 | 1 550 | 1 191 |
| 辽　宁 | 10 461 | 9 925 | 9 865 | 60 | 455 | 81 |
| 吉　林 | 4 756 | 4 598 | 3 441 | 1 157 | – | 159 |
| 黑龙江 | 13 144 | 11 794 | 3 131 | 8 663 | 139 | 1 211 |
| 上　海 | 1 045 | 1 045 | 1 009 | 36 | – | – |
| 江　苏 | 8 124 | 8 124 | 8 024 | 100 | – | – |
| 浙　江 | 4 655 | 4 655 | 4 007 | 648 | – | – |
| 安　徽 | 4 571 | 4 509 | 3 914 | 595 | 63 | – |
| 福　建 | 5 340 | 5 138 | 1 796 | 3 342 | 200 | 2 |
| 江　西 | 12 640 | 11 565 | 5 990 | 5 576 | 957 | 117 |
| 山　东 | 12 750 | 12 649 | 12 378 | 271 | 101 | – |
| 河　南 | 23 257 | 21 172 | 15 291 | 5 882 | 1 629 | 455 |
| 湖　北 | 19 363 | 16 565 | 9 412 | 7 153 | 2 524 | 274 |
| 湖　南 | 24 037 | 21 936 | 6 585 | 15 351 | 1 201 | 900 |
| 广　东 | 21 725 | 20 867 | 5 319 | 15 549 | 454 | 403 |
| 广　西 | 10 146 | 7 395 | 2 940 | 4 455 | 2 582 | 169 |
| 海　南 | 1 399 | 1 365 | 955 | 410 | 34 | – |
| 重　庆 | 10 071 | 9 084 | 5 543 | 3 541 | 628 | 359 |
| 四　川 | 4 783 | 4 557 | 4 143 | 414 | 157 | 69 |
| 贵　州 | 20 331 | 7 905 | 6 238 | 1 666 | 10 959 | 1 467 |
| 云　南 | 23 911 | 18 337 | 15 263 | 3 074 | 1 951 | 3 623 |
| 西　藏 | 15 506 | 3 433 | 3 326 | 108 | 235 | 11 838 |
| 陕　西 | 4 021 | 4 013 | 3 657 | 356 | 7 | – |
| 甘　肃 | 16 759 | 6 878 | 4 546 | 2 331 | 8 179 | 1 703 |
| 青　海 | 8 465 | 4 786 | 3 225 | 1 561 | 994 | 2 684 |
| 宁　夏 | 2 806 | 2 372 | 2 324 | 48 | 429 | 5 |
| 新　疆 | 11 170 | 7 179 | 7 174 | 5 | 2 654 | 1 337 |

## 2-12　县道里程（按路面类型分）

单位：公里

| 地区 | 总计 | 有铺装路面（高级） 合计 | 沥青混凝土 | 水泥混凝土 | 简易铺装路面（次高级） | 未铺装路面（中级、低级、无路面） |
|---|---|---|---|---|---|---|
| 全国总计 | 550 702 | 410 601 | 183 518 | 227 082 | 78 041 | 62 060 |
| 北　京 | 3 839 | 3 839 | 3 785 | 54 | - | - |
| 天　津 | 1 301 | 1 301 | 1 267 | 33 | - | - |
| 河　北 | 12 207 | 10 902 | 7 547 | 3 355 | 954 | 351 |
| 山　西 | 19 906 | 14 608 | 10 275 | 4 333 | 4 755 | 543 |
| 内蒙古 | 39 203 | 28 129 | 17 593 | 10 535 | 4 515 | 6 560 |
| 辽　宁 | 9 026 | 7 902 | 7 761 | 141 | 1 062 | 63 |
| 吉　林 | 10 686 | 10 008 | 4 495 | 5 513 | - | 678 |
| 黑龙江 | 3 324 | 2 903 | 437 | 2 465 | 21 | 400 |
| 上　海 | 2 983 | 2 983 | 2 712 | 271 | - | - |
| 江　苏 | 23 926 | 23 815 | 17 962 | 5 854 | 33 | 78 |
| 浙　江 | 29 080 | 27 264 | 15 446 | 11 818 | 1 809 | 7 |
| 安　徽 | 23 636 | 21 358 | 10 023 | 11 336 | 2 174 | 104 |
| 福　建 | 15 067 | 13 610 | 585 | 13 025 | 388 | 1 068 |
| 江　西 | 21 791 | 19 032 | 1 226 | 17 806 | 653 | 2 107 |
| 山　东 | 23 315 | 19 609 | 14 890 | 4 719 | 3 552 | 155 |
| 河　南 | 27 280 | 24 619 | 9 046 | 15 573 | 1 567 | 1 094 |
| 湖　北 | 10 514 | 7 770 | 1 433 | 6 338 | 2 373 | 370 |
| 湖　南 | 36 113 | 35 101 | 3 049 | 32 052 | 148 | 864 |
| 广　东 | 9 386 | 8 770 | 931 | 7 839 | 444 | 172 |
| 广　西 | 18 088 | 9 901 | 551 | 9 349 | 7 325 | 862 |
| 海　南 | 2 858 | 2 728 | 755 | 1 972 | 100 | 29 |
| 重　庆 | 7 047 | 6 225 | 2 064 | 4 161 | 572 | 250 |
| 四　川 | 38 007 | 28 112 | 9 984 | 18 128 | 5 331 | 4 564 |
| 贵　州 | 34 501 | 15 599 | 1 440 | 14 159 | 12 825 | 6 077 |
| 云　南 | 51 105 | 35 898 | 19 545 | 16 353 | 3 058 | 12 148 |
| 西　藏 | 18 275 | 2 716 | 1 767 | 948 | 104 | 15 455 |
| 陕　西 | 16 028 | 11 327 | 6 709 | 4 618 | 4 463 | 238 |
| 甘　肃 | 7 865 | 2 549 | 1 304 | 1 245 | 4 195 | 1 121 |
| 青　海 | 9 326 | 4 080 | 1 083 | 2 997 | 1 271 | 3 975 |
| 宁　夏 | 813 | 607 | 597 | 10 | 176 | 31 |
| 新　疆 | 24 207 | 7 336 | 7 255 | 81 | 14 173 | 2 698 |

## 2-13 乡道里程（按路面类型分）

单位：公里

| 地区 | 总计 | 有铺装路面（高级） | | | 简易铺装路面（次高级） | 未铺装路面（中级、低级、无路面） |
|---|---|---|---|---|---|---|
| | | 合计 | 沥青混凝土 | 水泥混凝土 | | |
| 全国总计 | 1 157 727 | 827 225 | 132 828 | 694 397 | 110 646 | 219 856 |
| 北京 | 7 662 | 7 662 | 5 601 | 2 062 | – | – |
| 天津 | 3 833 | 3 833 | 2 938 | 895 | – | – |
| 河北 | 46 061 | 38 152 | 12 378 | 25 774 | 3 751 | 4 158 |
| 山西 | 48 911 | 33 922 | 5 755 | 28 167 | 8 254 | 6 736 |
| 内蒙古 | 39 552 | 27 440 | 10 493 | 16 947 | 2 832 | 9 280 |
| 辽宁 | 30 821 | 17 982 | 14 018 | 3 963 | 10 846 | 1 993 |
| 吉林 | 28 228 | 25 034 | 2 627 | 22 407 | – | 3 194 |
| 黑龙江 | 49 802 | 41 123 | 2 093 | 39 030 | 329 | 8 350 |
| 上海 | 7 081 | 7 081 | 1 949 | 5 131 | – | – |
| 江苏 | 52 653 | 51 726 | 8 467 | 43 259 | 427 | 500 |
| 浙江 | 19 677 | 18 422 | 4 189 | 14 233 | 1 150 | 104 |
| 安徽 | 36 600 | 30 328 | 1 859 | 28 469 | 3 683 | 2 590 |
| 福建 | 41 810 | 36 342 | 193 | 36 149 | 552 | 4 916 |
| 江西 | 41 903 | 31 577 | 332 | 31 245 | 624 | 9 703 |
| 山东 | 32 471 | 23 500 | 11 005 | 12 495 | 7 636 | 1 334 |
| 河南 | 59 098 | 48 006 | 6 522 | 41 484 | 5 942 | 5 150 |
| 湖北 | 61 341 | 48 578 | 1 112 | 47 466 | 5 313 | 7 449 |
| 湖南 | 56 610 | 52 714 | 448 | 52 266 | 15 | 3 881 |
| 广东 | 101 056 | 75 891 | 2 002 | 73 889 | 2 942 | 22 223 |
| 广西 | 28 325 | 22 870 | 165 | 22 705 | 1 617 | 3 839 |
| 海南 | 6 513 | 6 207 | 163 | 6 045 | 11 | 294 |
| 重庆 | 14 483 | 11 149 | 782 | 10 367 | 1 099 | 2 234 |
| 四川 | 52 440 | 37 259 | 8 036 | 29 222 | 4 322 | 10 860 |
| 贵州 | 45 822 | 28 742 | 506 | 28 236 | 4 210 | 12 870 |
| 云南 | 106 622 | 55 018 | 8 109 | 46 909 | 1 021 | 50 583 |
| 西藏 | 11 669 | 944 | 459 | 485 | 8 | 10 717 |
| 陕西 | 23 723 | 16 145 | 3 346 | 12 799 | 5 367 | 2 210 |
| 甘肃 | 10 322 | 3 483 | 680 | 2 802 | 4 550 | 2 289 |
| 青海 | 22 725 | 7 691 | 332 | 7 359 | 910 | 14 124 |
| 宁夏 | 9 108 | 7 047 | 5 008 | 2 039 | 1 120 | 941 |
| 新疆 | 60 806 | 11 358 | 11 258 | 100 | 32 115 | 17 333 |

## 2-14 专用公路里程（按路面类型分）

单位：公里

| 地区 | 总计 | 有铺装路面（高级） | | | 简易铺装路面（次高级） | 未铺装路面（中级、低级、无路面） |
|---|---|---|---|---|---|---|
| | | 合计 | 沥青混凝土 | 水泥混凝土 | | |
| 全国总计 | 72 038 | 28 607 | 12 373 | 16 234 | 8 154 | 35 277 |
| 北 京 | 1 314 | 1 314 | 1 184 | 130 | - | - |
| 天 津 | 985 | 985 | 822 | 163 | - | - |
| 河 北 | 1 762 | 1 511 | 900 | 611 | 157 | 94 |
| 山 西 | 533 | 363 | 175 | 188 | 124 | 46 |
| 内蒙古 | 932 | 406 | 291 | 116 | 60 | 466 |
| 辽 宁 | 887 | 189 | 166 | 23 | 329 | 369 |
| 吉 林 | 1 614 | 465 | 107 | 359 | 3 | 1 146 |
| 黑龙江 | 18 690 | 8 889 | 1 251 | 7 638 | 21 | 9 780 |
| 上 海 | - | - | - | - | - | - |
| 江 苏 | 159 | 157 | 29 | 128 | 1 | 0 |
| 浙 江 | 623 | 492 | 165 | 327 | 65 | 66 |
| 安 徽 | 1 002 | 806 | 49 | 757 | 124 | 72 |
| 福 建 | 123 | 93 | - | 93 | 9 | 21 |
| 江 西 | 16 | 16 | 16 | - | - | - |
| 山 东 | 2 195 | 1 173 | 893 | 280 | 987 | 35 |
| 河 南 | - | - | - | - | - | - |
| 湖 北 | 743 | 475 | 134 | 340 | 133 | 135 |
| 湖 南 | 1 008 | 711 | 11 | 700 | - | 297 |
| 广 东 | 153 | 123 | 2 | 121 | - | 30 |
| 广 西 | 338 | 166 | 38 | 128 | 33 | 139 |
| 海 南 | 25 | 25 | 4 | 21 | - | - |
| 重 庆 | 558 | 406 | 59 | 347 | 22 | 130 |
| 四 川 | 5 038 | 1 448 | 429 | 1 020 | 241 | 3 348 |
| 贵 州 | - | - | - | - | - | - |
| 云 南 | 3 341 | 747 | 338 | 409 | 212 | 2 383 |
| 西 藏 | 8 730 | 836 | 331 | 504 | 35 | 7 859 |
| 陕 西 | 2 166 | 1 491 | 614 | 876 | 252 | 423 |
| 甘 肃 | 2 626 | 461 | 120 | 341 | 752 | 1 413 |
| 青 海 | 1 512 | 468 | 151 | 316 | 96 | 948 |
| 宁 夏 | 1 947 | 1 362 | 1 123 | 239 | 101 | 484 |
| 新 疆 | 13 019 | 3 028 | 2 970 | 57 | 4 399 | 5 592 |

## 2-15 村道里程（按路面类型分）

单位：公里

| 地区 | 总计 | 有铺装路面（高级） | | | 简易铺装路面（次高级） | 未铺装路面（中级、低级、无路面） |
|---|---|---|---|---|---|---|
| | | 合计 | 沥青混凝土 | 水泥混凝土 | | |
| 全国总计 | 2 300 831 | 1 519 963 | 132 256 | 1 387 707 | 155 967 | 624 902 |
| 北京 | 5 569 | 5 569 | 2 884 | 2 685 | - | - |
| 天津 | 6 558 | 6 558 | 3 595 | 2 963 | - | - |
| 河北 | 106 120 | 87 624 | 16 031 | 71 593 | 4 384 | 14 111 |
| 山西 | 55 621 | 41 067 | 4 101 | 36 965 | 5 721 | 8 833 |
| 内蒙古 | 80 561 | 48 986 | 13 378 | 35 608 | 1 999 | 29 575 |
| 辽宁 | 60 961 | 17 357 | 7 832 | 9 525 | 10 143 | 33 461 |
| 吉林 | 48 834 | 36 116 | 1 922 | 34 193 | 33 | 12 686 |
| 黑龙江 | 66 285 | 41 175 | 972 | 40 204 | 130 | 24 980 |
| 上海 | 1 498 | 1 498 | 328 | 1 170 | - | - |
| 江苏 | 65 293 | 60 826 | 8 096 | 52 730 | 1 389 | 3 078 |
| 浙江 | 58 713 | 56 989 | 6 337 | 50 652 | 391 | 1 332 |
| 安徽 | 126 551 | 102 043 | 2 031 | 100 012 | 5 031 | 19 476 |
| 福建 | 35 047 | 23 410 | 61 | 23 349 | 313 | 11 324 |
| 江西 | 74 078 | 51 636 | 470 | 51 166 | 602 | 21 840 |
| 山东 | 187 195 | 124 102 | 28 656 | 95 446 | 48 557 | 14 536 |
| 河南 | 144 230 | 91 215 | 4 957 | 86 258 | 15 365 | 37 649 |
| 湖北 | 163 415 | 139 653 | 2 661 | 136 992 | 3 339 | 20 423 |
| 湖南 | 108 368 | 90 942 | 491 | 90 451 | 11 | 17 415 |
| 广东 | 72 559 | 35 599 | 458 | 35 142 | 3 663 | 33 297 |
| 广西 | 51 548 | 32 974 | 79 | 32 895 | 701 | 17 873 |
| 海南 | 17 731 | 17 518 | 80 | 17 437 | 1 | 212 |
| 重庆 | 107 668 | 63 991 | 6 335 | 57 656 | 4 137 | 39 539 |
| 四川 | 207 454 | 150 669 | 3 068 | 147 601 | 5 750 | 51 035 |
| 贵州 | 81 989 | 36 236 | 434 | 35 802 | 2 498 | 43 255 |
| 云南 | 38 097 | 5 894 | 372 | 5 522 | 219 | 31 984 |
| 西藏 | 21 747 | 2 261 | 263 | 1 997 | 19 | 19 467 |
| 陕西 | 114 979 | 74 082 | 3 358 | 70 725 | 6 799 | 34 098 |
| 甘肃 | 91 847 | 46 896 | 801 | 46 095 | 11 585 | 33 365 |
| 青海 | 25 720 | 7 608 | 161 | 7 447 | 240 | 17 871 |
| 宁夏 | 16 123 | 11 688 | 4 656 | 7 032 | 917 | 3 518 |
| 新疆 | 58 475 | 7 777 | 7 386 | 392 | 22 030 | 28 667 |

## 2-16 全国公路养护里程

单位：公里

| 地区 | 总计 | 国道 | 省道 | 县道 | 乡道 | 专用公路 | 村道 |
|---|---|---|---|---|---|---|---|
| 全国总计 | 4 674 565 | 355 957 | 332 520 | 548 342 | 1 142 738 | 67 651 | 2 227 357 |
| 北 京 | 22 194 | 1 851 | 1 991 | 3 832 | 7 656 | 1 314 | 5 550 |
| 天 津 | 16 532 | 1 538 | 2 317 | 1 301 | 3 833 | 985 | 6 558 |
| 河 北 | 191 383 | 15 374 | 10 128 | 12 207 | 46 061 | 1 711 | 105 902 |
| 山 西 | 142 744 | 10 984 | 6 789 | 19 906 | 48 911 | 533 | 55 621 |
| 内蒙古 | 194 028 | 21 853 | 17 302 | 38 699 | 38 666 | 762 | 76 747 |
| 辽 宁 | 121 722 | 9 982 | 10 248 | 8 841 | 30 805 | 887 | 60 959 |
| 吉 林 | 103 896 | 9 777 | 4 756 | 10 686 | 28 228 | 1 614 | 48 834 |
| 黑龙江 | 165 989 | 14 746 | 13 144 | 3 324 | 49 802 | 18 690 | 66 285 |
| 上 海 | 13 322 | 715 | 1 045 | 2 983 | 7 081 | - | 1 498 |
| 江 苏 | 155 793 | 8 320 | 8 124 | 23 901 | 52 350 | 159 | 62 940 |
| 浙 江 | 120 101 | 7 355 | 4 655 | 29 080 | 19 677 | 623 | 58 713 |
| 安 徽 | 201 939 | 10 322 | 4 356 | 23 487 | 36 600 | 674 | 126 499 |
| 福 建 | 108 012 | 10 625 | 5 340 | 15 067 | 41 810 | 123 | 35 047 |
| 江 西 | 155 150 | 10 906 | 12 012 | 21 344 | 40 768 | 16 | 70 104 |
| 山 东 | 270 590 | 12 665 | 12 750 | 23 315 | 32 471 | 2 195 | 187 195 |
| 河 南 | 265 020 | 13 941 | 23 257 | 27 250 | 58 674 | - | 141 898 |
| 湖 北 | 269 469 | 14 104 | 19 355 | 10 514 | 61 341 | 743 | 163 414 |
| 湖 南 | 239 724 | 13 589 | 24 037 | 36 113 | 56 610 | 1 008 | 108 368 |
| 广 东 | 217 255 | 14 608 | 21 565 | 9 351 | 100 848 | 153 | 70 731 |
| 广 西 | 123 249 | 14 814 | 10 146 | 18 088 | 28 323 | 336 | 51 542 |
| 海 南 | 30 684 | 2 159 | 1 399 | 2 858 | 6 513 | 25 | 17 731 |
| 重 庆 | 140 961 | 8 054 | 10 071 | 7 047 | 14 469 | 558 | 100 761 |
| 四 川 | 313 730 | 22 229 | 4 783 | 38 007 | 51 243 | 4 786 | 192 683 |
| 贵 州 | 192 180 | 11 735 | 20 331 | 34 484 | 45 328 | - | 80 301 |
| 云 南 | 242 182 | 19 471 | 23 911 | 51 021 | 106 422 | 3 341 | 38 016 |
| 西 藏 | 82 836 | 13 416 | 15 506 | 18 275 | 10 845 | 6 700 | 18 095 |
| 陕 西 | 172 009 | 13 419 | 4 005 | 16 027 | 23 638 | 2 134 | 112 786 |
| 甘 肃 | 129 836 | 12 834 | 16 759 | 7 834 | 10 223 | 2 612 | 79 574 |
| 青 海 | 78 544 | 13 148 | 8 465 | 9 326 | 21 706 | 1 469 | 24 430 |
| 宁 夏 | 34 561 | 3 764 | 2 806 | 813 | 9 108 | 1 947 | 16 123 |
| 新 疆 | 158 931 | 17 661 | 11 170 | 23 363 | 52 730 | 11 553 | 42 454 |

## 2-17 全国公路绿化里程

单位：公里

| 地区 | 总计 | 国道 | 省道 | 县道 | 乡道 | 专用公路 | 村道 |
|---|---|---|---|---|---|---|---|
| 全国总计 | 2 678 308 | 269 509 | 245 456 | 385 884 | 700 260 | 38 178 | 1 039 020 |
| 北京 | 20 419 | 1 842 | 1 990 | 3 799 | 6 789 | 1 312 | 4 687 |
| 天津 | 14 861 | 1 149 | 2 021 | 1 290 | 3 528 | 939 | 5 933 |
| 河北 | 90 337 | 13 291 | 8 555 | 7 742 | 19 855 | 825 | 40 069 |
| 山西 | 60 923 | 8 302 | 4 916 | 13 806 | 20 557 | 252 | 13 090 |
| 内蒙古 | 30 161 | 7 166 | 5 122 | 9 083 | 5 812 | 92 | 2 886 |
| 辽宁 | 71 932 | 10 102 | 10 320 | 7 952 | 21 813 | 639 | 21 106 |
| 吉林 | 89 479 | 9 583 | 4 552 | 9 867 | 25 085 | 1 277 | 39 115 |
| 黑龙江 | 125 560 | 12 383 | 10 753 | 2 921 | 40 277 | 13 181 | 46 045 |
| 上海 | 11 705 | 562 | 807 | 2 719 | 6 338 | - | 1 279 |
| 江苏 | 146 496 | 8 053 | 7 903 | 23 217 | 49 305 | 151 | 57 867 |
| 浙江 | 75 788 | 6 614 | 4 197 | 23 872 | 13 277 | 449 | 27 377 |
| 安徽 | 160 545 | 10 259 | 4 145 | 21 405 | 33 591 | 755 | 90 391 |
| 福建 | 92 717 | 9 355 | 4 864 | 13 311 | 36 811 | 106 | 28 269 |
| 江西 | 97 781 | 11 453 | 11 804 | 19 142 | 24 740 | 15 | 30 628 |
| 山东 | 220 912 | 11 475 | 11 600 | 20 772 | 27 840 | 1 970 | 147 254 |
| 河南 | 221 953 | 13 244 | 21 054 | 24 387 | 50 709 | - | 112 559 |
| 湖北 | 116 508 | 11 621 | 15 750 | 7 782 | 27 942 | 533 | 52 880 |
| 湖南 | 185 928 | 11 818 | 20 336 | 30 091 | 44 658 | 645 | 78 379 |
| 广东 | 108 520 | 14 313 | 19 313 | 8 370 | 51 789 | 151 | 14 585 |
| 广西 | 50 908 | 11 859 | 7 040 | 11 465 | 11 332 | 112 | 9 102 |
| 海南 | 28 903 | 1 981 | 1 290 | 2 615 | 6 231 | 25 | 16 762 |
| 重庆 | 61 973 | 6 625 | 9 198 | 5 416 | 8 928 | 220 | 31 587 |
| 四川 | 136 274 | 17 640 | 4 284 | 28 135 | 29 770 | 2 087 | 54 357 |
| 贵州 | 54 389 | 8 286 | 12 112 | 8 911 | 9 563 | - | 15 518 |
| 云南 | 142 721 | 13 819 | 15 427 | 37 777 | 57 510 | 1 238 | 16 950 |
| 西藏 | 25 262 | 2 735 | 2 352 | 5 372 | 3 200 | 3 404 | 8 198 |
| 陕西 | 43 140 | 10 189 | 3 199 | 8 465 | 7 385 | 1 008 | 12 894 |
| 甘肃 | 28 650 | 6 665 | 8 136 | 3 538 | 3 424 | 445 | 6 443 |
| 青海 | 41 472 | 8 328 | 4 965 | 6 387 | 11 155 | 663 | 9 974 |
| 宁夏 | 20 802 | 3 125 | 2 139 | 681 | 7 135 | 1 416 | 6 306 |
| 新疆 | 101 288 | 5 670 | 5 311 | 15 595 | 33 911 | 4 272 | 36 530 |

## 2-18　全国高速公路里程

单位：公里

| 地区 | 高速公路 合计 | 四车道 | 六车道 | 八车道及以上 | 车道里程 |
|---|---|---|---|---|---|
| 全国总计 | 136 449 | 112 628 | 18 428 | 5 393 | 604 285 |
| 北京 | 1 013 | 450 | 497 | 65 | 5 307 |
| 天津 | 1 248 | 358 | 755 | 135 | 7 042 |
| 河北 | 6 531 | 4 240 | 1 735 | 555 | 31 812 |
| 山西 | 5 335 | 4 395 | 927 | 13 | 23 247 |
| 内蒙古 | 6 320 | 5 823 | 273 | 224 | 26 726 |
| 辽宁 | 4 212 | 3 226 | 337 | 650 | 20 122 |
| 吉林 | 3 119 | 2 960 | 62 | 98 | 12 992 |
| 黑龙江 | 4 512 | 4 512 | - | - | 18 047 |
| 上海 | 829 | 261 | 367 | 201 | 4 855 |
| 江苏 | 4 688 | 2 648 | 1 750 | 290 | 23 413 |
| 浙江 | 4 154 | 2 962 | 675 | 517 | 20 035 |
| 安徽 | 4 673 | 4 265 | 346 | 61 | 19 641 |
| 福建 | 5 039 | 3 991 | 803 | 245 | 22 743 |
| 江西 | 5 916 | 5 593 | 220 | 103 | 24 516 |
| 山东 | 5 821 | 4 846 | 940 | 35 | 25 301 |
| 河南 | 6 523 | 4 984 | 511 | 1 027 | 31 221 |
| 湖北 | 6 252 | 5 873 | 324 | 55 | 25 875 |
| 湖南 | 6 419 | 6 097 | 321 | - | 26 316 |
| 广东 | 8 347 | 4 174 | 3 638 | 535 | 42 853 |
| 广西 | 5 259 | 5 067 | 115 | 77 | 21 576 |
| 海南 | 795 | 763 | 33 | - | 3 247 |
| 重庆 | 3 023 | 2 564 | 459 | - | 13 012 |
| 四川 | 6 821 | 6 104 | 717 | - | 28 719 |
| 贵州 | 5 835 | 5 497 | 338 | - | 24 013 |
| 云南 | 5 022 | 3 889 | 1 045 | 89 | 22 532 |
| 西藏 | 38 | 38 | - | - | 151 |
| 陕西 | 5 279 | 3 930 | 1 002 | 347 | 24 507 |
| 甘肃 | 4 016 | 3 933 | 70 | 13 | 16 258 |
| 青海 | 3 223 | 3 161 | 62 | - | 13 017 |
| 宁夏 | 1 609 | 1 533 | 20 | 57 | 6 705 |
| 新疆 | 4 578 | 4 492 | 86 | - | 18 485 |

## 2-19 全国公路密度及通达率

| 地 区 | 公路密度 | | 公路通达率（%） | | | |
|---|---|---|---|---|---|---|
| | 以国土面积计算<br>（公里/百平方公里） | 以人口计算<br>（公里/万人） | 乡（镇） | 通硬化路面<br>所占比重 | 行政村 | 通硬化路面<br>所占比重 |
| 全国总计 | **49.72** | **34.34** | **99.99** | **99.39** | **99.98** | **98.35** |
| 北 京 | 135.43 | 11.01 | 100.00 | 100.00 | 100.00 | 100.00 |
| 天 津 | 138.93 | 10.58 | 100.00 | 100.00 | 100.00 | 100.00 |
| 河 北 | 102.13 | 27.30 | 100.00 | 100.00 | 100.00 | 100.00 |
| 山 西 | 91.40 | 38.80 | 100.00 | 100.00 | 99.93 | 99.54 |
| 内蒙古 | 16.86 | 80.67 | 100.00 | 100.00 | 100.00 | 99.83 |
| 辽 宁 | 84.10 | 28.99 | 100.00 | 100.00 | 100.00 | 100.00 |
| 吉 林 | 55.44 | 39.27 | 100.00 | 100.00 | 100.00 | 100.00 |
| 黑龙江 | 36.56 | 43.29 | 100.00 | 100.00 | 100.00 | 100.00 |
| 上 海 | 210.09 | 5.51 | 100.00 | 100.00 | 100.00 | 100.00 |
| 江 苏 | 154.46 | 19.81 | 100.00 | 100.00 | 100.00 | 100.00 |
| 浙 江 | 117.98 | 24.46 | 100.00 | 100.00 | 99.91 | 99.90 |
| 安 徽 | 156.37 | 28.93 | 100.00 | 100.00 | 99.99 | 99.99 |
| 福 建 | 88.97 | 27.88 | 100.00 | 100.00 | 100.00 | 100.00 |
| 江 西 | 97.23 | 35.34 | 100.00 | 100.00 | 100.00 | 100.00 |
| 山 东 | 172.68 | 28.22 | 100.00 | 100.00 | 100.00 | 99.32 |
| 河 南 | 160.36 | 24.98 | 100.00 | 100.00 | 100.00 | 100.00 |
| 湖 北 | 144.96 | 44.71 | 100.00 | 100.00 | 100.00 | 100.00 |
| 湖 南 | 113.18 | 35.34 | 100.00 | 100.00 | 99.97 | 99.97 |
| 广 东 | 123.43 | 19.96 | 100.00 | 100.00 | 100.00 | 100.00 |
| 广 西 | 52.07 | 22.09 | 100.00 | 100.00 | 99.97 | 99.85 |

2-19 （续表一）

| 地区 | 公路密度 | | 公路通达率（%） | | | |
|---|---|---|---|---|---|---|
| | 以国土面积计算（公里/百平方公里） | 以人口计算（公里/万人） | 乡（镇） | 通硬化路面所占比重 | 行政村 | 通硬化路面所占比重 |
| 海 南 | 90.51 | 33.46 | 100.00 | 100.00 | 99.96 | 99.89 |
| 重 庆 | 179.47 | 49.84 | 100.00 | 100.00 | 100.00 | 92.87 |
| 四 川 | 67.67 | 36.25 | 100.00 | 98.82 | 100.00 | 97.13 |
| 贵 州 | 110.38 | 54.85 | 100.00 | 100.00 | 100.00 | 95.70 |
| 云 南 | 61.56 | 51.14 | 100.00 | 100.00 | 100.00 | 99.98 |
| 西 藏 | 7.27 | 270.29 | 99.71 | 77.62 | 99.45 | 38.12 |
| 陕 西 | 84.82 | 46.20 | 100.00 | 100.00 | 100.00 | 97.23 |
| 甘 肃 | 31.31 | 54.51 | 100.00 | 100.00 | 100.00 | 90.77 |
| 青 海 | 11.22 | 139.56 | 100.00 | 98.37 | 100.00 | 95.34 |
| 宁 夏 | 52.05 | 51.74 | 100.00 | 100.00 | 100.00 | 99.17 |
| 新 疆 | 11.16 | 77.29 | 100.00 | 99.33 | 99.55 | 97.63 |

## 2-20 公路桥梁（按使用年限分）

| 地区 | 总计 数量（座） | 总计 长度（米） | 总计中：永久式桥梁 数量（座） | 总计中：永久式桥梁 长度（米） | 总计中：危桥 数量（座） | 总计中：危桥 长度（米） |
|---|---|---|---|---|---|---|
| 全国总计 | 832 478 | 52 256 206 | 817 389 | 51 908 780 | 67 728 | 2 011 589 |
| 北　京 | 6 541 | 584 430 | 6 541 | 584 430 | 35 | 1 679 |
| 天　津 | 2 939 | 489 737 | 2 915 | 489 105 | 21 | 5 370 |
| 河　北 | 42 275 | 3 011 806 | 41 977 | 3 004 068 | 2 087 | 68 876 |
| 山　西 | 14 872 | 1 300 759 | 14 785 | 1 297 901 | 730 | 22 307 |
| 内蒙古 | 19 464 | 885 521 | 18 627 | 867 539 | 2 562 | 62 585 |
| 辽　宁 | 46 674 | 1 916 611 | 46 647 | 1 915 971 | 844 | 29 213 |
| 吉　林 | 16 331 | 682 407 | 16 125 | 676 552 | 1 146 | 30 863 |
| 黑龙江 | 22 949 | 960 011 | 20 928 | 926 783 | 5 918 | 123 211 |
| 上　海 | 11 331 | 735 649 | 11 327 | 735 544 | 17 | 3 561 |
| 江　苏 | 70 679 | 3 578 426 | 70 351 | 3 571 028 | 7 220 | 193 914 |
| 浙　江 | 49 700 | 2 993 659 | 49 686 | 2 993 359 | 558 | 30 059 |
| 安　徽 | 37 737 | 2 385 379 | 37 508 | 2 380 024 | 2 232 | 56 752 |
| 福　建 | 27 512 | 2 086 715 | 27 472 | 2 085 333 | 673 | 24 219 |
| 江　西 | 27 875 | 1 661 343 | 26 258 | 1 629 510 | 3 785 | 139 759 |
| 山　东 | 49 196 | 2 256 193 | 49 196 | 2 256 193 | 4 086 | 159 398 |
| 河　南 | 49 065 | 2 380 112 | 48 217 | 2 363 500 | 12 733 | 319 444 |
| 湖　北 | 41 288 | 2 732 911 | 41 287 | 2 732 825 | 8 793 | 217 209 |
| 湖　南 | 46 857 | 2 325 687 | 45 653 | 2 302 780 | 1 063 | 27 970 |
| 广　东 | 47 794 | 3 846 964 | 47 702 | 3 844 398 | 927 | 65 437 |
| 广　西 | 18 798 | 1 169 079 | 18 727 | 1 166 681 | 792 | 33 809 |
| 海　南 | 6 090 | 209 811 | 6 016 | 208 088 | 476 | 15 287 |
| 重　庆 | 11 503 | 844 630 | 11 282 | 837 597 | 648 | 21 693 |
| 四　川 | 41 525 | 2 889 295 | 40 448 | 2 856 556 | 1 693 | 65 439 |
| 贵　州 | 21 509 | 2 702 571 | 21 450 | 2 700 653 | 2 131 | 65 232 |
| 云　南 | 27 621 | 2 689 918 | 27 248 | 2 671 265 | 1 691 | 77 376 |
| 西　藏 | 10 309 | 409 419 | 8 037 | 358 689 | 764 | 26 425 |
| 陕　西 | 26 024 | 2 655 664 | 24 865 | 2 626 519 | 1 029 | 33 473 |
| 甘　肃 | 11 766 | 631 609 | 11 349 | 616 876 | 1 133 | 43 420 |
| 青　海 | 7 357 | 429 173 | 7 102 | 423 046 | 317 | 7 244 |
| 宁　夏 | 4 730 | 273 871 | 4 730 | 273 871 | 186 | 4 781 |
| 新　疆 | 14 167 | 536 846 | 12 933 | 512 096 | 1 438 | 35 586 |

## 2-21 公路桥

| 地区 | 总计 数量（座） | 总计 长度（米） | 特大桥 数量（座） | 特大桥 长度（米） | 大 数量（座） |
|---|---|---|---|---|---|
| 全国总计 | 832 478 | 52 256 206 | 4 646 | 8 267 168 | 91 777 |
| 北京 | 6 541 | 584 430 | 72 | 141 086 | 991 |
| 天津 | 2 939 | 489 737 | 111 | 200 096 | 526 |
| 河北 | 42 275 | 3 011 806 | 279 | 552 006 | 5 512 |
| 山西 | 14 872 | 1 300 759 | 94 | 143 914 | 2 980 |
| 内蒙古 | 19 464 | 885 521 | 32 | 64 562 | 1 627 |
| 辽宁 | 46 674 | 1 916 611 | 98 | 180 617 | 3 104 |
| 吉林 | 16 331 | 682 407 | 24 | 33 446 | 1 081 |
| 黑龙江 | 22 949 | 960 011 | 35 | 65 804 | 1 520 |
| 上海 | 11 331 | 735 649 | 81 | 213 868 | 677 |
| 江苏 | 70 679 | 3 578 426 | 272 | 547 335 | 4 157 |
| 浙江 | 49 700 | 2 993 659 | 287 | 668 176 | 4 139 |
| 安徽 | 37 737 | 2 385 379 | 300 | 611 396 | 2 903 |
| 福建 | 27 512 | 2 086 715 | 201 | 355 530 | 3 960 |
| 江西 | 27 875 | 1 661 343 | 75 | 165 861 | 3 376 |
| 山东 | 49 196 | 2 256 193 | 98 | 238 641 | 2 960 |
| 河南 | 49 065 | 2 380 112 | 99 | 176 134 | 4 034 |
| 湖北 | 41 288 | 2 732 911 | 313 | 611 065 | 4 605 |
| 湖南 | 46 857 | 2 325 687 | 145 | 294 151 | 4 215 |
| 广东 | 47 794 | 3 846 964 | 582 | 992 886 | 5 533 |
| 广西 | 18 798 | 1 169 079 | 40 | 45 178 | 2 527 |
| 海南 | 6 090 | 209 811 | 4 | 5 450 | 295 |
| 重庆 | 11 503 | 844 630 | 97 | 88 389 | 2 056 |
| 四川 | 41 525 | 2 889 295 | 260 | 392 667 | 6 503 |
| 贵州 | 21 509 | 2 702 571 | 324 | 334 765 | 6 278 |
| 云南 | 27 621 | 2 689 918 | 213 | 280 256 | 6 886 |
| 西藏 | 10 309 | 409 419 | 41 | 59 343 | 659 |
| 陕西 | 26 024 | 2 655 664 | 343 | 614 268 | 5 304 |
| 甘肃 | 11 766 | 631 609 | 36 | 42 383 | 1 395 |
| 青海 | 7 357 | 429 173 | 40 | 59 785 | 722 |
| 宁夏 | 4 730 | 273 871 | 21 | 43 761 | 465 |
| 新疆 | 14 167 | 536 846 | 29 | 44 351 | 787 |

## 梁（按跨径分）

| 桥 | 中桥 | | 小桥 | |
|---|---|---|---|---|
| 长度（米） | 数量（座） | 长度（米） | 数量（座） | 长度（米） |
| **24 243 694** | **190 006** | **10 366 142** | **546 049** | **9 379 203** |
| 265 665 | 1 936 | 114 094 | 3 542 | 63 584 |
| 212 005 | 919 | 49 998 | 1 383 | 27 638 |
| 1 436 734 | 9 792 | 584 092 | 26 692 | 438 974 |
| 788 875 | 3 456 | 212 211 | 8 342 | 155 758 |
| 352 536 | 3 684 | 230 255 | 14 121 | 238 168 |
| 737 794 | 7 918 | 464 480 | 35 554 | 533 720 |
| 261 179 | 3 441 | 196 785 | 11 785 | 190 996 |
| 332 304 | 5 201 | 309 167 | 16 193 | 252 736 |
| 243 116 | 3 128 | 135 695 | 7 445 | 142 970 |
| 1 200 656 | 19 489 | 927 540 | 46 761 | 902 895 |
| 1 156 315 | 11 872 | 594 836 | 33 402 | 574 332 |
| 883 735 | 7 549 | 408 758 | 26 985 | 481 490 |
| 1 120 812 | 5 674 | 312 245 | 17 677 | 298 127 |
| 828 469 | 7 587 | 412 022 | 16 837 | 254 991 |
| 708 623 | 12 318 | 683 048 | 33 820 | 625 880 |
| 956 734 | 13 530 | 688 352 | 31 402 | 558 892 |
| 1 253 675 | 7 139 | 385 560 | 29 231 | 482 612 |
| 1 059 257 | 7 456 | 404 115 | 35 041 | 568 164 |
| 1 794 510 | 9 274 | 523 198 | 32 405 | 536 371 |
| 597 448 | 5 425 | 320 404 | 10 806 | 206 050 |
| 58 346 | 1 367 | 72 446 | 4 424 | 73 569 |
| 484 898 | 2 456 | 138 291 | 6 894 | 133 052 |
| 1 561 611 | 9 215 | 483 043 | 25 547 | 451 974 |
| 1 905 561 | 5 012 | 275 744 | 9 895 | 186 500 |
| 1 687 836 | 8 271 | 499 731 | 12 251 | 222 095 |
| 150 643 | 1 991 | 88 097 | 7 618 | 111 337 |
| 1 455 003 | 6 022 | 355 244 | 14 355 | 231 149 |
| 294 840 | 3 137 | 170 914 | 7 198 | 123 472 |
| 188 340 | 1 742 | 99 429 | 4 853 | 81 619 |
| 101 802 | 1 398 | 78 588 | 2 846 | 49 720 |
| 164 372 | 2 607 | 147 760 | 10 744 | 180 364 |

# 2-22 公路

| 地区 | 公路 | | | | | |
|---|---|---|---|---|---|---|
| | 总计 | | 特长隧道 | | 长隧道 | |
| | 数量（处） | 长度（米） | 数量（处） | 长度（米） | 数量（处） | 长度（米） |
| **全国总计** | **16 229** | **15 285 084** | **902** | **4 013 156** | **3 841** | **6 599 266** |
| 北京 | 122 | 66 084 | 4 | 13 238 | 12 | 23 347 |
| 天津 | 5 | 7 997 | – | – | 4 | 7 572 |
| 河北 | 656 | 610 098 | 37 | 158 219 | 158 | 273 875 |
| 山西 | 979 | 1 071 630 | 90 | 487 605 | 174 | 300 844 |
| 内蒙古 | 42 | 58 662 | 7 | 24 840 | 13 | 23 321 |
| 辽宁 | 256 | 225 264 | 4 | 13 624 | 74 | 110 512 |
| 吉林 | 171 | 206 141 | 7 | 23 711 | 75 | 135 178 |
| 黑龙江 | 4 | 4 435 | – | – | 2 | 3 350 |
| 上海 | 2 | 10 757 | 1 | 8 955 | 1 | 1 802 |
| 江苏 | 26 | 31 737 | 2 | 7 475 | 8 | 15 887 |
| 浙江 | 1 761 | 1 212 126 | 39 | 168 440 | 327 | 553 831 |
| 安徽 | 326 | 250 230 | 14 | 46 877 | 59 | 106 780 |
| 福建 | 1 554 | 1 932 275 | 148 | 646 709 | 469 | 818 635 |
| 江西 | 292 | 283 781 | 13 | 58 267 | 81 | 136 706 |
| 山东 | 74 | 83 860 | 5 | 26 461 | 18 | 30 514 |
| 河南 | 485 | 251 689 | 4 | 13 662 | 60 | 97 915 |
| 湖北 | 1 017 | 991 639 | 76 | 342 360 | 216 | 360 467 |
| 湖南 | 759 | 636 828 | 30 | 121 709 | 152 | 260 970 |
| 广东 | 648 | 668 435 | 41 | 168 688 | 176 | 300 170 |
| 广西 | 702 | 479 417 | 16 | 58 499 | 122 | 204 885 |
| 海南 | 18 | 13 996 | – | – | 7 | 8 002 |
| 重庆 | 673 | 702 135 | 57 | 261 251 | 150 | 277 093 |
| 四川 | 1 089 | 1 181 690 | 85 | 381 078 | 295 | 497 524 |
| 贵州 | 1 581 | 1 557 759 | 64 | 235 015 | 497 | 836 349 |
| 云南 | 1 033 | 872 138 | 38 | 146 443 | 236 | 418 635 |
| 西藏 | 68 | 48 894 | 3 | 14 787 | 11 | 19 895 |
| 陕西 | 1 455 | 1 225 133 | 73 | 378 131 | 287 | 481 081 |
| 甘肃 | 219 | 282 369 | 17 | 89 185 | 79 | 143 242 |
| 青海 | 148 | 243 059 | 25 | 98 957 | 60 | 116 841 |
| 宁夏 | 26 | 40 799 | 2 | 18 970 | 5 | 10 243 |
| 新疆 | 38 | 34 026 | – | – | 13 | 23 803 |

## 隧道、渡口

| 隧　道 | | | | 公　路　渡　口 | |
|---|---|---|---|---|---|
| 中　隧　道 | | 短　隧　道 | | 总　计（处） | 机　动　渡　口（处） |
| 数量（处） | 长度（米） | 数量（处） | 长度（米） | | |
| 3 734 | 2 665 704 | 7 752 | 2 006 958 | 1 668 | 730 |
| 18 | 12 025 | 88 | 17 474 | - | - |
| - | - | 1 | 425 | - | - |
| 140 | 99 693 | 321 | 78 312 | - | - |
| 232 | 165 135 | 483 | 118 046 | - | - |
| 10 | 7 286 | 12 | 3 215 | 15 | 4 |
| 115 | 78 777 | 63 | 22 352 | 194 | 24 |
| 50 | 38 344 | 39 | 8 909 | 50 | 25 |
| 2 | 1 085 | - | - | 286 | 38 |
| - | - | - | - | - | - |
| 8 | 5 751 | 8 | 2 624 | 58 | 24 |
| 331 | 228 574 | 1 064 | 261 281 | 23 | 20 |
| 77 | 54 557 | 176 | 42 016 | 56 | 19 |
| 419 | 305 726 | 518 | 161 206 | 9 | 3 |
| 81 | 56 797 | 117 | 32 010 | 112 | 47 |
| 29 | 20 484 | 22 | 6 402 | 14 | 13 |
| 92 | 63 665 | 329 | 76 447 | - | - |
| 247 | 175 284 | 478 | 113 529 | 152 | 122 |
| 210 | 152 158 | 367 | 101 991 | 131 | 71 |
| 158 | 113 809 | 273 | 85 769 | 78 | 59 |
| 154 | 104 823 | 410 | 111 209 | 132 | 70 |
| 5 | 3 625 | 6 | 2 369 | 6 | 4 |
| 127 | 92 483 | 339 | 71 309 | 58 | 46 |
| 250 | 179 915 | 459 | 123 173 | 186 | 108 |
| 432 | 316 328 | 588 | 170 067 | 35 | 4 |
| 231 | 165 290 | 528 | 141 770 | 10 | 2 |
| 11 | 7 110 | 43 | 7 102 | - | - |
| 224 | 155 333 | 871 | 210 588 | 44 | 14 |
| 38 | 28 971 | 85 | 20 972 | 6 | 2 |
| 21 | 15 704 | 42 | 11 558 | - | - |
| 14 | 10 485 | 5 | 1 101 | 10 | 10 |
| 8 | 6 489 | 17 | 3 734 | 3 | 1 |

# 2-23 全国公路营

| 地 区 | 汽车数量合计（辆） | 载客汽车 | | | | 载货 | | | | | |
|---|---|---|---|---|---|---|---|---|---|---|---|
| | | | | 大 型 | | 合 计 | | 货 | | | |
| | | | | | | | | 普通货车 | | 大 型 | |
| | | 辆 | 客 位 | 辆 | 客 位 | 辆 | 吨 位 | 辆 | 吨 位 | 辆 | 吨 位 |
| **全国总计** | **14 502 215** | **816 050** | **20 991 807** | **305 686** | **13 398 848** | **13 686 165** | **117 748 131** | **9 029 008** | **48 683 971** | **3 313 064** | **40 279 373** |
| 北 京 | 259 168 | 72 068 | 829 890 | 8 135 | 399 808 | 187 100 | 1 066 815 | 152 180 | 627 856 | 49 965 | 476 446 |
| 天 津 | 192 736 | 8 191 | 339 277 | 6 908 | 310 958 | 184 545 | 1 310 455 | 122 100 | 362 292 | 20 383 | 209 749 |
| 河 北 | 1 464 952 | 24 737 | 708 233 | 10 266 | 420 233 | 1 440 215 | 14 083 495 | 733 166 | 3 388 675 | 208 819 | 2 618 188 |
| 山 西 | 588 974 | 14 873 | 382 270 | 5 589 | 229 799 | 574 101 | 6 813 808 | 253 842 | 1 581 644 | 99 189 | 1 372 864 |
| 内蒙古 | 330 777 | 11 607 | 393 813 | 7 206 | 300 720 | 319 170 | 2 546 464 | 209 480 | 1 087 166 | 60 781 | 853 048 |
| 辽 宁 | 794 869 | 30 939 | 864 465 | 13 190 | 594 236 | 763 930 | 5 615 704 | 535 047 | 2 290 718 | 139 909 | 1 720 170 |
| 吉 林 | 334 633 | 13 658 | 449 988 | 7 117 | 307 930 | 320 975 | 2 262 167 | 235 419 | 1 153 738 | 70 632 | 896 358 |
| 黑龙江 | 498 386 | 15 785 | 518 620 | 9 156 | 381 780 | 482 601 | 3 698 107 | 374 990 | 2 293 042 | 156 383 | 1 945 420 |
| 上 海 | 255 653 | 43 337 | 650 635 | 9 379 | 448 288 | 212 316 | 2 577 036 | 78 549 | 604 244 | 53 839 | 560 704 |
| 江 苏 | 859 247 | 50 778 | 1 685 588 | 31 033 | 1 461 486 | 808 469 | 7 641 695 | 527 048 | 3 347 985 | 286 719 | 2 945 288 |
| 浙 江 | 368 049 | 23 576 | 818 947 | 13 556 | 615 858 | 344 473 | 3 150 386 | 214 701 | 1 232 323 | 93 628 | 1 060 310 |
| 安 徽 | 689 867 | 28 169 | 822 520 | 11 280 | 505 356 | 661 698 | 6 379 438 | 418 424 | 2 859 672 | 179 138 | 2 528 456 |
| 福 建 | 258 011 | 15 816 | 458 485 | 6 773 | 292 343 | 242 195 | 2 318 235 | 149 278 | 769 317 | 50 170 | 630 611 |
| 江 西 | 346 115 | 15 728 | 458 681 | 5 945 | 258 623 | 330 387 | 3 577 772 | 181 162 | 1 363 967 | 86 227 | 1 195 854 |
| 山 东 | 1 090 930 | 24 029 | 837 549 | 15 822 | 652 796 | 1 066 901 | 13 101 800 | 431 200 | 3 402 197 | 267 833 | 3 141 540 |
| 河 南 | 1 023 173 | 41 344 | 1 276 297 | 17 448 | 770 722 | 981 829 | 8 756 157 | 609 634 | 3 301 702 | 225 418 | 2 677 316 |
| 湖 北 | 379 378 | 35 954 | 823 041 | 8 163 | 350 379 | 343 424 | 2 794 231 | 248 642 | 1 447 274 | 103 926 | 1 221 531 |
| 湖 南 | 332 818 | 40 351 | 988 265 | 10 043 | 434 580 | 292 467 | 2 157 434 | 227 294 | 1 132 739 | 76 207 | 922 215 |
| 广 东 | 717 235 | 38 913 | 1 652 873 | 32 307 | 1 493 843 | 678 322 | 5 792 596 | 452 443 | 2 218 610 | 147 764 | 1 751 628 |
| 广 西 | 531 172 | 26 582 | 823 434 | 13 287 | 572 190 | 504 590 | 3 212 214 | 425 741 | 2 178 408 | 141 773 | 1 775 674 |
| 海 南 | 69 091 | 6 107 | 181 923 | 2 976 | 115 549 | 62 984 | 270 811 | 56 757 | 175 457 | 9 658 | 111 814 |
| 重 庆 | 313 535 | 18 327 | 475 229 | 6 152 | 258 502 | 295 208 | 2 193 457 | 245 791 | 1 610 588 | 101 592 | 1 433 918 |
| 四 川 | 600 241 | 49 296 | 1 169 599 | 13 179 | 528 868 | 550 945 | 3 862 801 | 450 378 | 2 311 126 | 160 111 | 1 900 784 |
| 贵 州 | 214 034 | 28 665 | 618 566 | 5 011 | 213 345 | 185 369 | 979 599 | 169 831 | 842 431 | 58 301 | 664 417 |
| 云 南 | 653 020 | 49 493 | 814 369 | 8 293 | 329 817 | 603 527 | 2 747 505 | 564 761 | 2 263 781 | 141 691 | 1 747 501 |
| 西 藏 | 62 436 | 5 382 | 99 430 | 467 | 17 427 | 57 054 | 417 770 | 52 536 | 370 085 | 27 407 | 317 547 |
| 陕 西 | 410 243 | 18 801 | 545 942 | 7 988 | 340 603 | 391 442 | 2 562 947 | 303 022 | 1 391 473 | 82 492 | 1 096 140 |
| 甘 肃 | 325 420 | 20 370 | 466 224 | 7 143 | 289 195 | 305 050 | 1 480 494 | 274 058 | 1 113 444 | 76 608 | 826 763 |
| 青 海 | 82 886 | 3 401 | 100 749 | 1 700 | 75 406 | 79 485 | 493 252 | 65 800 | 297 209 | 18 374 | 238 918 |
| 宁 夏 | 101 008 | 5 024 | 157 497 | 2 549 | 114 004 | 95 984 | 1 022 517 | 52 251 | 391 305 | 28 637 | 360 400 |
| 新 疆 | 354 158 | 34 749 | 579 408 | 7 625 | 314 204 | 319 409 | 2 860 969 | 213 483 | 1 273 503 | 89 490 | 1 077 801 |

# 运车辆拥有量

| 汽车 | | | | | | | | | | |
|---|---|---|---|---|---|---|---|---|---|---|
| 车 | | | | 牵引车 | 挂车 | | 其他机动车 | | 轮胎式拖拉机 | |
| 专用货车 | | 集装箱车 | | | | | | | | |
| 辆 | 吨位 | 辆 | TEU | 辆 | 辆 | 吨 | 辆 | 吨位 | 辆 | 吨位 |
| **462 465** | **4 990 984** | **19 053** | **31 958** | **2 072 851** | **2 121 841** | **64 073 176** | **170 094** | **167 137** | **76 555** | **81 486** |
| 22 371 | 286 283 | 3 022 | 6 498 | 7 495 | 5 054 | 152 676 | – | – | – | – |
| 4 268 | 36 806 | 20 | 40 | 28 551 | 29 626 | 911 357 | – | – | – | – |
| 35 788 | 257 918 | 23 | 46 | 328 133 | 343 128 | 10 436 902 | 33 718 | 24 489 | – | – |
| 5 521 | 64 447 | – | – | 153 307 | 161 431 | 5 167 717 | 376 | 399 | 95 | 94 |
| 8 539 | 122 205 | 18 | 32 | 48 595 | 52 556 | 1 337 093 | 68 | 541 | – | – |
| 32 869 | 341 574 | 380 | 735 | 99 414 | 96 600 | 2 983 412 | 11 673 | 19 753 | – | – |
| 9 774 | 105 239 | 95 | 144 | 39 512 | 36 270 | 1 003 190 | – | – | – | – |
| 7 847 | 79 678 | 818 | 1 177 | 47 461 | 52 303 | 1 325 387 | 1 497 | 2 139 | – | – |
| 13 665 | 101 668 | 9 | 14 | 57 455 | 62 647 | 1 871 124 | – | – | – | – |
| 40 573 | 406 519 | 15 | 23 | 118 598 | 122 250 | 3 887 191 | – | – | – | – |
| 13 288 | 105 220 | 6 | 12 | 57 880 | 58 604 | 1 812 843 | 104 | 1 294 | – | – |
| 39 368 | 554 597 | 1 159 | 1 664 | 107 802 | 96 104 | 2 965 169 | 2 566 | 4 276 | – | – |
| 9 378 | 100 176 | 951 | 1 689 | 36 624 | 46 915 | 1 448 742 | 747 | 752 | – | – |
| 14 848 | 167 043 | – | – | 59 134 | 75 243 | 2 046 762 | 20 981 | 31 417 | 115 | 87 |
| 25 325 | 294 803 | 1 208 | 1 660 | 306 353 | 304 023 | 9 404 800 | – | – | – | – |
| 17 526 | 185 016 | – | – | 177 975 | 176 694 | 5 269 439 | 49 423 | 40 630 | 6 836 | 12 684 |
| 9 833 | 88 733 | 2 | 2 | 42 502 | 42 447 | 1 258 224 | 98 | 116 | – | – |
| 10 632 | 87 685 | 4 | 4 | 24 669 | 29 872 | 937 010 | 9 547 | 10 553 | 326 | 356 |
| 34 846 | 483 926 | 8 003 | 13 124 | 92 721 | 98 312 | 3 090 060 | 1 | 4 | – | – |
| 10 663 | 115 339 | 793 | 627 | 37 082 | 31 104 | 918 467 | 17 507 | 6 794 | 57 916 | 56 314 |
| 1 992 | 25 284 | 328 | 565 | 1 823 | 2 412 | 70 070 | – | – | – | – |
| 8 112 | 83 196 | 162 | 254 | 24 566 | 16 739 | 499 673 | 75 | 790 | 1 080 | 1 045 |
| 24 121 | 287 114 | 1 939 | 3 506 | 36 231 | 40 215 | 1 264 561 | – | – | 6 300 | 5 575 |
| 11 257 | 79 887 | 54 | 55 | 1 741 | 2 540 | 57 281 | 567 | 557 | – | – |
| 11 955 | 96 151 | – | – | 13 255 | 13 556 | 387 573 | 371 | 118 | 2 978 | 2 992 |
| 1 086 | 8 932 | – | – | 1 975 | 1 457 | 38 753 | – | – | – | – |
| 11 590 | 138 776 | 44 | 87 | 38 451 | 38 379 | 1 032 698 | 20 775 | 22 515 | 909 | 2 339 |
| 7 006 | 89 945 | – | – | 12 888 | 11 098 | 277 105 | – | – | – | – |
| 2 140 | 20 722 | – | – | 5 516 | 6 029 | 175 321 | – | – | – | – |
| 1 553 | 16 976 | – | – | 20 803 | 21 377 | 614 236 | – | – | – | – |
| 14 731 | 159 126 | – | – | 44 339 | 46 856 | 1 428 340 | – | – | – | – |

## 2-24 公路客、货运输量

| 地区 | 客运量（万人） | 旅客周转量（万人公里） | 货运量（万吨） | 货物周转量（万吨公里） |
|---|---|---|---|---|
| 全国总计 | 1 456 784 | 97 651 794 | 3 686 858 | 667 715 159 |
| 北　京 | 44 940 | 993 965 | 19 374 | 1 592 419 |
| 天　津 | 12 538 | 728 264 | 34 720 | 3 980 160 |
| 河　北 | 38 494 | 2 399 410 | 207 340 | 78 993 204 |
| 山　西 | 17 333 | 1 503 565 | 114 880 | 17 586 569 |
| 内蒙古 | 9 421 | 1 426 505 | 147 483 | 27 644 686 |
| 辽　宁 | 57 665 | 2 988 543 | 184 273 | 30 585 774 |
| 吉　林 | 25 203 | 1 629 859 | 44 728 | 11 515 948 |
| 黑龙江 | 23 917 | 1 770 747 | 44 127 | 9 134 839 |
| 上　海 | 3 420 | 1 166 735 | 39 743 | 2 979 069 |
| 江　苏 | 104 566 | 7 468 887 | 128 915 | 23 779 005 |
| 浙　江 | 80 099 | 4 315 586 | 151 920 | 18 212 173 |
| 安　徽 | 57 365 | 4 071 095 | 280 471 | 51 796 822 |
| 福　建 | 37 585 | 2 278 328 | 95 599 | 12 140 453 |
| 江　西 | 52 506 | 2 772 918 | 138 074 | 34 329 546 |
| 山　东 | 49 111 | 4 810 436 | 288 052 | 66 502 247 |
| 河　南 | 98 753 | 7 366 150 | 207 066 | 53 416 736 |
| 湖　北 | 86 772 | 4 822 734 | 147 711 | 27 419 117 |
| 湖　南 | 100 390 | 5 265 996 | 198 806 | 29 905 456 |
| 广　东 | 105 919 | 11 295 341 | 288 904 | 36 368 907 |
| 广　西 | 38 083 | 3 703 810 | 139 602 | 24 566 861 |
| 海　南 | 10 107 | 775 052 | 11 223 | 786 060 |
| 重　庆 | 53 307 | 2 895 444 | 95 019 | 10 689 601 |
| 四　川 | 94 098 | 5 212 904 | 158 190 | 16 768 098 |
| 贵　州 | 83 809 | 4 639 282 | 89 298 | 10 085 816 |
| 云　南 | 38 569 | 3 082 690 | 124 064 | 13 603 748 |
| 西　藏 | 999 | 266 614 | 2 148 | 1 058 247 |
| 陕　西 | 58 580 | 2 891 504 | 123 721 | 21 182 073 |
| 甘　肃 | 38 080 | 2 477 642 | 60 117 | 10 488 835 |
| 青　海 | 5 070 | 497 684 | 14 871 | 2 534 297 |
| 宁　夏 | 6 518 | 558 380 | 31 659 | 5 001 755 |
| 新　疆 | 23 568 | 1 575 724 | 74 760 | 13 066 638 |

## 2-25 交通拥挤度情况

| 地 区 | 交 通 拥 挤 度 ||||| 
|---|---|---|---|---|---|
| | 国道 | 国家高速公路 | 普通国道 | 省道 | 高速公路 |
| **全国总计** | **0.53** | **0.44** | **0.62** | **0.57** | **0.44** |
| 北 京 | 0.86 | 0.93 | 0.73 | 0.92 | 0.96 |
| 天 津 | 0.87 | 0.48 | 1.02 | 0.92 | 0.47 |
| 河 北 | 0.73 | 0.60 | 0.89 | 0.73 | 0.58 |
| 山 西 | 0.75 | 0.43 | 0.85 | 0.70 | 0.36 |
| 内蒙古 | 0.28 | 0.23 | 0.32 | 0.32 | 0.23 |
| 辽 宁 | 0.47 | 0.40 | 0.49 | 0.39 | 0.35 |
| 吉 林 | 0.38 | 0.28 | 0.42 | 0.32 | 0.24 |
| 黑龙江 | 0.35 | 0.18 | 0.42 | 0.39 | 0.18 |
| 上 海 | 1.09 | 1.05 | 1.34 | 1.19 | 1.04 |
| 江 苏 | 0.65 | 0.61 | 0.68 | 0.51 | 0.56 |
| 浙 江 | 0.78 | 0.69 | 0.90 | 0.70 | 0.64 |
| 安 徽 | 0.56 | 0.37 | 0.73 | 0.76 | 0.39 |
| 福 建 | 0.46 | 0.34 | 0.78 | 0.36 | 0.31 |
| 江 西 | 0.46 | 0.33 | 0.65 | 0.45 | 0.31 |
| 山 东 | 0.71 | 0.59 | 0.85 | 0.65 | 0.56 |
| 河 南 | 0.45 | 0.38 | 0.78 | 0.37 | 0.34 |
| 湖 北 | 0.55 | 0.53 | 0.56 | 0.46 | 0.53 |
| 湖 南 | 0.50 | 0.45 | 0.76 | 0.21 | 0.41 |
| 广 东 | 0.78 | 0.68 | 0.87 | 0.92 | 0.72 |
| 广 西 | 0.59 | 0.42 | 0.74 | 0.47 | 0.41 |
| 海 南 | 0.58 | 0.48 | 0.80 | 0.93 | 0.48 |
| 重 庆 | 0.46 | 0.44 | 0.47 | 0.43 | 0.44 |
| 四 川 | 0.53 | 0.61 | 0.48 | 0.50 | 0.61 |
| 贵 州 | 0.51 | 0.43 | 0.56 | 0.51 | 0.41 |
| 云 南 | 0.42 | 0.27 | 0.54 | 0.60 | 0.27 |
| 西 藏 | 0.35 | — | 0.35 | 0.35 | — |
| 陕 西 | 0.44 | 0.36 | 0.63 | 0.46 | 0.34 |
| 甘 肃 | 0.30 | 0.22 | 0.44 | 0.38 | 0.22 |
| 青 海 | 0.25 | 0.27 | 0.24 | 0.21 | 0.27 |
| 宁 夏 | 0.50 | 0.42 | 0.55 | 0.42 | 0.34 |
| 新 疆 | 0.28 | 0.21 | 0.37 | 0.35 | 0.20 |

## 2-26 道路运输

| 地区 | 道路运输经营许可证在册数（张） | 道路货物运输经营业户数 | | | |
|---|---|---|---|---|---|
| | | 合计 | 普通货运 | 货物专用运输 | 集装箱运输 |
| 全国总计 | 6 891 900 | 6 435 862 | 6 337 868 | 82 141 | 26 139 |
| 北京 | 51 304 | 46 305 | 42 153 | 2 919 | 640 |
| 天津 | 29 942 | 24 441 | 24 226 | 3 370 | 2 187 |
| 河北 | 620 709 | 505 031 | 495 333 | 12 553 | 501 |
| 山西 | 247 556 | 238 858 | 237 874 | 370 | 5 |
| 内蒙古 | 213 240 | 200 400 | 199 881 | 384 | 26 |
| 辽宁 | 342 032 | 324 806 | 320 131 | 4 221 | 1 199 |
| 吉林 | 276 127 | 253 137 | 252 547 | 317 | 170 |
| 黑龙江 | 291 885 | 278 084 | 277 101 | 494 | 47 |
| 上海 | 38 016 | 32 025 | 29 263 | 5 638 | 3 456 |
| 江苏 | 380 960 | 363 682 | 358 820 | 16 742 | 3 574 |
| 浙江 | 142 725 | 135 048 | 131 916 | 3 631 | 1 825 |
| 安徽 | 221 010 | 212 759 | 211 568 | 889 | 107 |
| 福建 | 98 070 | 93 171 | 92 762 | 2 999 | 2 431 |
| 江西 | 126 008 | 121 326 | 121 034 | 299 | – |
| 山东 | 231 034 | 218 787 | 215 399 | 5 228 | 2 871 |
| 河南 | 447 235 | 408 976 | 364 766 | 1 558 | 35 |
| 湖北 | 205 075 | 195 177 | 191 910 | 3 376 | 439 |
| 湖南 | 232 800 | 217 099 | 214 934 | 2 880 | 475 |
| 广东 | 538 910 | 538 113 | 534 928 | 7 596 | 5 307 |
| 广西 | 423 032 | 404 721 | 404 114 | 1 189 | 316 |
| 海南 | 52 857 | 52 748 | 52 535 | 179 | 84 |
| 重庆 | 110 583 | 109 177 | 108 863 | 965 | 198 |
| 四川 | 289 232 | 251 231 | 248 080 | 2 896 | 167 |
| 贵州 | 133 232 | 129 773 | 129 526 | 116 | 1 |
| 云南 | 517 979 | 479 987 | 479 093 | 522 | 41 |
| 西藏 | 32 591 | 31 606 | 31 562 | 8 | – |
| 陕西 | 262 257 | 257 711 | 257 252 | 106 | 30 |
| 甘肃 | 128 326 | 116 288 | 115 877 | 148 | |
| 青海 | 53 668 | 52 806 | 52 729 | 13 | |
| 宁夏 | 79 651 | 77 785 | 77 515 | 52 | 7 |
| 新疆 | 73 854 | 64 804 | 64 176 | 483 | – |

资料来源：交通运输部运输服务司。

## 经营业户数

| （户） | | 道路旅客运输经营业户数（户） | | | |
|---|---|---|---|---|---|
| 大型物件运输 | 危险货物运输 | 合计 | 班车客运 | 旅游客运 | 包车客运 |
| 14 032 | 11 283 | 36 828 | 33 656 | 2 077 | 2 864 |
| 270 | 239 | 93 | 14 | 79 | - |
| 89 | 180 | 186 | 51 | - | 164 |
| 2 185 | 751 | 3 539 | 3 462 | 38 | 83 |
| 87 | 232 | 318 | 248 | 70 | - |
| 34 | 282 | 1 183 | 1 116 | - | 83 |
| 375 | 997 | 1 286 | 1 028 | - | 270 |
| 55 | 364 | 2 102 | 1 993 | 81 | 58 |
| 173 | 426 | 3 552 | 3 451 | 111 | 7 |
| 413 | 275 | 138 | 34 | - | 138 |
| 6 798 | 926 | 562 | 261 | 256 | 437 |
| 161 | 665 | 514 | 349 | 1 | 282 |
| 167 | 272 | 1 779 | 1 677 | 115 | 24 |
| 55 | 242 | 446 | 253 | 215 | 75 |
| 123 | 313 | 522 | 466 | 58 | 24 |
| 587 | 875 | 530 | 374 | 14 | 223 |
| 318 | 308 | 452 | 380 | 85 | 50 |
| 89 | 303 | 4 777 | 4 669 | 109 | 123 |
| 501 | 284 | 6 320 | 6 234 | 141 | 65 |
| 126 | 808 | 840 | 587 | 2 | 359 |
| 158 | 222 | 674 | 539 | 95 | 115 |
| 10 | 37 | 109 | 82 | 18 | 11 |
| 278 | 152 | 201 | 181 | - | 33 |
| 149 | 385 | 877 | 818 | 102 | 53 |
| 20 | 232 | 472 | 357 | 118 | 64 |
| 516 | 169 | 3 841 | 3 740 | 100 | 3 |
| - | 36 | 53 | 38 | 15 | - |
| 78 | 407 | 306 | 257 | 72 | 35 |
| - | 263 | 277 | 211 | 64 | 2 |
| - | 64 | 286 | 249 | 36 | 1 |
| 85 | 200 | 91 | 77 | 11 | 60 |
| 132 | 374 | 502 | 460 | 71 | 22 |

## 2-27 道路运输相

| 地区 | 业户合计 | 站场 | 客运站 | 货运站（场） | 机动车维修 | 汽车综合性能检测 |
|---|---|---|---|---|---|---|
| 全国总计 | 549 806 | 26 387 | 23 974 | 2 566 | 440 410 | 2 952 |
| 北　京 | 4 895 | 18 | 8 | 10 | 3 862 | 11 |
| 天　津 | 5 330 | 33 | 20 | 13 | 5 185 | 26 |
| 河　北 | 22 920 | 280 | 199 | 85 | 18 718 | 240 |
| 山　西 | 8 855 | 139 | 129 | 10 | 7 169 | 133 |
| 内蒙古 | 20 467 | 621 | 534 | 87 | 18 209 | 86 |
| 辽　宁 | 18 018 | 495 | 387 | 108 | 15 431 | 94 |
| 吉　林 | 9 360 | 155 | 104 | 54 | 7 448 | 116 |
| 黑龙江 | 10 473 | 1 014 | 929 | 135 | 7 625 | 146 |
| 上　海 | 5 860 | 109 | 29 | 80 | 5 315 | 20 |
| 江　苏 | 36 067 | 1 448 | 768 | 743 | 25 609 | 124 |
| 浙　江 | 35 328 | 546 | 436 | 112 | 24 143 | 85 |
| 安　徽 | 15 650 | 4 376 | 4 327 | 52 | 9 430 | 90 |
| 福　建 | 8 595 | 1 969 | 1 965 | 5 | 4 694 | 53 |
| 江　西 | 13 496 | 966 | 918 | 59 | 10 404 | 89 |
| 山　东 | 24 861 | 1 033 | 670 | 363 | 22 054 | 176 |
| 河　南 | 37 903 | 2 038 | 1 949 | 89 | 27 623 | 111 |
| 湖　北 | 17 123 | 903 | 871 | 33 | 13 179 | 95 |
| 湖　南 | 18 704 | 953 | 916 | 38 | 14 293 | 180 |
| 广　东 | 56 251 | 1 076 | 901 | 186 | 50 152 | 139 |
| 广　西 | 23 666 | 641 | 600 | 43 | 22 490 | 98 |
| 海　南 | 5 328 | 53 | 53 | - | 2 917 | 30 |
| 重　庆 | 11 903 | 335 | 335 | - | 10 747 | - |
| 四　川 | 37 180 | 3 639 | 3 622 | 17 | 31 307 | 153 |
| 贵　州 | 11 469 | 490 | 483 | 8 | 9 808 | 139 |
| 云　南 | 37 856 | 626 | 598 | 28 | 29 654 | 110 |
| 西　藏 | 3 256 | 93 | 81 | 12 | 2 876 | 13 |
| 陕　西 | 16 920 | 1 078 | 1 041 | 37 | 12 820 | 79 |
| 甘　肃 | 11 954 | 224 | 182 | 42 | 9 566 | 67 |
| 青　海 | 2 742 | 102 | 100 | 2 | 2 453 | 31 |
| 宁　夏 | 6 384 | 47 | 45 | 2 | 5 968 | 41 |
| 新　疆 | 10 992 | 887 | 774 | 113 | 9 261 | 177 |

资料来源：交通运输部运输服务司。

二、公路运输

## 关业务经营业户数

单位：户

| 机动车驾驶员培训 | 汽车租赁 | 其他 | 客运代理 | 物流服务 | 货运代办 | 信息配载 |
|---|---|---|---|---|---|---|
| 17 804 | 6 664 | 68 525 | 771 | 18 152 | 31 672 | 16 799 |
| – | 628 | 376 | 8 | – | 376 | – |
| 86 | – | – | – | – | – | – |
| 1 080 | – | 3 105 | 16 | 644 | 1 517 | 1 112 |
| 406 | 142 | 867 | – | 578 | 89 | 192 |
| 636 | – | 1 163 | 3 | 452 | 188 | 424 |
| 547 | 351 | 1 301 | – | 105 | 478 | 695 |
| 561 | – | 1 229 | 7 | 547 | 106 | 564 |
| 400 | 1 | 1 305 | 149 | 46 | 420 | 620 |
| 202 | 214 | – | – | – | – | – |
| 1 060 | 466 | 8 265 | – | 596 | 6 434 | 1 677 |
| 837 | 1 494 | 8 688 | 47 | 1 845 | 5 992 | 1 326 |
| 586 | 73 | 1 439 | 143 | 873 | 155 | 292 |
| 626 | 169 | 1 170 | 17 | 28 | 1 067 | 9 |
| 659 | 44 | 1 373 | 6 | 750 | 334 | 277 |
| 797 | 24 | 1 099 | 11 | 492 | 81 | 434 |
| 1 787 | – | 6 344 | 25 | 2 242 | 1 684 | 2 346 |
| 710 | 192 | 2 253 | 35 | 417 | 1 543 | 504 |
| 996 | 5 | 3 601 | 63 | 617 | 1 761 | 1 352 |
| 952 | 141 | 9 485 | 80 | 3 252 | 4 891 | 1 802 |
| 600 | – | 550 | 25 | 202 | 313 | 38 |
| 146 | 73 | 2 109 | 9 | 533 | 210 | – |
| 436 | 385 | – | – | – | – | – |
| 689 | 201 | 2 100 | 82 | 1 228 | 434 | 356 |
| 485 | – | 766 | – | 73 | 625 | 68 |
| 566 | 1 286 | 5 662 | 8 | 841 | 1 865 | 1 367 |
| 61 | 17 | 238 | 6 | 88 | 101 | 43 |
| 443 | 575 | 2 138 | – | 1 526 | 345 | 273 |
| 613 | 124 | 1 360 | 31 | 143 | 299 | 887 |
| 125 | – | 31 | – | 8 | 17 | 6 |
| 71 | 59 | 210 | – | 26 | 49 | 135 |
| 641 | – | 298 | – | – | 298 | – |

## 2-28 道路客

| 地区 | 客运线路条数（条） | | | | | |
|---|---|---|---|---|---|---|
| | 合计 | 高速公路客运线路 | 跨省线路 | 跨地（市）线路 | 跨县线路 | 县内线路 |
| 全国总计 | 173 035 | 25 796 | 16 550 | 35 819 | 32 937 | 87 729 |
| 北　京 | 1 222 | 674 | 776 | - | 35 | 411 |
| 天　津 | 617 | 153 | 435 | 42 | - | 140 |
| 河　北 | 7 858 | 687 | 1 685 | 917 | 2 009 | 3 247 |
| 山　西 | 3 828 | 737 | 530 | 798 | 745 | 1 755 |
| 内蒙古 | 5 203 | 628 | 768 | 809 | 1 402 | 2 224 |
| 辽　宁 | 6 702 | 652 | 412 | 1 469 | 1 666 | 3 155 |
| 吉　林 | 5 648 | 258 | 310 | 736 | 1 175 | 3 427 |
| 黑龙江 | 6 502 | 650 | 192 | 942 | 1 200 | 4 168 |
| 上　海 | 3 309 | 2 919 | 3 309 | - | - | - |
| 江　苏 | 8 990 | 3 208 | 2 931 | 3 325 | 1 076 | 1 658 |
| 浙　江 | 7 191 | 2 333 | 2 102 | 1 902 | 967 | 2 220 |
| 安　徽 | 9 331 | 1 371 | 2 253 | 1 705 | 1 188 | 4 185 |
| 福　建 | 4 556 | 1 602 | 622 | 1 000 | 929 | 2 005 |
| 江　西 | 6 014 | 660 | 927 | 785 | 948 | 3 354 |
| 山　东 | 6 934 | 1 981 | 1 301 | 2 620 | 1 535 | 1 478 |
| 河　南 | 8 984 | 1 150 | 2 107 | 2 120 | 1 565 | 3 192 |
| 湖　北 | 11 825 | 1 789 | 1 229 | 1 904 | 1 510 | 7 182 |
| 湖　南 | 13 123 | 1 515 | 1 526 | 2 128 | 2 438 | 7 031 |
| 广　东 | 12 278 | 3 225 | 3 478 | 3 936 | 1 378 | 3 486 |
| 广　西 | 9 516 | 1 154 | 2 113 | 2 156 | 1 885 | 3 362 |
| 海　南 | 725 | 356 | 140 | 219 | 134 | 232 |
| 重　庆 | 5 148 | 1 266 | 733 | - | 802 | 3 613 |
| 四　川 | 11 221 | 2 204 | 933 | 1 511 | 2 169 | 6 608 |
| 贵　州 | 8 119 | 1 635 | 696 | 874 | 1 481 | 5 068 |
| 云　南 | 6 557 | 835 | 351 | 1 113 | 1 146 | 3 947 |
| 西　藏 | 419 | - | 14 | 77 | 148 | 180 |
| 陕　西 | 5 026 | 695 | 492 | 893 | 1 073 | 2 568 |
| 甘　肃 | 5 358 | 465 | 334 | 786 | 1 004 | 3 234 |
| 青　海 | 718 | 43 | 55 | 128 | 81 | 454 |
| 宁　夏 | 1 956 | 216 | 316 | 352 | 210 | 1 078 |
| 新　疆 | 4 706 | 283 | 29 | 572 | 1 038 | 3 067 |

# 运线路班次

| 客运线路平均日发班次（班次／日） | | | | | |
| --- | --- | --- | --- | --- | --- |
| 合计 | 高速公路客运线路 | 跨省线路 | 跨地（市）线路 | 跨县线路 | 县内线路 |
| **1 464 811** | **118 682** | **52 063** | **171 871** | **280 445** | **960 432** |
| | | | | | |
| 1 462 | 1 201 | 1 462 | – | – | – |
| 2 059 | 177 | 530 | 173 | – | 1 356 |
| 63 374 | 3 164 | 5 121 | 4 409 | 16 452 | 37 393 |
| 15 815 | 1 620 | 686 | 1 984 | 3 292 | 9 853 |
| 13 604 | 899 | 914 | 1 182 | 3 688 | 7 820 |
| | | | | | |
| 42 488 | 1 308 | 427 | 4 106 | 11 323 | 26 633 |
| 31 162 | 696 | 435 | 2 043 | 6 064 | 22 620 |
| 22 829 | 1 493 | 313 | 1 550 | 5 964 | 15 002 |
| | | | | | |
| 2 976 | 2 733 | 2 976 | – | – | – |
| 89 831 | 9 007 | 6 305 | 27 264 | 16 398 | 39 864 |
| 94 082 | 6 193 | 3 164 | 6 840 | 17 467 | 66 611 |
| 67 891 | 2 222 | 4 107 | 5 619 | 11 701 | 46 465 |
| 38 159 | 5 162 | 583 | 2 998 | 9 432 | 25 147 |
| 44 896 | 1 126 | 1 361 | 3 262 | 8 694 | 31 580 |
| 46 324 | 4 409 | 2 242 | 9 157 | 12 934 | 21 991 |
| | | | | | |
| 111 657 | 3 103 | 3 555 | 10 488 | 18 307 | 79 308 |
| 76 095 | 4 283 | 1 811 | 5 991 | 10 155 | 58 139 |
| 107 280 | 3 043 | 1 495 | 4 215 | 20 869 | 80 701 |
| 83 512 | 28 914 | 4 985 | 33 646 | 14 997 | 29 885 |
| 80 501 | 4 362 | 3 084 | 8 899 | 17 643 | 50 875 |
| 11 589 | 3 623 | 147 | 3 107 | 1 201 | 7 134 |
| | | | | | |
| 43 525 | 5 390 | 1 096 | – | 4 616 | 37 813 |
| 121 496 | 9 325 | 1 592 | 10 550 | 20 366 | 88 989 |
| 65 090 | 5 189 | 1 268 | 4 522 | 14 335 | 44 965 |
| 60 093 | 3 171 | 487 | 4 329 | 8 035 | 47 242 |
| 596 | – | 10 | 167 | 205 | 214 |
| | | | | | |
| 46 999 | 2 936 | 755 | 5 416 | 8 389 | 32 439 |
| 23 484 | 1 292 | 566 | 2 201 | 5 100 | 15 617 |
| 5 236 | 955 | 114 | 2 036 | 559 | 2 528 |
| 7 473 | 770 | 461 | 1 646 | 1 248 | 4 119 |
| 43 235 | 919 | 15 | 4 076 | 11 015 | 28 129 |

## 2-29 道路运输从业人员数

单位：人

| 地 区 | 从业人员数合计 | 道路货物运输 | 道路旅客运输 | 站（场）经营 | 机动车维修经营 | 汽车综合性能检测站 | 机动车驾驶员培训 | 汽车租赁 | 其他相关业务经营 |
|---|---|---|---|---|---|---|---|---|---|
| 全国总计 | 28 680 377 | 20 893 348 | 3 120 649 | 403 043 | 2 745 448 | 60 043 | 1 153 466 | 69 032 | 235 348 |
| 北 京 | 555 444 | 458 308 | 18 195 | 913 | 70 398 | 317 | – | 7 304 | 9 |
| 天 津 | 530 994 | 434 780 | 21 879 | 1 047 | 60 031 | 375 | 12 882 | – | – |
| 河 北 | 1 861 148 | 1 594 193 | 67 168 | 15 753 | 101 519 | 4 980 | 62 421 | – | 15 114 |
| 山 西 | 885 657 | 732 656 | 32 501 | 8 979 | 74 560 | 2 819 | 29 414 | 1 257 | 3 471 |
| 内蒙古 | 573 372 | 395 185 | 82 030 | 8 089 | 54 306 | 1 238 | 29 820 | – | 2 704 |
| 辽 宁 | 1 578 919 | 1 264 528 | 146 393 | 11 674 | 116 300 | 2 517 | 30 608 | 4 530 | 2 369 |
| 吉 林 | 489 585 | 358 254 | 57 801 | 6 769 | 44 433 | 1 331 | 19 290 | – | 1 707 |
| 黑龙江 | 684 106 | 568 392 | 36 148 | 12 190 | 42 887 | 1 857 | 19 456 | 5 | 3 171 |
| 上 海 | 528 346 | 419 650 | 17 391 | 1 280 | 42 286 | 495 | 29 050 | 18 194 | – |
| 江 苏 | 1 920 675 | 1 399 410 | 289 195 | 21 256 | 136 774 | 3 297 | 63 031 | 2 127 | 5 585 |
| 浙 江 | 798 164 | 410 979 | 50 273 | 26 714 | 207 350 | 2 536 | 70 439 | 10 865 | 19 008 |
| 安 徽 | 1 165 050 | 893 007 | 125 477 | 19 403 | 78 933 | 2 098 | 40 873 | 378 | 4 881 |
| 福 建 | 485 331 | 287 044 | 64 691 | 7 639 | 59 144 | 1 821 | 59 903 | 947 | 4 142 |
| 江 西 | 695 083 | 525 815 | 49 913 | 10 646 | 65 593 | 1 256 | 33 530 | 223 | 8 107 |
| 山 东 | 2 342 687 | 1 975 765 | 106 209 | 36 813 | 143 030 | 3 056 | 70 901 | 158 | 6 755 |
| 河 南 | 2 585 673 | 2 010 771 | 183 169 | 44 307 | 212 283 | 5 038 | 65 390 | – | 64 715 |
| 湖 北 | 1 112 503 | 762 505 | 221 590 | 14 714 | 63 515 | 1 420 | 42 537 | 1 553 | 4 669 |
| 湖 南 | 778 935 | 472 099 | 109 875 | 26 121 | 89 598 | 3 107 | 53 916 | 502 | 23 717 |
| 广 东 | 1 722 172 | 884 569 | 321 189 | 35 119 | 361 184 | 2 335 | 97 224 | 7 143 | 13 409 |
| 广 西 | 1 217 551 | 768 308 | 338 392 | 10 329 | 57 015 | 1 674 | 39 424 | – | 2 409 |
| 海 南 | 144 272 | 83 104 | 16 087 | 1 871 | 19 337 | 566 | 8 529 | 891 | 13 887 |
| 重 庆 | 574 739 | 392 657 | 88 819 | 7 376 | 53 314 | 47 | 28 853 | 3 673 | – |
| 四 川 | 1 262 947 | 812 657 | 172 965 | 19 809 | 182 862 | 2 741 | 64 170 | 1 569 | 6 174 |
| 贵 州 | 648 802 | 374 083 | 140 608 | 13 233 | 67 561 | 5 116 | 46 440 | – | 1 761 |
| 云 南 | 1 074 473 | 814 301 | 82 688 | 10 068 | 111 929 | 1 735 | 37 106 | 3 754 | 12 892 |
| 西 藏 | 123 950 | 66 895 | 36 650 | 2 537 | 15 588 | 224 | 1 484 | 105 | 467 |
| 陕 西 | 810 156 | 587 150 | 85 568 | 10 468 | 77 798 | 1 294 | 38 570 | 3 086 | 6 222 |
| 甘 肃 | 569 467 | 429 517 | 55 335 | 7 812 | 46 506 | 1 201 | 22 232 | 499 | 6 365 |
| 青 海 | 219 084 | 175 305 | 17 215 | 1 289 | 19 554 | 773 | 4 850 | – | 98 |
| 宁 夏 | 210 532 | 168 081 | 11 074 | 1 538 | 22 333 | 806 | 5 249 | 269 | 1 182 |
| 新 疆 | 530 560 | 373 380 | 74 161 | 7 287 | 47 527 | 1 973 | 25 874 | – | 358 |

## 2-30 机动车维修业及汽车综合性能检测站

单位：户

| 地区 | 机动车维修业户数 | | | | |
|---|---|---|---|---|---|
| | 合计 | 一类汽车维修 | 二类汽车维修 | 三类汽车维修 | 摩托车维修 |
| 总　计 | 440 410 | 15 854 | 71 701 | 297 674 | 50 864 |
| 北　京 | 3 862 | 784 | 1 558 | 1 506 | 14 |
| 天　津 | 5 185 | 271 | 1 376 | 3 483 | 22 |
| 河　北 | 18 718 | 419 | 3 717 | 13 749 | 707 |
| 山　西 | 7 169 | 315 | 1 933 | 4 870 | 51 |
| 内蒙古 | 18 209 | 349 | 1 571 | 15 754 | 528 |
| 辽　宁 | 15 431 | 999 | 3 094 | 10 857 | 481 |
| 吉　林 | 7 448 | 180 | 1 079 | 6 004 | 175 |
| 黑龙江 | 7 625 | 297 | 1 429 | 5 556 | 245 |
| 上　海 | 5 315 | 169 | 2 150 | 2 812 | 184 |
| 江　苏 | 25 609 | 2 233 | 4 545 | 16 978 | 1 582 |
| 浙　江 | 24 143 | 1 024 | 4 694 | 16 264 | 2 030 |
| 安　徽 | 9 430 | 400 | 2 234 | 5 345 | 1 375 |
| 福　建 | 4 694 | 405 | 1 365 | 2 683 | 237 |
| 江　西 | 10 404 | 388 | 1 698 | 7 047 | 1 262 |
| 山　东 | 22 054 | 526 | 4 734 | 15 965 | 765 |
| 河　南 | 27 623 | 941 | 4 136 | 20 282 | 2 264 |
| 湖　北 | 13 179 | 974 | 2 595 | 8 589 | 830 |
| 湖　南 | 14 293 | 1 144 | 3 397 | 7 999 | 1 096 |
| 广　东 | 50 152 | 925 | 5 332 | 28 144 | 14 556 |
| 广　西 | 22 490 | 194 | 2 208 | 13 150 | 6 530 |
| 海　南 | 2 917 | 49 | 272 | 1 477 | 1 116 |
| 重　庆 | 10 747 | 375 | 1 606 | 7 304 | 1 462 |
| 四　川 | 31 307 | 961 | 4 791 | 21 355 | 3 853 |
| 贵　州 | 9 808 | 403 | 1 451 | 7 188 | 477 |
| 云　南 | 29 654 | 299 | 2 233 | 20 958 | 6 133 |
| 西　藏 | 2 876 | 80 | 247 | 2 168 | 344 |
| 陕　西 | 12 820 | 456 | 2 555 | 8 107 | 1 389 |
| 甘　肃 | 9 566 | 194 | 1 212 | 7 731 | 428 |
| 青　海 | 2 453 | 42 | 347 | 1 908 | 156 |
| 宁　夏 | 5 968 | 32 | 500 | 5 168 | 263 |
| 新　疆 | 9 261 | 26 | 1 642 | 7 273 | 309 |

## 2-30 （续表一）

| 地区 | 机动车维修业年完成主要工作量（辆次、台次） | | | | | |
|---|---|---|---|---|---|---|
| | 合计 | 整车修理 | 总成修理 | 二级维护 | 专项修理 | 维修救援 |
| 总 计 | 346 813 894 | 4 864 556 | 9 864 311 | 34 645 311 | 248 616 829 | 5 119 168 |
| 北 京 | 11 352 000 | 5 338 | 11 006 | 459 206 | 10 746 069 | 130 381 |
| 天 津 | 6 303 700 | 98 200 | 203 600 | 1 994 800 | 4 007 100 | - |
| 河 北 | 7 418 924 | 55 623 | 288 846 | 992 329 | 5 701 435 | 111 982 |
| 山 西 | 3 653 327 | 12 423 | 60 174 | 283 413 | 3 297 317 | 47 475 |
| 内蒙古 | 3 398 480 | 42 174 | 164 159 | 241 123 | 2 620 251 | 44 047 |
| 辽 宁 | 25 719 362 | 117 951 | 449 451 | 444 035 | 23 508 947 | 155 396 |
| 吉 林 | 4 772 198 | 17 701 | 54 185 | 371 469 | 4 283 186 | 37 513 |
| 黑龙江 | 5 390 129 | 38 158 | 137 961 | 335 371 | 4 911 696 | 20 771 |
| 上 海 | 7 646 809 | 3 713 | 3 194 | 121 574 | 479 086 | - |
| 江 苏 | 42 280 800 | 244 295 | 1 398 532 | 1 593 055 | 21 267 261 | 347 660 |
| 浙 江 | 34 029 293 | 232 060 | 438 357 | 1 462 359 | 26 769 377 | 599 926 |
| 安 徽 | 4 229 379 | 12 215 | 605 506 | 910 137 | 2 624 399 | 65 262 |
| 福 建 | 5 963 522 | 116 550 | 272 607 | 1 588 304 | 3 826 115 | 107 051 |
| 江 西 | 3 677 468 | 80 299 | 267 433 | 1 153 013 | 2 122 792 | 50 355 |
| 山 东 | 18 582 999 | 295 739 | 683 239 | 2 471 539 | 13 877 451 | 339 216 |
| 河 南 | 14 619 384 | 255 369 | 517 452 | 2 518 237 | 10 805 603 | 368 517 |
| 湖 北 | 8 763 174 | 284 975 | 305 747 | 2 578 066 | 5 014 891 | 127 972 |
| 湖 南 | 5 188 332 | 81 127 | 267 568 | 1 116 465 | 3 066 168 | 100 624 |
| 广 东 | 45 833 512 | 2 094 467 | 1 688 114 | 7 255 833 | 25 557 146 | 1 067 359 |
| 广 西 | 8 554 710 | 62 101 | 119 544 | 758 533 | 7 636 426 | 38 152 |
| 海 南 | 1 587 122 | 23 031 | 99 293 | 175 652 | 1 121 069 | 42 714 |
| 重 庆 | 6 415 038 | 56 265 | 139 690 | 540 023 | 5 593 362 | 122 990 |
| 四 川 | 30 425 120 | 316 429 | 991 608 | 2 474 118 | 23 576 090 | 841 572 |
| 贵 州 | 6 769 627 | 124 503 | 209 552 | 447 312 | 5 873 692 | 73 046 |
| 云 南 | 20 497 302 | 66 649 | 159 928 | 967 860 | 19 000 112 | 178 299 |
| 西 藏 | 143 077 | 1 561 | 2 297 | 53 278 | 87 566 | 2 296 |
| 陕 西 | 4 300 680 | 29 268 | 65 034 | 439 641 | 3 552 282 | 27 538 |
| 甘 肃 | 2 045 187 | 49 386 | 124 887 | 478 019 | 1 365 454 | 31 893 |
| 青 海 | 783 683 | 18 672 | 45 116 | 125 511 | 546 510 | 13 828 |
| 宁 夏 | 2 813 258 | 4 688 | 47 390 | 41 085 | 2 710 396 | 8 377 |
| 新 疆 | 3 656 298 | 23 626 | 42 841 | 253 951 | 3 067 580 | 16 956 |

## 2-30（续表二）

| 地区 | 汽车综合性能检测站数量合计（个） | 汽车综合性能检测站年完成检测量（辆次） | | | | | | |
|---|---|---|---|---|---|---|---|---|
| | | 合计 | 维修竣工检测 | 等级评定检测 | 维修质量监督检测 | 其他检测 | 排放检测 | 质量仲裁检测 |
| 总　计 | 2 952 | 25 404 051 | 9 287 811 | 10 736 684 | 503 543 | 5 264 140 | 3 861 332 | 13 940 |
| 北　京 | 11 | 176 495 | 5 727 | 170 693 | 75 | - | - | - |
| 天　津 | 26 | 156 637 | - | 152 183 | 4 454 | - | - | - |
| 河　北 | 240 | 1 600 166 | 622 035 | 822 460 | 32 317 | 133 275 | 124 930 | 530 |
| 山　西 | 133 | 510 294 | 149 650 | 271 715 | 6 186 | 82 743 | 70 644 | 14 |
| 内蒙古 | 86 | 535 068 | 176 997 | 235 939 | 1 616 | 68 154 | 67 485 | 269 |
| 辽　宁 | 94 | 823 238 | 56 055 | 625 442 | - | 150 357 | 132 791 | - |
| 吉　林 | 116 | 459 855 | 170 646 | 230 469 | 2 179 | 41 992 | 36 729 | 2 |
| 黑龙江 | 146 | 541 953 | 207 288 | 260 532 | 4 382 | 40 783 | 24 884 | 602 |
| 上　海 | 20 | 233 570 | 181 733 | 196 125 | - | 205 | - | - |
| 江　苏 | 124 | 2 566 758 | 214 011 | 839 119 | 16 421 | 1 796 187 | 1 184 356 | 994 |
| 浙　江 | 85 | 1 098 826 | 100 666 | 396 906 | 11 461 | 627 597 | 469 909 | 1 641 |
| 安　徽 | 90 | 1 058 117 | 463 933 | 427 210 | 1 200 | 42 250 | 26 082 | - |
| 福　建 | 53 | 744 282 | 457 806 | 256 386 | 371 | 35 182 | 35 182 | - |
| 江　西 | 89 | 460 974 | 163 097 | 246 295 | 8 426 | 26 355 | 16 940 | 647 |
| 山　东 | 176 | 1 667 379 | 533 261 | 802 748 | 80 814 | 266 858 | 57 998 | - |
| 河　南 | 111 | 3 137 119 | 1 771 615 | 685 987 | 29 853 | 345 989 | 327 824 | 546 |
| 湖　北 | 95 | 555 146 | 177 179 | 306 887 | 21 700 | 51 071 | 24 637 | 5 |
| 湖　南 | 180 | 1 507 468 | 707 024 | 345 417 | 66 733 | 272 620 | 195 676 | 1 467 |
| 广　东 | 139 | 1 536 311 | 668 577 | 783 671 | 46 556 | 158 446 | 142 554 | 2 658 |
| 广　西 | 98 | 623 164 | 308 578 | 274 197 | 33 322 | 47 413 | 25 680 | - |
| 海　南 | 30 | 301 349 | 98 040 | 60 184 | 25 024 | 29 674 | 28 444 | 726 |
| 重　庆 | - | - | - | - | - | - | - | - |
| 四　川 | 153 | 1 453 499 | 733 941 | 614 629 | 18 370 | 408 293 | 342 922 | 47 |
| 贵　州 | 139 | 393 988 | 124 399 | 134 914 | 39 702 | 127 196 | 104 309 | 424 |
| 云　南 | 110 | 1 122 119 | 550 516 | 553 524 | 16 832 | 6 094 | 3 124 | - |
| 西　藏 | 13 | 65 830 | 23 006 | 28 198 | 114 | 17 894 | 1 631 | 736 |
| 陕　西 | 79 | 427 308 | 183 199 | 236 789 | 16 065 | 65 715 | 37 144 | 13 |
| 甘　肃 | 67 | 346 754 | 34 292 | 288 622 | 14 572 | 9 268 | 9 268 | - |
| 青　海 | 31 | 267 966 | 122 438 | 97 471 | 939 | 57 178 | 50 135 | 21 |
| 宁　夏 | 41 | 422 792 | 12 918 | 88 586 | 1 522 | 319 577 | 310 363 | 1 987 |
| 新　疆 | 177 | 609 626 | 269 184 | 303 386 | 2 337 | 35 774 | 9 691 | 611 |

## 2-31  2016年、2015年

| 地区 | 货物运输 | | | | 年出入境辆次 | 年C种许可证使用量 |
|---|---|---|---|---|---|---|
| | 年运输量合计 | | 出境 | | | |
| | 吨 | 吨公里 | 吨 | 吨公里 | 辆次 | 张 |
| 2017年总计 | 53 531 149 | 3 304 732 246 | 10 681 934 | 1 125 672 290 | 2 174 443 | 498 987 |
| 内蒙古 | 35 430 651 | 1 343 671 539 | 2 135 087 | 31 373 357 | 886 383 | 38 464 |
| 辽宁 | 320 000 | 4 000 000 | 320 000 | 4 000 000 | 23 760 | - |
| 吉林 | 1 504 953 | 49 121 518 | 387 406 | 23 885 190 | 115 873 | 4 590 |
| 黑龙江 | 1 533 275 | 67 737 898 | 602 651 | 25 054 325 | 97 975 | 47 998 |
| 广西 | 3 152 152 | 33 349 772 | 1 984 467 | 18 989 248 | 288 816 | 50 770 |
| 云南 | 7 336 322 | 642 495 911 | 3 282 387 | 326 029 800 | 528 178 | 249 852 |
| 西藏 | - | - | - | - | - | - |
| 新疆 | 4 253 796 | 1 164 355 608 | 1 969 936 | 696 340 370 | 233 458 | 107 313 |

| 地区 | 货物运输 | | | | 年出入境辆次 | 年C种许可证使用量 |
|---|---|---|---|---|---|---|
| | 年运输量合计 | | 出境 | | | |
| | 吨 | 吨公里 | 吨 | 吨公里 | 辆次 | 张 |
| 2016年总计 | 46 772 192 | 2 627 667 100 | 9 960 077 | 941 293 399 | 1 626 952 | 420 318 |
| 内蒙古 | 31 059 427 | 1 212 082 734 | 2 719 604 | 36 087 280 | 488 687 | 39 692 |
| 辽宁 | 277 000 | 1 800 500 | 277 000 | 1 800 500 | 19 800 | - |
| 吉林 | 1 830 891 | 55 511 920 | 449 650 | 26 791 263 | 127 386 | 4 591 |
| 黑龙江 | 1 362 246 | 57 103 737 | 477 170 | 19 830 904 | 90 138 | 44 688 |
| 广西 | 2 786 776 | 28 899 360 | 1 682 961 | 16 011 226 | 242 914 | 43 504 |
| 云南 | 6 262 621 | 364 303 326 | 2 603 901 | 213 954 179 | 452 425 | 200 653 |
| 西藏 | - | - | - | - | - | - |
| 新疆 | 3 193 231 | 907 965 523 | 1 749 791 | 626 818 047 | 205 602 | 87 190 |

资料来源：交通运输部运输服务司。

二、公路运输

## 出入境汽车运输对比表

| 旅客运输 | | | | | | |
|---|---|---|---|---|---|---|
| 年运输量合计 | | 出 境 | | 年出入境辆次 | 年A种许可证使用量 | 年B种许可证使用量 |
| 人次 | 人公里 | 人次 | 人公里 | 辆次 | 张 | 张 |
| 7 932 731 | 468 554 400 | 3 986 945 | 226 110 130 | 845 395 | 519 | 123 561 |
| 3 555 564 | 62 514 223 | 1 881 405 | 31 148 155 | 99 320 | 179 | 8 018 |
| 26 775 | 632 925 | 13 575 | 606 525 | 1 860 | – | – |
| 368 808 | 42 428 229 | 186 266 | 21 440 784 | 13 402 | 36 | 732 |
| 933 765 | 46 902 264 | 459 391 | 23 323 661 | 33 443 | 141 | 3 058 |
| 89 856 | 38 638 760 | 60 689 | 26 096 610 | 8 264 | – | 648 |
| 2 525 957 | 186 497 030 | 1 165 805 | 81 468 887 | 670 129 | 34 | 110 502 |
| – | – | – | – | – | – | – |
| 432 006 | 90 940 969 | 219 814 | 42 025 508 | 18 977 | 129 | 603 |

| 旅客运输 | | | | | | |
|---|---|---|---|---|---|---|
| 年运输量合计 | | 出 境 | | 年出入境辆次 | 年A种许可证使用量 | 年B种许可证使用量 |
| 人次 | 人公里 | 人次 | 人公里 | 辆次 | 张 | 张 |
| 7 278 490 | 498 841 513 | 3 554 248 | 250 356 816 | 805 962 | 850 | 112 153 |
| 2 624 469 | 47 115 853 | 1 298 155 | 17 348 750 | 85 552 | 78 | 7 278 |
| 53 320 | 601 040 | 26 820 | 548 040 | 4 546 | – | 10 |
| 415 676 | 45 073 052 | 208 088 | 22 569 240 | 13 026 | 36 | 732 |
| 980 757 | 45 884 639 | 461 959 | 21 263 278 | 34 484 | 123 | 3 215 |
| 79 074 | 33 517 100 | 54 785 | 23 315 190 | 3 714 | – | 39 |
| 2 487 191 | 179 836 262 | 1 192 782 | 95 863 240 | 639 680 | 37 | 99 330 |
| – | – | – | – | – | – | – |
| 638 003 | 146 813 567 | 311 659 | 69 449 078 | 24 960 | 576 | 1 549 |

## 2-32 出入境汽车运输——分国家及

| 行政区名称 | 货物运输 | | | | 年出入境辆次 | 年C种许可证使用量 |
|---|---|---|---|---|---|---|
| | 年运输量合计 | | 出境 | | | |
| | 吨 | 吨公里 | 吨 | 吨公里 | 辆次 | 张 |
| 中俄小计 | 2 258 138 | 93 200 322 | 1 016 541 | 32 260 625 | 157 558 | 78 888 |
| 黑龙江 | 1 533 275 | 67 737 898 | 602 651 | 25 054 325 | 97 975 | 47 998 |
| 吉　林 | 112 891 | 13 546 920 | 5 635 | 676 200 | 6 368 | 4 170 |
| 内蒙古 | 611 972 | 11 915 504 | 408 255 | 6 530 100 | 53 215 | 26 720 |
| 中朝小计 | 1 712 062 | 39 574 598 | 701 771 | 27 208 990 | 133 265 | 420 |
| 吉　林 | 1 392 062 | 35 574 598 | 381 771 | 23 208 990 | 109 505 | 420 |
| 辽　宁 | 320 000 | 4 000 000 | 320 000 | 4 000 000 | 23 760 | - |
| 中蒙小计 | 36 692 722 | 1 655 331 761 | 1 750 401 | 26 990 809 | 878 352 | 19 648 |
| 内蒙古 | 34 818 679 | 1 331 756 035 | 1 726 832 | 24 843 257 | 833 168 | 11 744 |
| 新　疆 | 1 874 043 | 323 575 726 | 23 569 | 2 147 552 | 45 184 | 7 904 |
| 中越小计 | 6 155 181 | 38 985 617 | 3 468 680 | 21 964 380 | 490 568 | 175 637 |
| 广　西 | 3 152 152 | 33 349 772 | 1 984 467 | 18 989 248 | 288 816 | 50 770 |
| 云　南 | 3 003 029 | 5 635 845 | 1 484 213 | 2 975 132 | 201 752 | 124 867 |
| 中哈 | 1 442 470 | 271 812 871 | 1 133 539 | 190 235 835 | 115 960 | 59 329 |
| 中吉 | 757 718 | 457 589 200 | 634 039 | 392 987 500 | 58 342 | 29 499 |
| 中塔 | 120 711 | 80 715 813 | 120 682 | 80 696 412 | 9 515 | 8 214 |
| 中巴 | 58 854 | 30 661 998 | 58 107 | 30 273 071 | 4 457 | 2 367 |
| 中老 | 1 411 411 | 239 889 902 | 710 436 | 121 245 192 | 96 689 | 90 615 |
| 中缅 | 2 921 882 | 396 970 164 | 1 087 738 | 201 809 476 | 229 737 | 34 370 |
| 中尼 | - | - | - | - | - | - |
| 内地与港澳 | 161 351 752 | 24 544 519 274 | 92 681 251 | 18 115 221 431 | 27 761 204 | - |
| 广　西 | - | - | - | - | - | - |
| 广　东 | 161 351 752 | 24 544 519 274 | 92 681 251 | 18 115 221 431 | 27 761 204 | - |

## 香港、澳门特别行政区运输完成情况

| 旅 客 运 输 | | | | 年出入境辆次 | 年A种许可证使用量 | 年B种许可证使用量 |
|---|---|---|---|---|---|---|
| 年运输量合计 | | 出 境 | | | | |
| 人次 | 人公里 | 人次 | 人公里 | 辆次 | 张 | 张 |
| 1 963 842 | 98 063 948 | 1 090 803 | 49 575 569 | 78 177 | 239 | 11 122 |
| 933 765 | 46 902 264 | 459 391 | 23 323 661 | 33 443 | 141 | 3 058 |
| 341 173 | 40 940 760 | 172 482 | 20 697 840 | 12 032 | 36 | 732 |
| 688 529 | 9 640 799 | 458 555 | 4 973 943 | 32 690 | 62 | 7 332 |
| 54 035 | 1 540 269 | 26 984 | 769 344 | 3 218 | – | – |
| 27 635 | 1 487 469 | 13 784 | 742 944 | 1 370 | – | – |
| 26 400 | 52 800 | 13 200 | 26 400 | 1 848 | – | – |
| 2 977 438 | 59 717 189 | 1 478 264 | 29 609 270 | 66 667 | 120 | 706 |
| 2 867 035 | 52 873 424 | 1 422 850 | 26 174 212 | 66 630 | 117 | 686 |
| 110 403 | 6 843 765 | 55 414 | 3 435 058 | 37 | 3 | 20 |
| 90 160 | 38 725 704 | 60 870 | 26 148 376 | 8 335 | – | 674 |
| 89 856 | 38 638 760 | 60 689 | 26 096 610 | 8 264 | – | 648 |
| 304 | 86 944 | 181 | 51 766 | 71 | – | 26 |
| 309 296 | 77 133 715 | 158 475 | 35 237 875 | 17 031 | 104 | 394 |
| 4 598 | 2 947 100 | 2 450 | 1 542 100 | 779 | 5 | – |
| – | – | – | – | – | – | – |
| 7 709 | 4 016 389 | 3 475 | 1 810 475 | 1 130 | 17 | 189 |
| 316 491 | 57 776 337 | 159 310 | 28 953 628 | 119 168 | 34 | 109 226 |
| 2 209 162 | 128 633 749 | 1 006 314 | 52 463 493 | 550 890 | – | 1 250 |
| – | – | – | – | – | – | – |
| 12 707 588 | 3 151 608 966 | 5 900 410 | 1 280 159 391 | 727 331 | – | – |
| 52 412 | 24 162 790 | 25 994 | 11 991 070 | 2 661 | – | – |
| 12 655 176 | 3 127 446 176 | 5 874 416 | 1 268 168 321 | 724 670 | – | – |

## 2-33 出入境汽车运输

| 行政区名称 | 货物运输 | | | | 年出入境辆次 | 年C种许可证使用量 |
|---|---|---|---|---|---|---|
| | 年运输量合计 | | 出 境 | | | |
| | 吨 | 吨公里 | 吨 | 吨公里 | 辆次 | 张 |
| **中俄小计** | **517 850** | **25 786 554** | **258 219** | **11 685 933** | **35 009** | **17 160** |
| 黑龙江 | 412 205 | 22 751 656 | 242 529 | 11 676 866 | 25 545 | 12 544 |
| 吉　林 | 1 490 | 178 800 | – | – | 428 | 78 |
| 内蒙古 | 104 155 | 2 856 098 | 15 690 | 9 067 | 9 036 | 4 538 |
| **中朝小计** | **1 439 949** | **34 868 123** | **700 227** | **27 092 070** | **111 524** | **–** |
| 吉　林 | 1 119 949 | 30 868 123 | 380 227 | 23 092 070 | 87 764 | – |
| 辽　宁 | 320 000 | 4 000 000 | 320 000 | 4 000 000 | 23 760 | – |
| **中蒙小计** | **14 104 111** | **361 913 162** | **816 116** | **8 829 605** | **391 112** | **6 923** |
| 内蒙古 | 12 891 278 | 238 261 231 | 814 975 | 8 758 879 | 367 913 | 6 766 |
| 新　疆 | 1 212 833 | 123 651 931 | 1 141 | 70 726 | 23 199 | 157 |
| **中越小计** | **3 506 650** | **25 268 436** | **3 337 722** | **20 721 712** | **293 648** | **102 895** |
| 广　西 | 2 022 437 | 22 436 950 | 1 853 509 | 17 890 226 | 195 858 | 12 140 |
| 云　南 | 1 484 213 | 2 831 486 | 1 484 213 | 2 831 486 | 97 790 | 90 755 |
| **中　哈** | **280 484** | **89 301 853** | **87 153** | **25 194 101** | **23 493** | **12 803** |
| **中　吉** | **222 238** | **126 502 400** | **124 557** | **77 621 700** | **13 546** | **6 981** |
| **中　塔** | **33 742** | **22 534 689** | **33 713** | **22 515 288** | **2 647** | **1 904** |
| **中　巴** | **57 662** | **30 041 642** | **57 182** | **29 791 516** | **3 977** | **2 273** |
| **中　老** | **1 151 530** | **196 540 170** | **580 381** | **99 914 640** | **73 663** | **69 784** |
| **中　缅** | **1 759 195** | **165 875 887** | **821 683** | **112 348 370** | **155 572** | **27 925** |
| **中　尼** | – | – | – | – | – | – |
| **内地与港澳** | **1 682 531** | **192 456 182** | **161 262** | **153 491 203** | **390 541** | **–** |
| 广　西 | – | – | – | – | – | – |
| 广　东 | 1 682 531 | 192 456 182 | 161 262 | 153 491 203 | 390 541 | – |

## ——中方及内地完成运输情况

| 旅客运输 | | | | | | |
|---|---|---|---|---|---|---|
| 年运输量合计 | | 出境 | | 年出入境辆次 | 年A种许可证使用量 | 年B种许可证使用量 |
| 人次 | 人公里 | 人次 | 人公里 | 辆次 | 张 | 张 |
| **1 014 004** | **44 860 406** | **537 195** | **25 185 954** | **42 340** | **165** | **7 387** |
| 366 018 | 15 632 346 | 189 214 | 8 390 246 | 14 669 | 98 | 511 |
| 189 056 | 22 686 720 | 109 315 | 13 117 800 | 6 214 | 36 | 463 |
| 458 555 | 5 961 215 | 238 291 | 3 097 783 | 21 445 | 31 | 6 413 |
| **49 069** | **1 068 499** | **24 497** | **533 124** | **2 712** | – | – |
| 22 669 | 1 015 699 | 11 297 | 506 724 | 864 | – | – |
| 26 400 | 52 800 | 13 200 | 26 400 | 1 848 | – | – |
| **1 367 508** | **17 452 174** | **687 377** | **8 869 318** | **44 615** | **16** | **310** |
| 1 363 494 | 17 203 306 | 685 377 | 8 745 318 | 44 614 | 15 | 310 |
| 4 014 | 248 868 | 2 000 | 124 000 | 1 | 1 | – |
| **47 312** | **20 318 436** | **34 860** | **14 963 346** | **861** | – | **31** |
| 47 131 | 20 266 670 | 34 679 | 14 911 580 | 812 | – | 5 |
| 181 | 51 766 | 181 | 51 766 | 49 | – | 26 |
| **156 486** | **45 157 341** | **90 601** | **21 957 204** | **7 796** | **52** | **6** |
| **3 574** | **2 468 200** | **1 957** | **1 346 100** | **715** | **2** | – |
| – | – | – | – | – | – | – |
| **3 040** | **1 583 840** | **2 986** | **1 555 706** | **286** | **11** | – |
| **266 412** | **50 372 498** | **135 919** | **25 284 207** | **101 543** | **23** | **93 262** |
| **1 144 732** | **84 976 056** | **703 142** | **40 919 152** | **322 731** | – | **285** |
| – | – | – | – | – | – | – |
| **1 359 799** | **271 046 317** | **958 131** | **148 775 353** | **91 618** | – | – |
| 52 412 | 24 162 790 | 25 994 | 11 991 070 | 2 661 | – | – |
| 1 307 387 | 246 883 527 | 932 137 | 136 784 283 | 88 957 | – | – |

# 主要统计指标解释

**公路里程** 指报告期末公路的实际长度。计算单位：公里。公路里程包括城间、城乡间、乡（村）间能行驶汽车的公共道路，公路通过城镇街道的里程，公路桥梁长度、隧道长度、渡口宽度。不包括城市街道里程，农（林）业生产用道路里程，工（矿）企业等内部道路里程和断头路里程。公路里程按已竣工验收或交付使用的实际里程计算。

公路里程一般按以下方式分组：

按公路行政等级分为国道、省道、县道、乡道、专用公路和村道里程。

按是否达到公路工程技术标准，分为等级公路里程和等外公路里程。等级公路里程按技术等级分为高速公路、一级公路、二级公路、三级公路、四级公路里程。

按公路路面类型分为有铺装路面、简易铺装路面和未铺装路面。有铺装路面含沥青混凝土路面、水泥混凝土路面。

**公路养护里程** 指报告期内对公路工程设施进行经常性或季节性养护和修理的公路里程数。凡进行养护的公路，不论工程量大小、养护方式如何，均纳入统计，包括拨给补助费由群众养护的公路里程。计算单位：公里。

**公路密度** 指报告期末一定区域内单位国土面积或人口所拥有的公路里程数。一般地，按国土面积计算，计算单位：公里／百平方公里；按人口计算，计算单位：公里／万人。

**公路通达率** 指报告期末一定区域内已通公路的行政区占本区域全部行政区的比重。计算单位：%。行政区一般指乡镇或建制村。

**公路桥梁数量** 指报告期末公路桥梁的实际数量。计算单位：座。按桥梁的跨径分为特大桥、大桥、中桥、小桥数量。

**公路隧道数量** 指报告期末公路隧道的实际数量。计算单位：处。按隧道长度分为特长隧道、长隧道、中隧道和短隧道数量。

**公路营运车辆拥有量** 指报告期末在各地交通运输管理部门登记注册的从事公路运输的车辆实有数量。计算单位：辆。

**客运量** 指报告期内运输车辆实际运送的旅客人数。计算单位：人。

**旅客周转量** 指报告期内运输车辆实际运送的每位旅客与其相应运送距离的乘积之和。计算单位：人公里。

**货运量** 指报告期内运输车辆实际运送的货物重量。计算单位：吨。

**货物周转量** 指报告期内运输车辆实际运送的每批货物重量与其相应运送距离的乘积之和。计算单位：吨公里。

**道路运输行业经营业户数** 指报告期末持有道路运输行政管理机构核发的有效道路运输经营许可证，从事道路运输经营活动的业户数量。计算单位：户。一般按道路运输经营许可证核定的经营范围分为道路货物运输、道路旅客运输、道路运输相关业务经营业户数。

**交通拥挤度** 是指机动车当量数与适应交通量的比值。根据《关于调整公路交通情况调查车型分类及折算系数的通知》（厅规划字〔2010〕205号）要求，从2011年起全国公路交通情况调查报表采用新的车型分类及折算系数进行计算，新旧车型及折算系数关系详见下表所示。

| 2012年当量小客车折算系数 || 2005年当量小客车折算系数 ||
|---|---|---|---|
| 车　型 | 折算系数 | 车　型 | 折算系数 |
| 小型货车 | 1.0 | 小型载货汽车 | 1.0 |
| 中型货车 | 1.5 | 中型载货汽车 | 1.5 |
| 大型货车 | 3.0 | 大型载货汽车 | 2.0 |
| 特大型货车 | 4.0 | 特大型载货汽车 | 3.0 |
|  |  | 拖挂车 | 3.0 |
| 集装箱车 | 4.0 | 集装箱车 | 3.0 |
| 中小客车 | 1.0 | 小型客车 | 1.0 |
| 大客车 | 1.5 | 大型客车 | 1.5 |
| 摩托车 | 1.0 | 摩托车 | 1.0 |
| 拖拉机 | 4.0 | 拖拉机 | 4.0 |
|  |  | 畜力车 | 4.0 |
|  |  | 人力车 | 1.0 |
|  |  | 自行车 | 0.2 |

# 三、水路运输

# 简 要 说 明

一、本篇资料反映我国水路基础设施、运输装备和水路运输发展的基本情况。主要包括：内河航道通航里程、运输船舶拥有量、水路客货运输量、海上交通事故和搜救活动等。

二、水路运输按船舶航行区域分为内河、沿海和远洋运输。

三、本资料内河航道通航里程为年末通航里程，不含在建和未正式投入使用的航道里程，根据各省航道管理部门资料整理，由各省（区、市）交通运输厅（局、委）提供。

四、运输船舶拥有量根据各省航运管理部门登记的船舶资料整理，由各省（区、市）交通运输厅（局、委）提供。

五、水路运输量通过抽样调查和全面调查相结合的方法，按运输工具经营权和到达量进行统计，范围原则上为所有在交通运输主管部门审批备案，从事营业性旅客和货物运输生产的船舶。

六、船舶拥有量和水路运输量中的不分地区，是指国内运输企业的驻外机构船舶拥有量及其承运的第三国货物运输量。

七、海上险情及搜救活动统计范围是：由中国海上搜救中心、各省（区、市）海上搜救中心组织、协调或参与的搜救活动。"险情等级"的划分主要根据遇险人数划定：死亡或失踪3人以下的为一般险情，3人到9人为较大险情，10人到29人为重大险情，30人及以上为特大险情，具体内容参见《国家海上搜救应急预案》——海上突发事件险情分级。

# 3-1 全国内河航道通航里程数（按技术等级分）

单位：公里

| 地 区 | 总 计 | 等级航道 | | | | | | | | 等外航道 |
|---|---|---|---|---|---|---|---|---|---|---|
| | | 合计 | 一级 | 二级 | 三级 | 四级 | 五级 | 六级 | 七级 | |
| **全国总计** | **127 019** | **66 160** | **1 546** | **3 999** | **6 913** | **10 781** | **7 566** | **18 007** | **17 348** | **60 859** |
| 北 京 | – | – | – | – | – | – | – | – | – | – |
| 天 津 | 88 | 88 | – | – | – | 47 | – | 42 | – | – |
| 河 北 | – | – | – | – | – | – | – | – | – | – |
| 山 西 | 467 | 139 | – | – | – | – | 118 | 21 | – | 328 |
| 内蒙古 | 2 403 | 2 380 | – | – | – | 555 | 201 | 1 070 | 555 | 23 |
| 辽 宁 | 413 | 413 | – | – | 56 | – | 140 | 217 | – | – |
| 吉 林 | 1 456 | 1 381 | – | – | 64 | 227 | 654 | 312 | 124 | 75 |
| 黑龙江 | 5 098 | 4 723 | – | 967 | 864 | 1 185 | 490 | – | 1 217 | 375 |
| 上 海 | 2 142 | 1 004 | 125 | – | 148 | 116 | 88 | 405 | 122 | 1 138 |
| 江 苏 | 24 383 | 8 740 | 370 | 472 | 1 414 | 849 | 1 024 | 2 137 | 2 473 | 15 644 |
| 浙 江 | 9 761 | 4 981 | 14 | 12 | 302 | 1 225 | 440 | 1 575 | 1 413 | 4 780 |
| 安 徽 | 5 641 | 5 064 | 343 | – | 417 | 608 | 511 | 2 473 | 712 | 577 |
| 福 建 | 3 245 | 1 269 | 108 | 20 | 52 | 264 | 205 | 46 | 574 | 1 977 |
| 江 西 | 5 638 | 2 349 | 78 | 175 | 284 | 87 | 167 | 399 | 1 160 | 3 289 |
| 山 东 | 1 117 | 1 029 | – | 9 | 272 | 72 | 57 | 381 | 238 | 88 |
| 河 南 | 1 403 | 1 286 | – | – | – | 318 | 259 | 431 | 278 | 117 |
| 湖 北 | 8 433 | 5 980 | 229 | 688 | 919 | 344 | 836 | 1 757 | 1 206 | 2 453 |
| 湖 南 | 11 496 | 4 127 | – | 300 | 559 | 375 | 155 | 1 521 | 1 217 | 7 369 |
| 广 东 | 12 109 | 4 411 | 269 | 240 | 500 | 350 | 589 | 1 017 | 1 446 | 7 698 |
| 广 西 | 5 707 | 3 487 | – | 582 | 304 | 717 | 321 | 723 | 839 | 2 221 |
| 海 南 | 343 | 76 | 9 | – | – | 7 | 1 | 22 | 37 | 267 |
| 重 庆 | 4 352 | 1 852 | – | 533 | 455 | 140 | 191 | 126 | 406 | 2 501 |
| 四 川 | 10 818 | 3 945 | – | – | 288 | 1 090 | 389 | 589 | 1 588 | 6 873 |
| 贵 州 | 3 664 | 2 402 | – | – | – | 740 | 172 | 990 | 500 | 1 262 |
| 云 南 | 3 979 | 3 244 | – | – | 14 | 1 329 | 226 | 809 | 866 | 735 |
| 西 藏 | – | – | – | – | – | – | – | – | – | – |
| 陕 西 | 1 146 | 558 | – | – | – | 137 | 9 | 164 | 248 | 588 |
| 甘 肃 | 911 | 456 | – | – | – | – | 325 | 13 | 118 | 455 |
| 青 海 | 674 | 663 | – | – | – | – | – | 663 | – | 12 |
| 宁 夏 | 130 | 115 | – | – | – | – | – | 105 | 11 | 15 |
| 新 疆 | – | – | – | – | – | – | – | – | – | – |

## 3-2 全国内河航道通航里程数（按水系分）

单位：公里

| 地区 | 总计 | 长江水系 | 长江干流 | 珠江水系 | 黄河水系 | 黑龙江水系 | 京杭运河 | 闽江水系 | 淮河水系 | 其他水系 |
|---|---|---|---|---|---|---|---|---|---|---|
| 全国总计 | 127 019 | 64 857 | 2 813 | 16 463 | 3 533 | 8 211 | 1 438 | 1 973 | 17 507 | 14 399 |
| 北京 | - | - | - | - | - | - | - | - | - | - |
| 天津 | 88 | - | - | - | - | - | 15 | - | - | 88 |
| 河北 | - | - | - | - | - | - | - | - | - | - |
| 山西 | 467 | - | - | - | 467 | - | - | - | - | - |
| 内蒙古 | 2 403 | - | - | - | 939 | 1 401 | - | - | - | 63 |
| 辽宁 | 413 | - | - | - | - | 256 | - | - | - | 157 |
| 吉林 | 1 456 | - | - | - | - | 1 456 | - | - | - | - |
| 黑龙江 | 5 098 | - | - | - | - | 5 098 | - | - | - | - |
| 上海 | 2 142 | 2 142 | 125 | - | - | - | - | - | - | - |
| 江苏 | 24 383 | 10 901 | 370 | - | - | - | 795 | - | 13 450 | - |
| 浙江 | 9 761 | 3 176 | - | - | - | - | 175 | - | - | 6 541 |
| 安徽 | 5 641 | 3 112 | 343 | - | - | - | - | - | 2 469 | 61 |
| 福建 | 3 245 | - | - | - | - | - | - | 1 973 | - | 1 272 |
| 江西 | 5 638 | 5 638 | 78 | - | - | - | - | - | - | - |
| 山东 | 1 117 | - | - | - | 198 | - | 453 | - | 870 | 49 |
| 河南 | 1 403 | 186 | - | - | 499 | - | - | - | 718 | - |
| 湖北 | 8 433 | 8 433 | 918 | - | - | - | - | - | - | - |
| 湖南 | 11 496 | 11 439 | 80 | 32 | - | - | - | - | - | 25 |
| 广东 | 12 109 | - | - | 8 400 | - | - | - | - | - | 3 709 |
| 广西 | 5 707 | 105 | - | 5 603 | - | - | - | - | - | - |
| 海南 | 343 | - | - | 343 | - | - | - | - | - | - |
| 重庆 | 4 352 | 4 352 | 675 | - | - | - | - | - | - | - |
| 四川 | 10 818 | 10 814 | 224 | - | 4 | - | - | - | - | - |
| 贵州 | 3 664 | 2 254 | - | 1 410 | - | - | - | - | - | - |
| 云南 | 3 979 | 1 300 | - | 676 | - | - | - | - | - | 2 004 |
| 西藏 | - | - | - | - | - | - | - | - | - | - |
| 陕西 | 1 146 | 818 | - | - | 328 | - | - | - | - | - |
| 甘肃 | 911 | 187 | - | - | 705 | - | - | - | - | 20 |
| 青海 | 674 | - | - | - | 276 | - | - | - | - | 398 |
| 宁夏 | 130 | - | - | - | 118 | - | - | - | - | 12 |
| 新疆 | - | - | - | - | - | - | - | - | - | - |

注：京杭运河航道里程中含长江等其他水系里程1362公里。

## 3-3 全国内河航道通航里程数（按水域类型分）

单位：公里

| 地区 | 总计 | 天然河流及渠化河段航道 | 限制性航道 | 宽浅河流航道 | 山区急流河段航道 | 湖区航道 | 库区航道 |
|---|---|---|---|---|---|---|---|
| 全国总计 | 127 019 | 65 647 | 36 191 | 6 061 | 4 268 | 3 796 | 11 055 |
| 北京 | - | - | - | - | - | - | - |
| 天津 | 88 | 88 | - | - | - | - | - |
| 河北 | - | - | - | - | - | - | - |
| 山西 | 467 | 453 | - | - | 14 | - | - |
| 内蒙古 | 2 403 | 839 | - | 1 149 | 14 | 364 | 37 |
| 辽宁 | 413 | 413 | - | - | - | - | - |
| 吉林 | 1 456 | 572 | - | 165 | 102 | - | 617 |
| 黑龙江 | 5 098 | 36 | - | 4 734 | 85 | 176 | 67 |
| 上海 | 2 142 | 178 | 1 952 | - | - | 11 | - |
| 江苏 | 24 383 | 733 | 23 362 | 14 | - | 274 | - |
| 浙江 | 9 761 | 1 709 | 7 030 | - | - | 10 | 1 011 |
| 安徽 | 5 641 | 4 438 | 315 | - | 9 | 570 | 309 |
| 福建 | 3 245 | 2 747 | 53 | - | 305 | - | 140 |
| 江西 | 5 638 | 4 613 | 61 | - | 111 | 426 | 427 |
| 山东 | 1 117 | 331 | 522 | - | - | 264 | - |
| 河南 | 1 403 | 908 | - | - | - | - | 494 |
| 湖北 | 8 433 | 4 706 | 1 617 | - | 512 | 538 | 1 060 |
| 湖南 | 11 496 | 9 181 | 607 | - | 302 | 413 | 993 |
| 广东 | 12 109 | 11 130 | 625 | - | - | - | 354 |
| 广西 | 5 707 | 5 695 | - | - | 4 | - | 9 |
| 海南 | 343 | 268 | - | - | - | - | 75 |
| 重庆 | 4 352 | 3 225 | 16 | - | 331 | 6 | 775 |
| 四川 | 10 818 | 8 655 | 32 | - | 522 | 51 | 1 558 |
| 贵州 | 3 664 | 3 141 | - | - | 16 | - | 507 |
| 云南 | 3 979 | 137 | - | - | 1 533 | 281 | 2 028 |
| 西藏 | - | - | - | - | - | - | - |
| 陕西 | 1 146 | 1 116 | - | - | - | - | 30 |
| 甘肃 | 911 | 207 | - | - | 370 | - | 334 |
| 青海 | 674 | 12 | - | - | 36 | 398 | 229 |
| 宁夏 | 130 | 115 | - | - | 2 | 12 | - |
| 新疆 | - | - | - | - | - | - | - |

## 3-4 各水系内河航道通航里程数（按技术等级分）

单位：公里

| 技术等级 | 总计 | 长江水系 | 长江干流 | 珠江水系 | 黄河水系 | 黑龙江水系 | 京杭运河 | 淮河水系 | 闽江水系 | 其他水系 |
|---|---|---|---|---|---|---|---|---|---|---|
| 全国总计 | 127 019 | 64 857 | 2 813 | 16 463 | 3 533 | 8 211 | 1 438 | 17 507 | 1 973 | 14 399 |
| 等级航道 | 66 160 | 30 845 | 2 813 | 8 325 | 2 505 | 7 761 | 1 274 | 8 855 | 897 | 6 903 |
| 一级航道 | 1 546 | 1 145 | 1 145 | 220 | – | – | – | – | 50 | 130 |
| 二级航道 | 3 999 | 1 697 | 1 284 | 823 | – | 967 | 450 | 481 | 14 | 18 |
| 三级航道 | 6 913 | 3 563 | 384 | 818 | 73 | 967 | 415 | 1 289 | – | 202 |
| 四级航道 | 10 781 | 4 064 | – | 1 472 | – | 1 908 | 115 | 1 302 | 242 | 1 749 |
| 五级航道 | 7 566 | 2 861 | – | 906 | 628 | 1 344 | 61 | 995 | 135 | 691 |
| 六级航道 | 18 007 | 8 459 | – | 1 902 | 1 624 | 782 | 163 | 2 992 | 13 | 2 217 |
| 七级航道 | 17 348 | 9 057 | – | 2 184 | 180 | 1 793 | 70 | 1 795 | 444 | 1 896 |
| 等外航道 | 60 859 | 34 011 | – | 8 138 | 1 028 | 450 | 164 | 8 652 | 1 076 | 7 496 |

注：京杭运河航道里程中含长江等其他水系里程1362公里。

## 3-5 各水域类型内河航道通航里程数（按技术等级分）

单位：公里

| 地区 | 总计 | 天然河流及渠化河段航道 | 限制性航道 | 宽浅河流航道 | 山区急流河段航道 | 湖区航道 | 库区航道 |
|---|---|---|---|---|---|---|---|
| 全国总计 | 127 019 | 65 647 | 36 191 | 6 061 | 4 268 | 3 796 | 11 055 |
| 等级航道 | 66 160 | 35 243 | 13 613 | 5 739 | 1 848 | 2 584 | 7 133 |
| 一级航道 | 1 546 | 1 546 | – | – | – | – | – |
| 二级航道 | 3 999 | 2 230 | 481 | 882 | 85 | – | 321 |
| 三级航道 | 6 913 | 3 949 | 1 784 | 928 | 61 | 45 | 145 |
| 四级航道 | 10 781 | 5 889 | 1 381 | 1 449 | 316 | 471 | 1 277 |
| 五级航道 | 7 566 | 3 416 | 1 641 | 743 | 281 | 375 | 1 110 |
| 六级航道 | 18 007 | 9 235 | 4 278 | 252 | 589 | 957 | 2 695 |
| 七级航道 | 17 348 | 8 979 | 4 048 | 1 486 | 515 | 736 | 1 585 |
| 等外航道 | 60 859 | 30 404 | 22 578 | 322 | 2 420 | 1 212 | 3 922 |

## 3-6 全国内河航道枢纽及通航建筑物数（按行政区域分）

| 地 区 | 枢纽数量（处） | 具有通航功能 | 通航建筑物数量（座） | | 正常使用 | |
|---|---|---|---|---|---|---|
| | | | 船闸 | 升船机 | 船闸 | 升船机 |
| 全国总计 | 4 214 | 2 375 | 858 | 46 | 596 | 22 |
| 北　京 | - | - | - | - | - | - |
| 天　津 | 6 | 6 | 5 | - | 1 | - |
| 河　北 | 9 | 9 | 3 | - | 2 | - |
| 山　西 | 1 | - | - | - | - | - |
| 内蒙古 | 2 | - | - | - | - | - |
| 辽　宁 | 4 | 2 | 1 | - | 1 | - |
| 吉　林 | 5 | - | - | - | - | - |
| 黑龙江 | 2 | - | - | - | - | - |
| 上　海 | 94 | 88 | 53 | - | 48 | - |
| 江　苏 | 692 | 584 | 113 | - | 111 | - |
| 浙　江 | 327 | 299 | 38 | 17 | 34 | 10 |
| 安　徽 | 99 | 52 | 45 | 1 | 34 | 1 |
| 福　建 | 148 | 29 | 20 | 1 | 12 | 1 |
| 江　西 | 83 | 22 | 19 | 2 | 11 | 1 |
| 山　东 | 42 | 19 | 15 | - | 11 | - |
| 河　南 | 35 | 3 | 3 | - | - | - |
| 湖　北 | 167 | 55 | 38 | 4 | 35 | - |
| 湖　南 | 495 | 152 | 134 | 13 | 49 | 4 |
| 广　东 | 1 212 | 880 | 198 | - | 145 | - |
| 广　西 | 135 | 42 | 40 | 3 | 20 | 3 |
| 海　南 | 2 | - | - | - | - | - |
| 重　庆 | 166 | 46 | 47 | 1 | 35 | 1 |
| 四　川 | 366 | 80 | 85 | - | 47 | - |
| 贵　州 | 93 | 6 | 1 | 2 | - | - |
| 云　南 | 12 | 2 | 1 | 1 | 1 | 1 |
| 西　藏 | - | - | - | - | - | - |
| 陕　西 | 3 | 1 | - | 1 | - | - |
| 甘　肃 | 15 | - | - | - | - | - |
| 青　海 | 2 | - | - | - | - | - |
| 宁　夏 | 1 | - | - | - | - | - |
| 新　疆 | - | - | - | - | - | - |

## 3-7 全国水路

| 地区 | 轮驳船总计 | | | | | 一、机 | | |
|---|---|---|---|---|---|---|---|---|
| | 艘数（艘） | 净载重量（吨） | 载客量（客位） | 集装箱位（TEU） | 功率（千瓦） | 艘数（艘） | 净载重量（吨） | 载客量（客位） |
| 全国总计 | 144 924 | 256 516 346 | 967 499 | 2 163 043 | 66 181 982 | 131 746 | 246 750 827 | 964 377 |
| 北 京 | – | – | – | – | – | – | – | – |
| 天 津 | 261 | 4 854 827 | 1 761 | 5 844 | 1 095 436 | 251 | 4 820 258 | 1 761 |
| 河 北 | 1 589 | 1 876 311 | 17 733 | 1 613 | 464 857 | 1 589 | 1 876 311 | 17 733 |
| 山 西 | 258 | 6 900 | 4 071 | – | 16 617 | 258 | 6 900 | 4 071 |
| 内蒙古 | – | – | – | – | – | – | – | – |
| 辽 宁 | 478 | 8 669 014 | 32 097 | 15 507 | 1 385 516 | 468 | 8 634 817 | 32 097 |
| 吉 林 | 434 | 26 314 | 11 052 | – | 31 064 | 407 | 12 064 | 11 052 |
| 黑龙江 | 1 506 | 356 163 | 22 295 | – | 163 107 | 1 191 | 162 763 | 22 295 |
| 上 海 | 1 501 | 32 042 507 | 39 741 | 1 224 369 | 11 963 494 | 1 454 | 31 920 168 | 39 741 |
| 江 苏 | 35 867 | 42 400 511 | 43 001 | 88 495 | 9 827 510 | 30 732 | 38 657 510 | 43 001 |
| 浙 江 | 14 523 | 25 881 153 | 88 679 | 58 548 | 6 660 551 | 14 497 | 25 874 061 | 88 679 |
| 安 徽 | 25 509 | 46 266 290 | 15 151 | 101 218 | 10 537 306 | 24 488 | 45 763 082 | 15 151 |
| 福 建 | 1 762 | 9 721 658 | 31 750 | 219 377 | 2 761 823 | 1 761 | 9 720 530 | 31 750 |
| 江 西 | 3 062 | 2 372 998 | 11 982 | 3 033 | 749 002 | 3 060 | 2 371 268 | 11 982 |
| 山 东 | 11 360 | 18 099 739 | 66 738 | 8 774 | 3 381 702 | 6 658 | 13 681 287 | 66 738 |
| 河 南 | 5 605 | 10 133 455 | 15 067 | – | 2 157 626 | 5 302 | 9 859 565 | 15 067 |
| 湖 北 | 3 595 | 7 379 204 | 37 766 | 3 012 | 1 766 131 | 3 466 | 7 132 533 | 37 766 |
| 湖 南 | 5 495 | 4 226 216 | 69 832 | 6 332 | 1 430 738 | 5 235 | 4 186 165 | 67 794 |
| 广 东 | 8 290 | 22 829 017 | 82 419 | 200 702 | 6 257 815 | 8 274 | 22 802 909 | 82 419 |
| 广 西 | 7 966 | 8 816 829 | 103 656 | 102 835 | 2 083 181 | 7 964 | 8 815 579 | 103 656 |
| 海 南 | 513 | 1 948 035 | 40 195 | 25 638 | 737 477 | 513 | 1 948 035 | 40 195 |
| 重 庆 | 2 936 | 6 708 126 | 43 205 | 93 205 | 1 656 136 | 2 907 | 6 663 380 | 43 205 |
| 四 川 | 6 466 | 1 376 132 | 61 559 | 4 541 | 590 819 | 5 525 | 1 318 554 | 61 559 |
| 贵 州 | 2 108 | 176 575 | 54 349 | – | 160 840 | 2 106 | 176 267 | 54 349 |
| 云 南 | 1 240 | 156 576 | 28 778 | – | 125 038 | 1 236 | 156 276 | 28 778 |
| 西 藏 | – | – | – | – | – | – | – | – |
| 陕 西 | 1 355 | 32 810 | 21 289 | – | 49 254 | 1 159 | 31 559 | 20 205 |
| 甘 肃 | 414 | 1 254 | 7 020 | – | 46 279 | 414 | 1 254 | 7 020 |
| 青 海 | 105 | 1 748 | 2 794 | – | 19 034 | 105 | 1 748 | 2 794 |
| 宁 夏 | 723 | – | 13 519 | – | 39 417 | 723 | – | 13 519 |
| 新 疆 | – | – | – | – | – | – | – | – |
| 不分地区 | 3 | 155 984 | – | – | 24 212 | 3 | 155 984 | – |

## 三、水路运输

## 运输工具拥有量

| 动 船 | | 1. 客 船 | | | 2. 客 货 船 | | | | |
|---|---|---|---|---|---|---|---|---|---|
| 集装箱位（TEU） | 功率（千瓦） | 艘数（艘） | 载客量（客位） | 功率（千瓦） | 艘数（艘） | 净载重量（吨） | 载客量（客位） | 集装箱位（TEU） | 功率（千瓦） |
| **2 159 918** | **66 181 982** | **20 036** | **834 221** | **2 147 611** | **447** | **329 793** | **130 156** | **2 706** | **838 841** |
| - | - | - | - | - | - | - | - | - | - |
| 5 844 | 1 095 436 | 19 | 1 761 | 4 944 | - | - | - | - | - |
| 1 613 | 464 857 | 1 444 | 17 377 | 44 136 | 1 | 3 700 | 356 | 228 | 12 480 |
| - | 16 617 | 248 | 4 071 | 13 108 | - | - | - | - | - |
| - | - | - | - | - | - | - | - | - | - |
| 15 507 | 1 385 516 | 55 | 9 822 | 30 856 | 35 | 32 026 | 22 275 | 144 | 151 246 |
| - | 31 064 | 314 | 11 052 | 23 553 | - | - | - | - | - |
| - | 163 107 | 627 | 19 934 | 55 454 | 65 | 3 047 | 2 361 | - | 7 243 |
| 1 222 929 | 11 963 494 | 121 | 37 582 | 71 830 | 5 | 8 029 | 2 159 | 229 | 15 010 |
| 87 618 | 9 827 510 | 311 | 29 744 | 50 966 | 42 | 15 697 | 13 257 | - | 22 341 |
| 58 548 | 6 660 551 | 1 349 | 87 238 | 307 550 | 7 | - | 1 441 | - | 2 126 |
| 101 218 | 10 537 306 | 458 | 15 151 | 92 587 | - | - | - | - | - |
| 219 227 | 2 761 823 | 436 | 29 920 | 131 230 | 7 | 7 538 | 1 830 | 256 | 51 332 |
| 3 033 | 749 002 | 293 | 11 982 | 23 561 | - | - | - | - | - |
| 8 774 | 3 381 702 | 1 192 | 37 374 | 142 769 | 33 | 125 231 | 29 364 | 1 688 | 321 133 |
| - | 2 157 626 | 579 | 15 067 | 51 285 | - | - | - | - | - |
| 3 012 | 1 766 131 | 392 | 37 766 | 86 895 | - | - | - | - | - |
| 6 332 | 1 430 738 | 2 097 | 67 794 | 96 263 | - | - | - | - | - |
| 200 044 | 6 257 815 | 527 | 58 716 | 258 611 | 35 | 55 626 | 23 703 | - | 91 536 |
| 102 835 | 2 083 181 | 2 031 | 101 281 | 108 350 | 5 | 4 526 | 2 375 | 161 | 27 922 |
| 25 638 | 737 477 | 323 | 14 174 | 81 717 | 29 | 71 827 | 26 021 | - | 126 268 |
| 93 205 | 1 656 136 | 593 | 41 917 | 121 395 | 4 | 184 | 1 288 | - | 4 276 |
| 4 541 | 590 819 | 1 988 | 61 559 | 70 671 | - | - | - | - | - |
| - | 160 840 | 1 659 | 54 349 | 94 536 | - | - | - | - | - |
| - | 125 038 | 933 | 26 342 | 59 186 | 136 | 1 930 | 2 436 | - | 5 232 |
| - | - | - | - | - | - | - | - | - | - |
| - | 49 254 | 863 | 18 915 | 30 485 | 43 | 432 | 1 290 | - | 696 |
| - | 46 279 | 360 | 7 020 | 38 236 | - | - | - | - | - |
| - | 19 034 | 105 | 2 794 | 19 034 | - | - | - | - | - |
| - | 39 417 | 719 | 13 519 | 38 403 | - | - | - | - | - |
| - | - | - | - | - | - | - | - | - | - |
| - | 24 212 | - | - | - | - | - | - | - | - |

3-7

| 地区 | 3.货船 ||||集装箱船||||
|---|---|---|---|---|---|---|---|---|
| | 艘数（艘） | 净载重量（吨） | 集装箱位（TEU） | 功率（千瓦） | 艘数（艘） | 净载重量（吨） | 集装箱位（TEU） | 功率（千瓦） |
| 全国总计 | 108 926 | 246 231 703 | 2 157 212 | 61 662 832 | 1 739 | 19 043 177 | 1 621 414 | 10 629 844 |
| 北 京 | – | – | – | – | – | – | – | – |
| 天 津 | 192 | 4 819 973 | 5 844 | 906 807 | 3 | 75 725 | 5 561 | 48 752 |
| 河 北 | 137 | 1 872 611 | 1 385 | 386 711 | – | – | – | – |
| 山 西 | 10 | 6 900 | – | 3 509 | – | – | – | – |
| 内蒙古 | – | – | – | – | – | – | – | – |
| 辽 宁 | 367 | 8 602 788 | 15 363 | 1 179 826 | 11 | 216 858 | 14 428 | 101 941 |
| 吉 林 | 83 | 12 064 | – | 4 717 | – | – | – | – |
| 黑龙江 | 344 | 155 795 | – | 60 896 | – | – | – | – |
| 上 海 | 1 282 | 31 851 641 | 1 222 700 | 11 776 942 | 319 | 12 766 556 | 1 193 190 | 8 025 925 |
| 江 苏 | 29 404 | 38 630 849 | 87 618 | 9 365 869 | 105 | 593 067 | 41 626 | 227 520 |
| 浙 江 | 13 082 | 25 862 756 | 58 548 | 6 204 013 | 151 | 907 229 | 55 537 | 393 827 |
| 安 徽 | 23 888 | 45 758 882 | 101 218 | 10 405 325 | 58 | 338 623 | 24 670 | 117 210 |
| 福 建 | 1 316 | 9 712 992 | 218 971 | 2 571 057 | 107 | 1 637 299 | 115 413 | 698 889 |
| 江 西 | 2 764 | 2 371 268 | 3 033 | 718 305 | – | – | – | – |
| 山 东 | 4 944 | 13 549 721 | 7 086 | 2 555 033 | 6 | 67 997 | 4 291 | 29 240 |
| 河 南 | 4 709 | 9 857 968 | – | 2 103 110 | – | – | – | – |
| 湖 北 | 2 994 | 7 132 532 | 3 012 | 1 628 073 | 13 | 50 681 | 3 006 | 12 877 |
| 湖 南 | 3 113 | 4 186 165 | 6 332 | 1 329 610 | 19 | 64 804 | 4 451 | 16 007 |
| 广 东 | 7 654 | 22 716 292 | 200 044 | 5 790 965 | 790 | 1 438 147 | 99 397 | 609 977 |
| 广 西 | 5 928 | 8 811 053 | 102 674 | 1 946 909 | 51 | 164 884 | 9 440 | 48 279 |
| 海 南 | 161 | 1 876 208 | 25 638 | 529 492 | 14 | 321 138 | 25 638 | 210 804 |
| 重 庆 | 2 289 | 6 663 196 | 93 205 | 1 515 239 | 73 | 344 407 | 22 146 | 75 708 |
| 四 川 | 3 349 | 1 318 554 | 4 541 | 504 323 | 19 | 55 762 | 2 620 | 12 888 |
| 贵 州 | 447 | 140 013 | – | 66 304 | – | – | – | – |
| 云 南 | 164 | 142 286 | – | 59 864 | – | – | – | – |
| 西 藏 | – | – | – | – | – | – | – | – |
| 陕 西 | 248 | 22 430 | – | 17 678 | – | – | – | – |
| 甘 肃 | 54 | 782 | – | 8 043 | – | – | – | – |
| 青 海 | – | – | – | – | – | – | – | – |
| 宁 夏 | – | – | – | – | – | – | – | – |
| 新 疆 | – | – | – | – | – | – | – | – |
| 不分地区 | 3 | 155 984 | – | 24 212 | – | – | – | – |

(续表一)

| 油 船 | | | 4.拖 船 | | 二、驳 船 | | | |
|---|---|---|---|---|---|---|---|---|
| 艘数（艘）| 净载重量（吨）| 功率（千瓦）| 艘数（艘）| 功率（千瓦）| 艘数（艘）| 净载重量（吨）| 载客量（客位）| 集装箱位（TEU）|
| 3 009 | 23 830 619 | 4 437 412 | 2 337 | 1 532 698 | 13 178 | 9 765 519 | 3 122 | 3 125 |
| – | – | – | – | – | – | – | – | – |
| 46 | 88 079 | 55 521 | 40 | 183 685 | 10 | 34 569 | – | – |
| 5 | 4 159 | 1 392 | 7 | 21 530 | – | – | – | – |
| – | – | – | – | – | – | – | – | – |
| – | – | – | – | – | – | – | – | – |
| 107 | 7 587 162 | 826 128 | 11 | 23 588 | 10 | 34 197 | – | – |
| – | – | – | 10 | 2 794 | 27 | 14 250 | – | – |
| 6 | 6 579 | 2 506 | 155 | 39 514 | 315 | 193 400 | – | – |
| 287 | 8 344 932 | 1 329 957 | 46 | 99 712 | 47 | 122 339 | – | 1 440 |
| 826 | 2 671 600 | 649 431 | 975 | 388 334 | 5 135 | 3 743 001 | – | 877 |
| 628 | 2 176 901 | 628 660 | 59 | 146 862 | 26 | 7 092 | – | – |
| 175 | 178 444 | 65 647 | 142 | 39 394 | 1 021 | 503 208 | – | – |
| 153 | 297 895 | 105 992 | 2 | 8 204 | 1 | 1 128 | – | 150 |
| 55 | 211 175 | 76 306 | 3 | 7 136 | 2 | 1 730 | – | – |
| 69 | 318 020 | 96 553 | 489 | 362 767 | 4 702 | 4 418 452 | – | – |
| – | – | – | 14 | 3 231 | 303 | 273 890 | – | – |
| 164 | 385 786 | 110 990 | 80 | 51 163 | 129 | 246 671 | – | – |
| 20 | 24 229 | 8 691 | 25 | 4 865 | 260 | 40 051 | 2 038 | – |
| 344 | 1 109 978 | 356 670 | 58 | 116 703 | 16 | 26 108 | – | 658 |
| 48 | 47 682 | 18 330 | – | – | 2 | 1 250 | – | – |
| 19 | 247 505 | 60 320 | – | – | – | – | – | – |
| 25 | 89 531 | 21 938 | 21 | 15 226 | 29 | 44 746 | – | – |
| 32 | 40 962 | 22 380 | 188 | 15 825 | 941 | 57 578 | – | – |
| – | – | – | – | – | 2 | 308 | – | – |
| – | – | – | 3 | 756 | 4 | 300 | – | – |
| – | – | – | – | – | – | – | – | – |
| – | – | – | 5 | 395 | 196 | 1 251 | 1 084 | – |
| – | – | – | – | – | – | – | – | – |
| – | – | – | 4 | 1 014 | – | – | – | – |
| – | – | – | – | – | – | – | – | – |

## 3-8 远洋运输

| 地区 | 轮驳船总计 ||||| 一、机 |||
|---|---|---|---|---|---|---|---|---|
| | 艘数（艘） | 净载重量（吨） | 载客量（客位） | 集装箱位（TEU） | 功率（千瓦） | 艘数（艘） | 净载重量（吨） | 载客量（客位） |
| 全国总计 | 2 306 | 54 575 018 | 20 841 | 1 336 553 | 15 234 468 | 2 299 | 54 565 016 | 20 841 |
| 北　京 | – | – | – | – | – | – | – | – |
| 天　津 | 13 | 1 180 984 | – | 761 | 174 272 | 13 | 1 180 984 | – |
| 河　北 | 7 | 388 100 | 356 | 228 | 63 933 | 7 | 388 100 | 356 |
| 山　西 | – | – | – | – | – | – | – | – |
| 内蒙古 | – | – | – | – | – | – | – | – |
| 辽　宁 | 52 | 7 299 267 | 800 | 307 | 760 606 | 52 | 7 299 267 | 800 |
| 吉　林 | – | – | – | – | – | – | – | – |
| 黑龙江 | – | – | – | – | – | – | – | – |
| 上　海 | 318 | 21 704 997 | 316 | 1 134 373 | 9 102 224 | 318 | 21 704 997 | 316 |
| 江　苏 | 107 | 4 105 505 | – | 10 536 | 859 685 | 107 | 4 105 505 | – |
| 浙　江 | 16 | 616 720 | – | 680 | 115 898 | 16 | 616 720 | – |
| 安　徽 | – | – | – | – | – | – | – | – |
| 福　建 | 77 | 1 925 113 | 3 807 | 9 750 | 428 276 | 77 | 1 925 113 | 3 807 |
| 江　西 | – | – | – | – | – | – | – | – |
| 山　东 | 66 | 6 427 399 | 5 453 | 2 535 | 780 226 | 66 | 6 427 399 | 5 453 |
| 河　南 | – | – | – | – | – | – | – | – |
| 湖　北 | – | – | – | – | – | – | – | – |
| 湖　南 | 3 | 218 000 | – | – | 26 565 | 3 | 218 000 | – |
| 广　东 | 1 495 | 9 132 886 | 9 710 | 142 234 | 2 476 398 | 1 488 | 9 122 884 | 9 710 |
| 广　西 | 121 | 299 821 | 399 | 11 829 | 79 425 | 121 | 299 821 | 399 |
| 海　南 | 28 | 1 120 242 | – | 23 320 | 342 748 | 28 | 1 120 242 | – |
| 重　庆 | – | – | – | – | – | – | – | – |
| 四　川 | – | – | – | – | – | – | – | – |
| 贵　州 | – | – | – | – | – | – | – | – |
| 云　南 | – | – | – | – | – | – | – | – |
| 西　藏 | – | – | – | – | – | – | – | – |
| 陕　西 | – | – | – | – | – | – | – | – |
| 甘　肃 | – | – | – | – | – | – | – | – |
| 青　海 | – | – | – | – | – | – | – | – |
| 宁　夏 | – | – | – | – | – | – | – | – |
| 新　疆 | – | – | – | – | – | – | – | – |
| 不分地区 | 3 | 155 984 | – | – | 24 212 | 3 | 155 984 | – |

三、水路运输

# 工具拥有量

| 动　船 | | 1. 客　船 | | | 2. 客 货 船 | | | | |
|---|---|---|---|---|---|---|---|---|---|
| 集装箱位（TEU） | 功率（千瓦） | 艘数（艘） | 载客量（客位） | 功率（千瓦） | 艘数（艘） | 净载重量（吨） | 载客量（客位） | 集装箱位（TEU） | 功率（千瓦） |
| **1 336 423** | **15 234 468** | **57** | **11 978** | **137 946** | **15** | **72 353** | **8 863** | **2 706** | **234 358** |
| | | | | | | | | | |
| – | – | – | – | – | – | – | – | – | – |
| 761 | 174 272 | – | – | – | – | – | – | – | – |
| 228 | 63 933 | – | – | – | 1 | 3 700 | 356 | 228 | 12 480 |
| – | – | – | – | – | – | – | – | – | – |
| – | – | – | – | – | – | – | – | – | – |
| | | | | | | | | | |
| 307 | 760 606 | – | – | – | 1 | 5 695 | 800 | 144 | 19 845 |
| – | – | – | – | – | – | – | – | – | – |
| – | – | – | – | – | – | – | – | – | – |
| | | | | | | | | | |
| 1 134 373 | 9 102 224 | – | – | – | 1 | 4 371 | 316 | 229 | 12 360 |
| 10 536 | 859 685 | – | – | – | – | – | – | – | – |
| 680 | 115 898 | – | – | – | – | – | – | – | – |
| – | – | – | – | – | – | – | – | – | – |
| 9 750 | 428 276 | 9 | 2 364 | 30 567 | 2 | 7 123 | 1 443 | 256 | 48 286 |
| – | – | – | – | – | – | – | – | – | – |
| 2 535 | 780 226 | – | – | – | 7 | 48 918 | 5 453 | 1 688 | 131 385 |
| | | | | | | | | | |
| – | – | – | – | – | – | – | – | – | – |
| – | – | – | – | – | – | – | – | – | – |
| – | 26 565 | – | – | – | – | – | – | – | – |
| 142 104 | 2 476 398 | 48 | 9 614 | 107 379 | 2 | – | 96 | – | 80 |
| 11 829 | 79 425 | – | – | – | 1 | 2 546 | 399 | 161 | 9 922 |
| 23 320 | 342 748 | – | – | – | – | – | – | – | – |
| | | | | | | | | | |
| – | – | – | – | – | – | – | – | – | – |
| – | – | – | – | – | – | – | – | – | – |
| – | – | – | – | – | – | – | – | – | – |
| – | – | – | – | – | – | – | – | – | – |
| – | – | – | – | – | – | – | – | – | – |
| | | | | | | | | | |
| – | – | – | – | – | – | – | – | – | – |
| – | – | – | – | – | – | – | – | – | – |
| – | – | – | – | – | – | – | – | – | – |
| – | – | – | – | – | – | – | – | – | – |
| – | – | – | – | – | – | – | – | – | – |
| | | | | | | | | | |
| – | 24 212 | – | – | – | – | – | – | – | – |

3-8

| 地区 | 3.货船 ||||集装箱船 ||||
|---|---|---|---|---|---|---|---|---|
| | 艘数（艘）| 净载重量（吨）| 集装箱位（TEU）| 功率（千瓦）| 艘数（艘）| 净载重量（吨）| 集装箱位（TEU）| 功率（千瓦）|
| 全国总计 | 2 219 | 54 488 974 | 1 333 717 | 14 849 421 | 819 | 13 225 484 | 1 210 319 | 8 213 903 |
| 北　京 | – | – | – | – | – | – | – | – |
| 天　津 | 13 | 1 180 984 | 761 | 174 272 | 2 | 12 202 | 761 | 7 712 |
| 河　北 | 6 | 384 400 | – | 51 453 | – | – | – | – |
| 山　西 | – | – | – | – | – | – | – | – |
| 内蒙古 | – | – | – | – | – | – | – | – |
| 辽　宁 | 51 | 7 293 572 | 163 | 740 761 | 1 | 1 080 | 163 | 970 |
| 吉　林 | – | – | – | – | – | – | – | – |
| 黑龙江 | – | – | – | – | – | – | – | – |
| 上　海 | 317 | 21 700 626 | 1 134 144 | 9 089 864 | 183 | 11 749 226 | 1 105 694 | 7 459 514 |
| 江　苏 | 107 | 4 105 505 | 10 536 | 859 685 | 11 | 123 423 | 10 536 | 89 237 |
| 浙　江 | 16 | 616 720 | 680 | 115 898 | 1 | 8 710 | 680 | 6 300 |
| 安　徽 | – | – | – | – | – | – | – | – |
| 福　建 | 66 | 1 917 990 | 9 494 | 349 423 | 10 | 104 045 | 7 979 | 60 622 |
| 江　西 | – | – | – | – | – | – | – | – |
| 山　东 | 59 | 6 378 481 | 847 | 648 841 | 1 | 12 696 | 847 | 7 988 |
| 河　南 | – | – | – | – | – | – | – | – |
| 湖　北 | – | – | – | – | – | – | – | – |
| 湖　南 | 3 | 218 000 | – | 26 565 | – | – | – | – |
| 广　东 | 1 430 | 9 119 195 | 142 104 | 2 356 196 | 583 | 889 657 | 58 243 | 373 776 |
| 广　西 | 120 | 297 275 | 11 668 | 69 503 | 20 | 33 165 | 2 096 | 12 198 |
| 海　南 | 28 | 1 120 242 | 23 320 | 342 748 | 7 | 291 280 | 23 320 | 195 586 |
| 重　庆 | – | – | – | – | – | – | – | – |
| 四　川 | – | – | – | – | – | – | – | – |
| 贵　州 | – | – | – | – | – | – | – | – |
| 云　南 | – | – | – | – | – | – | – | – |
| 西　藏 | – | – | – | – | – | – | – | – |
| 陕　西 | – | – | – | – | – | – | – | – |
| 甘　肃 | – | – | – | – | – | – | – | – |
| 青　海 | – | – | – | – | – | – | – | – |
| 宁　夏 | – | – | – | – | – | – | – | – |
| 新　疆 | – | – | – | – | – | – | – | – |
| 不分地区 | 3 | 155 984 | – | 24 212 | – | – | – | – |

（续表一）

| | | | 4. 拖　船 | | 二、驳　船 | | | |
|---|---|---|---|---|---|---|---|---|
| 油　船 | | | | | | | | |
| 艘数（艘） | 净载重量（吨） | 功率（千瓦） | 艘数（艘） | 功率（千瓦） | 艘数（艘） | 净载重量（吨） | 载客量（客位） | 集装箱位（TEU） |
| **188** | **16 834 779** | **2 250 019** | **8** | **12 743** | **7** | **10 002** | **–** | **130** |
| | | | | | | | | |
| – | – | – | – | – | – | – | – | – |
| – | – | – | – | – | – | – | – | – |
| – | – | – | – | – | – | – | – | – |
| – | – | – | – | – | – | – | – | – |
| – | – | – | – | – | – | – | – | – |
| | | | | | | | | |
| 35 | 7 263 832 | 718 938 | – | – | – | – | – | – |
| – | – | – | – | – | – | – | – | – |
| – | – | – | – | – | – | – | – | – |
| | | | | | | | | |
| 79 | 7 474 000 | 1 098 328 | – | – | – | – | – | – |
| 31 | 1 411 826 | 285 028 | – | – | – | – | – | – |
| – | – | – | – | – | – | – | – | – |
| – | – | – | – | – | – | – | – | – |
| – | – | – | – | – | – | – | – | – |
| – | – | – | – | – | – | – | – | – |
| 2 | 85 356 | 18 172 | – | – | – | – | – | – |
| | | | | | | | | |
| – | – | – | – | – | – | – | – | – |
| – | – | – | – | – | – | – | – | – |
| – | – | – | – | – | – | – | – | – |
| 36 | 382 143 | 91 507 | 8 | 12 743 | 7 | 10 002 | – | 130 |
| – | – | – | – | – | – | – | – | – |
| 5 | 217 622 | 38 046 | – | – | – | – | – | – |
| | | | | | | | | |
| – | – | – | – | – | – | – | – | – |
| – | – | – | – | – | – | – | – | – |
| – | – | – | – | – | – | – | – | – |
| – | – | – | – | – | – | – | – | – |
| – | – | – | – | – | – | – | – | – |
| | | | | | | | | |
| – | – | – | – | – | – | – | – | – |
| – | – | – | – | – | – | – | – | – |
| – | – | – | – | – | – | – | – | – |
| – | – | – | – | – | – | – | – | – |
| – | – | – | – | – | – | – | – | – |
| | | | | | | | | |
| – | – | – | – | – | – | – | – | – |

## 3-9 沿海运输

| 地区 | 轮驳船总计 | | | | | 一、机 | | |
|---|---|---|---|---|---|---|---|---|
| | 艘数（艘） | 净载重量（吨） | 载客量（客位） | 集装箱位（TEU） | 功率（千瓦） | 艘数（艘） | 净载重量（吨） | 载客量（客位） |
| 全国总计 | 10 318 | 70 444 053 | 223 647 | 501 733 | 18 791 804 | 10 254 | 70 030 434 | 223 647 |
| 北 京 | – | – | – | – | – | – | – | – |
| 天 津 | 229 | 3 673 558 | – | 5 083 | 916 220 | 219 | 3 638 989 | – |
| 河 北 | 138 | 1 488 211 | – | 1 385 | 356 788 | 138 | 1 488 211 | – |
| 山 西 | – | – | – | – | – | – | – | – |
| 内蒙古 | – | – | – | – | – | – | – | – |
| 辽 宁 | 426 | 1 369 747 | 31 297 | 15 200 | 624 910 | 416 | 1 335 550 | 31 297 |
| 吉 林 | – | – | – | – | – | – | – | – |
| 黑龙江 | 25 | 140 405 | – | – | 44 805 | 25 | 140 405 | – |
| 上 海 | 533 | 9 872 463 | – | 81 234 | 2 601 923 | 524 | 9 794 162 | – |
| 江 苏 | 1 384 | 8 821 955 | 100 | 45 528 | 2 143 611 | 1 372 | 8 728 725 | 100 |
| 浙 江 | 3 190 | 20 633 223 | 44 063 | 51 694 | 4 886 363 | 3 188 | 20 630 351 | 44 063 |
| 安 徽 | 527 | 2 833 110 | – | 35 547 | 723 163 | 524 | 2 830 510 | – |
| 福 建 | 1 074 | 7 549 753 | 20 093 | 209 627 | 2 134 325 | 1 073 | 7 548 625 | 20 093 |
| 江 西 | 39 | 173 673 | – | – | 59 316 | 37 | 171 943 | – |
| 山 东 | 812 | 2 475 817 | 44 033 | 6 159 | 1 119 446 | 807 | 2 412 717 | 44 033 |
| 河 南 | – | – | – | – | – | – | – | – |
| 湖 北 | 189 | 1 558 421 | – | 1 049 | 324 899 | 187 | 1 470 679 | – |
| 湖 南 | 23 | 33 341 | – | 490 | 8 249 | 23 | 33 341 | – |
| 广 东 | 819 | 7 346 276 | 36 943 | 25 518 | 1 910 795 | 813 | 7 333 376 | 36 943 |
| 广 西 | 481 | 1 622 900 | 8 908 | 20 901 | 541 734 | 479 | 1 621 650 | 8 908 |
| 海 南 | 427 | 827 793 | 38 210 | 2 318 | 389 816 | 427 | 827 793 | 38 210 |
| 重 庆 | 2 | 23 407 | – | – | 5 441 | 2 | 23 407 | – |
| 四 川 | – | – | – | – | – | – | – | – |
| 贵 州 | – | – | – | – | – | – | – | – |
| 云 南 | – | – | – | – | – | – | – | – |
| 西 藏 | – | – | – | – | – | – | – | – |
| 陕 西 | – | – | – | – | – | – | – | – |
| 甘 肃 | – | – | – | – | – | – | – | – |
| 青 海 | – | – | – | – | – | – | – | – |
| 宁 夏 | – | – | – | – | – | – | – | – |
| 新 疆 | – | – | – | – | – | – | – | – |

## 工具拥有量

| 动船 | | 1. 客船 | | | 2. 客货船 | | | | |
|---|---|---|---|---|---|---|---|---|---|
| 集装箱位（TEU） | 功率（千瓦） | 艘数（艘） | 载客量（客位） | 功率（千瓦） | 艘数（艘） | 净载重量（吨） | 载客量（客位） | 集装箱位（TEU） | 功率（千瓦） |
| **501 055** | **18 791 804** | **1 297** | **125 878** | **641 690** | **135** | **232 492** | **97 769** | **—** | **561 620** |
| — | — | — | — | — | — | — | — | — | — |
| 5 083 | 916 220 | — | — | — | — | — | — | — | — |
| 1 385 | 356 788 | — | — | — | — | — | — | — | — |
| — | — | — | — | — | — | — | — | — | — |
| 15 200 | 624 910 | 55 | 9 822 | 30 856 | 34 | 26 331 | 21 475 | — | 131 401 |
| — | — | — | — | — | — | — | — | — | — |
| — | 44 805 | — | — | — | — | — | — | — | — |
| 81 234 | 2 601 923 | — | — | — | — | — | — | — | — |
| 45 528 | 2 143 611 | 2 | 100 | 820 | — | — | — | — | — |
| 51 694 | 4 886 363 | 173 | 43 622 | 221 174 | 5 | — | 441 | — | 1 796 |
| 35 547 | 723 163 | — | — | — | — | — | — | — | — |
| 209 477 | 2 134 325 | 239 | 19 706 | 74 900 | 5 | 415 | 387 | — | 3 046 |
| — | 59 316 | — | — | — | — | — | — | — | — |
| 6 159 | 1 119 446 | 379 | 20 122 | 90 650 | 26 | 76 313 | 23 911 | — | 189 748 |
| — | — | — | — | — | — | — | — | — | — |
| 1 049 | 324 899 | — | — | — | — | — | — | — | — |
| 490 | 8 249 | — | — | — | — | — | — | — | — |
| 24 990 | 1 910 795 | 120 | 13 385 | 100 297 | 32 | 55 626 | 23 558 | — | 91 361 |
| 20 901 | 541 734 | 64 | 6 932 | 46 189 | 4 | 1 980 | 1 976 | — | 18 000 |
| 2 318 | 389 816 | 265 | 12 189 | 76 804 | 29 | 71 827 | 26 021 | — | 126 268 |
| — | 5 441 | — | — | — | — | — | — | — | — |
| — | — | — | — | — | — | — | — | — | — |
| — | — | — | — | — | — | — | — | — | — |
| — | — | — | — | — | — | — | — | — | — |
| — | — | — | — | — | — | — | — | — | — |

3-9

| 地区 | 3. 货船 | | | | 集装箱船 | | | |
|---|---|---|---|---|---|---|---|---|
| | 艘数（艘） | 净载重量（吨） | 集装箱位（TEU） | 功率（千瓦） | 艘数（艘） | 净载重量（吨） | 集装箱位（TEU） | 功率（千瓦） |
| 全国总计 | 8 536 | 69 779 260 | 501 055 | 16 629 493 | 383 | 4 649 697 | 336 992 | 2 083 936 |
| 北 京 | - | - | - | - | - | - | - | - |
| 天 津 | 179 | 3 638 989 | 5 083 | 732 535 | 1 | 63 523 | 4 800 | 41 040 |
| 河 北 | 131 | 1 488 211 | 1 385 | 335 258 | - | - | - | - |
| 山 西 | - | - | - | - | - | - | - | - |
| 内蒙古 | - | - | - | - | - | - | - | - |
| 辽 宁 | 316 | 1 309 216 | 15 200 | 439 065 | 10 | 215 778 | 14 265 | 100 971 |
| 吉 林 | - | - | - | - | - | - | - | - |
| 黑龙江 | 24 | 140 405 | - | 41 805 | - | - | - | - |
| 上 海 | 500 | 9 794 162 | 81 234 | 2 524 177 | 64 | 923 654 | 81 234 | 526 437 |
| 江 苏 | 1 321 | 8 728 679 | 45 528 | 1 996 381 | 61 | 384 474 | 25 781 | 114 658 |
| 浙 江 | 2 967 | 20 619 116 | 51 694 | 4 518 541 | 51 | 782 984 | 50 310 | 357 171 |
| 安 徽 | 523 | 2 830 510 | 35 547 | 722 428 | 32 | 261 275 | 20 115 | 95 766 |
| 福 建 | 827 | 7 548 210 | 209 477 | 2 048 175 | 97 | 1 533 254 | 107 434 | 638 267 |
| 江 西 | 36 | 171 943 | - | 53 356 | - | - | - | - |
| 山 东 | 333 | 2 333 594 | 6 159 | 607 932 | 3 | 53 165 | 3 364 | 20 564 |
| 河 南 | - | - | - | - | - | - | - | - |
| 湖 北 | 185 | 1 470 679 | 1 049 | 309 603 | 3 | 14 599 | 1 049 | 5 238 |
| 湖 南 | 23 | 33 341 | 490 | 8 249 | 2 | 6 703 | 490 | 1 427 |
| 广 东 | 625 | 7 273 162 | 24 990 | 1 622 258 | 42 | 285 519 | 20 169 | 140 535 |
| 广 西 | 411 | 1 619 670 | 20 901 | 477 545 | 10 | 94 911 | 5 663 | 26 644 |
| 海 南 | 133 | 755 966 | 2 318 | 186 744 | 7 | 29 858 | 2 318 | 15 218 |
| 重 庆 | 2 | 23 407 | - | 5 441 | - | - | - | - |
| 四 川 | - | - | - | - | - | - | - | - |
| 贵 州 | - | - | - | - | - | - | - | - |
| 云 南 | - | - | - | - | - | - | - | - |
| 西 藏 | - | - | - | - | - | - | - | - |
| 陕 西 | - | - | - | - | - | - | - | - |
| 甘 肃 | - | - | - | - | - | - | - | - |
| 青 海 | - | - | - | - | - | - | - | - |
| 宁 夏 | - | - | - | - | - | - | - | - |
| 新 疆 | - | - | - | - | - | - | - | - |

（续表一）

| 油船<br>艘数（艘） | 油船<br>净载重量（吨） | 油船<br>功率（千瓦） | 4. 拖船<br>艘数（艘） | 4. 拖船<br>功率（千瓦） | 二、驳船<br>艘数（艘） | 二、驳船<br>净载重量（吨） | 二、驳船<br>载客量（客位） | 二、驳船<br>集装箱位（TEU） |
|---|---|---|---|---|---|---|---|---|
| **1 429** | **5 563 953** | **1 689 098** | **286** | **959 001** | **64** | **413 619** | **–** | **678** |
| – | – | – | – | – | – | – | – | – |
| 46 | 88 079 | 55 521 | 40 | 183 685 | 10 | 34 569 | – | – |
| 5 | 4 159 | 1 392 | 7 | 21 530 | – | – | – | – |
| – | – | – | – | – | – | – | – | – |
| – | – | – | – | – | – | – | – | – |
| 72 | 323 330 | 107 190 | 11 | 23 588 | 10 | 34 197 | – | – |
| – | – | – | – | – | – | – | – | – |
| 6 | 6 579 | 2 506 | 1 | 3 000 | – | – | – | – |
| 100 | 817 978 | 201 116 | 24 | 77 746 | 9 | 78 301 | – | – |
| 91 | 745 610 | 204 370 | 49 | 146 410 | 12 | 93 230 | – | – |
| 615 | 2 171 371 | 625 596 | 43 | 144 852 | 2 | 2 872 | – | – |
| 16 | 61 801 | 16 656 | 1 | 735 | 3 | 2 600 | – | – |
| 133 | 292 770 | 101 469 | 2 | 8 204 | 1 | 1 128 | – | 150 |
| 17 | 115 744 | 35 303 | 1 | 5 960 | 2 | 1 730 | – | – |
| 67 | 232 664 | 78 381 | 69 | 231 116 | 5 | 63 100 | – | – |
| – | – | – | – | – | – | – | – | – |
| 42 | 54 468 | 13 857 | 2 | 15 296 | 2 | 87 742 | – | – |
| 1 | 6 064 | 2 060 | – | – | – | – | – | – |
| 162 | 574 328 | 206 913 | 36 | 96 879 | 6 | 12 900 | – | 528 |
| 42 | 39 125 | 14 494 | – | – | 2 | 1 250 | – | – |
| 14 | 29 883 | 22 274 | – | – | – | – | – | – |
| – | – | – | – | – | – | – | – | – |
| – | – | – | – | – | – | – | – | – |
| – | – | – | – | – | – | – | – | – |
| – | – | – | – | – | – | – | – | – |
| – | – | – | – | – | – | – | – | – |
| – | – | – | – | – | – | – | – | – |
| – | – | – | – | – | – | – | – | – |
| – | – | – | – | – | – | – | – | – |
| – | – | – | – | – | – | – | – | – |
| – | – | – | – | – | – | – | – | – |

## 3-10 内河运输

| 地区 | 轮驳船总计 | | | | | 一、机 | | |
|---|---|---|---|---|---|---|---|---|
| | 艘数（艘） | 净载重量（吨） | 载客量（客位） | 集装箱位（TEU） | 功率（千瓦） | 艘数（艘） | 净载重量（吨） | 载客量（客位） |
| 全国总计 | 132 300 | 131 497 275 | 723 011 | 324 757 | 32 155 710 | 119 193 | 122 155 377 | 719 889 |
| 北 京 | – | – | – | – | – | – | – | – |
| 天 津 | 19 | 285 | 1 761 | – | 4 944 | 19 | 285 | 1 761 |
| 河 北 | 1 444 | – | 17 377 | – | 44 136 | 1 444 | – | 17 377 |
| 山 西 | 258 | 6 900 | 4 071 | – | 16 617 | 258 | 6 900 | 4 071 |
| 内蒙古 | – | – | – | – | – | – | – | – |
| 辽 宁 | – | – | – | – | – | – | – | – |
| 吉 林 | 434 | 26 314 | 11 052 | – | 31 064 | 407 | 12 064 | 11 052 |
| 黑龙江 | 1 481 | 215 758 | 22 295 | – | 118 302 | 1 166 | 22 358 | 22 295 |
| 上 海 | 650 | 465 047 | 39 425 | 8 762 | 259 347 | 612 | 421 009 | 39 425 |
| 江 苏 | 34 376 | 29 473 051 | 42 901 | 32 431 | 6 824 214 | 29 253 | 25 823 280 | 42 901 |
| 浙 江 | 11 317 | 4 631 210 | 44 616 | 6 174 | 1 658 290 | 11 293 | 4 626 990 | 44 616 |
| 安 徽 | 24 982 | 43 433 180 | 15 151 | 65 671 | 9 814 143 | 23 964 | 42 932 572 | 15 151 |
| 福 建 | 611 | 246 792 | 7 850 | – | 199 222 | 611 | 246 792 | 7 850 |
| 江 西 | 3 023 | 2 199 325 | 11 982 | 3 033 | 689 686 | 3 023 | 2 199 325 | 11 982 |
| 山 东 | 10 482 | 9 196 523 | 17 252 | 80 | 1 482 030 | 5 785 | 4 841 171 | 17 252 |
| 河 南 | 5 605 | 10 133 455 | 15 067 | – | 2 157 626 | 5 302 | 9 859 565 | 15 067 |
| 湖 北 | 3 406 | 5 820 783 | 37 766 | 1 963 | 1 441 232 | 3 279 | 5 661 854 | 37 766 |
| 湖 南 | 5 469 | 3 974 875 | 69 832 | 5 842 | 1 395 924 | 5 209 | 3 934 824 | 67 794 |
| 广 东 | 5 976 | 6 349 855 | 35 766 | 32 950 | 1 870 622 | 5 973 | 6 346 649 | 35 766 |
| 广 西 | 7 364 | 6 894 108 | 94 349 | 70 105 | 1 462 022 | 7 364 | 6 894 108 | 94 349 |
| 海 南 | 58 | – | 1 985 | – | 4 913 | 58 | – | 1 985 |
| 重 庆 | 2 934 | 6 684 719 | 43 205 | 93 205 | 1 650 695 | 2 905 | 6 639 973 | 43 205 |
| 四 川 | 6 466 | 1 376 132 | 61 559 | 4 541 | 590 819 | 5 525 | 1 318 554 | 61 559 |
| 贵 州 | 2 108 | 176 575 | 54 349 | – | 160 840 | 2 106 | 176 267 | 54 349 |
| 云 南 | 1 240 | 156 576 | 28 778 | – | 125 038 | 1 236 | 156 276 | 28 778 |
| 西 藏 | – | – | – | – | – | – | – | – |
| 陕 西 | 1 355 | 32 810 | 21 289 | – | 49 254 | 1 159 | 31 559 | 20 205 |
| 甘 肃 | 414 | 1 254 | 7 020 | – | 46 279 | 414 | 1 254 | 7 020 |
| 青 海 | 105 | 1 748 | 2 794 | – | 19 034 | 105 | 1 748 | 2 794 |
| 宁 夏 | 723 | – | 13 519 | – | 39 417 | 723 | – | 13 519 |
| 新 疆 | – | – | – | – | – | – | – | – |

## 工具拥有量

| 动船 | | 1. 客船 | | | 2. 客货船 | | | | |
|---|---|---|---|---|---|---|---|---|---|
| 集装箱位（TEU） | 功率（千瓦） | 艘数（艘） | 载客量（客位） | 功率（千瓦） | 艘数（艘） | 净载重量（吨） | 载客量（客位） | 集装箱位（TEU） | 功率（千瓦） |
| 322 440 | 32 155 710 | 18 682 | 696 365 | 1 367 975 | 297 | 24 948 | 23 524 | – | 42 863 |
| – | – | – | – | – | – | – | – | – | – |
| – | 4 944 | 19 | 1 761 | 4 944 | – | – | – | – | – |
| – | 44 136 | 1 444 | 17 377 | 44 136 | – | – | – | – | – |
| – | 16 617 | 248 | 4 071 | 13 108 | – | – | – | – | – |
| – | – | – | – | – | – | – | – | – | – |
| – | – | – | – | – | – | – | – | – | – |
| – | 31 064 | 314 | 11 052 | 23 553 | – | – | – | – | – |
| – | 118 302 | 627 | 19 934 | 55 454 | 65 | 3 047 | 2 361 | – | 7 243 |
| 7 322 | 259 347 | 121 | 37 582 | 71 830 | 4 | 3 658 | 1 843 | – | 2 650 |
| 31 554 | 6 824 214 | 309 | 29 644 | 50 146 | 42 | 15 697 | 13 257 | – | 22 341 |
| 6 174 | 1 658 290 | 1 176 | 43 616 | 86 376 | 2 | – | 1 000 | – | 330 |
| 65 671 | 9 814 143 | 458 | 15 151 | 92 587 | – | – | – | – | – |
| – | 199 222 | 188 | 7 850 | 25 763 | – | – | – | – | – |
| 3 033 | 689 686 | 293 | 11 982 | 23 561 | – | – | – | – | – |
| 80 | 1 482 030 | 813 | 17 252 | 52 119 | – | – | – | – | – |
| – | 2 157 626 | 579 | 15 067 | 51 285 | – | – | – | – | – |
| 1 963 | 1 441 232 | 392 | 37 766 | 86 895 | – | – | – | – | – |
| 5 842 | 1 395 924 | 2 097 | 67 794 | 96 263 | – | – | – | – | – |
| 32 950 | 1 870 622 | 359 | 35 717 | 50 935 | 1 | – | 49 | – | 95 |
| 70 105 | 1 462 022 | 1 967 | 94 349 | 62 161 | – | – | – | – | – |
| – | 4 913 | 58 | 1 985 | 4 913 | – | – | – | – | – |
| 93 205 | 1 650 695 | 593 | 41 917 | 121 395 | 4 | 184 | 1 288 | – | 4 276 |
| 4 541 | 590 819 | 1 988 | 61 559 | 70 671 | – | – | – | – | – |
| – | 160 840 | 1 659 | 54 349 | 94 536 | – | – | – | – | – |
| – | 125 038 | 933 | 26 342 | 59 186 | 136 | 1 930 | 2 436 | – | 5 232 |
| – | – | – | – | – | – | – | – | – | – |
| – | 49 254 | 863 | 18 915 | 30 485 | 43 | 432 | 1 290 | – | 696 |
| – | 46 279 | 360 | 7 020 | 38 236 | – | – | – | – | – |
| – | 19 034 | 105 | 2 794 | 19 034 | – | – | – | – | – |
| – | 39 417 | 719 | 13 519 | 38 403 | – | – | – | – | – |

3-10

| 地区 | 3.货船 | | | | 集装箱船 | | | |
|---|---|---|---|---|---|---|---|---|
| | 艘数（艘） | 净载重量（吨） | 集装箱位（TEU） | 功率（千瓦） | 艘数（艘） | 净载重量（吨） | 集装箱位（TEU） | 功率（千瓦） |
| 全国总计 | 98 171 | 121 963 469 | 322 440 | 30 183 918 | 537 | 1 167 996 | 74 103 | 332 005 |
| 北　京 | - | - | - | - | - | - | - | - |
| 天　津 | - | - | - | - | - | - | - | - |
| 河　北 | - | - | - | - | - | - | - | - |
| 山　西 | 10 | 6 900 | - | 3 509 | - | - | - | - |
| 内蒙古 | - | - | - | - | - | - | - | - |
| 辽　宁 | - | - | - | - | - | - | - | - |
| 吉　林 | 83 | 12 064 | - | 4 717 | - | - | - | - |
| 黑龙江 | 320 | 15 390 | - | 19 091 | - | - | - | - |
| 上　海 | 465 | 356 853 | 7 322 | 162 901 | 72 | 93 676 | 6 262 | 39 974 |
| 江　苏 | 27 976 | 25 796 665 | 31 554 | 6 509 803 | 33 | 85 170 | 5 309 | 23 625 |
| 浙　江 | 10 099 | 4 626 920 | 6 174 | 1 569 574 | 99 | 115 535 | 4 547 | 30 356 |
| 安　徽 | 23 365 | 42 928 372 | 65 671 | 9 682 897 | 26 | 77 348 | 4 555 | 21 444 |
| 福　建 | 423 | 246 792 | - | 173 459 | - | - | - | - |
| 江　西 | 2 728 | 2 199 325 | 3 033 | 664 949 | - | - | - | - |
| 山　东 | 4 552 | 4 837 646 | 80 | 1 298 260 | 2 | 2 136 | 80 | 688 |
| 河　南 | 4 709 | 9 857 968 | - | 2 103 110 | - | - | - | - |
| 湖　北 | 2 809 | 5 661 853 | 1 963 | 1 318 470 | 10 | 36 082 | 1 957 | 7 639 |
| 湖　南 | 3 087 | 3 934 824 | 5 842 | 1 294 796 | 17 | 58 101 | 3 961 | 14 580 |
| 广　东 | 5 599 | 6 323 935 | 32 950 | 1 812 511 | 165 | 262 971 | 20 985 | 95 666 |
| 广　西 | 5 397 | 6 894 108 | 70 105 | 1 399 861 | 21 | 36 808 | 1 681 | 9 437 |
| 海　南 | - | - | - | - | - | - | - | - |
| 重　庆 | 2 287 | 6 639 789 | 93 205 | 1 509 798 | 73 | 344 407 | 22 146 | 75 708 |
| 四　川 | 3 349 | 1 318 554 | 4 541 | 504 323 | 19 | 55 762 | 2 620 | 12 888 |
| 贵　州 | 447 | 140 013 | - | 66 304 | - | - | - | - |
| 云　南 | 164 | 142 286 | - | 59 864 | - | - | - | - |
| 西　藏 | - | - | - | - | - | - | - | - |
| 陕　西 | 248 | 22 430 | - | 17 678 | - | - | - | - |
| 甘　肃 | 54 | 782 | - | 8 043 | - | - | - | - |
| 青　海 | - | - | - | - | - | - | - | - |
| 宁　夏 | - | - | - | - | - | - | - | - |
| 新　疆 | - | - | - | - | - | - | - | - |

(续表一)

| 油 船 | | | 4.拖 船 | | 二、驳 船 | | | |
|---|---|---|---|---|---|---|---|---|
| 艘 数（艘） | 净载重量（吨） | 功 率（千瓦） | 艘 数（艘） | 功 率（千瓦） | 艘 数（艘） | 净载重量（吨） | 载客量（客位） | 集装箱位（TEU） |
| 1 392 | 1 431 887 | 498 295 | 2 043 | 560 954 | 13 107 | 9 341 898 | 3 122 | 2 317 |
| – | – | – | – | – | – | – | – | – |
| – | – | – | – | – | – | – | – | – |
| – | – | – | – | – | – | – | – | – |
| – | – | – | – | – | – | – | – | – |
| – | – | – | – | – | – | – | – | – |
| – | – | – | 10 | 2 794 | 27 | 14 250 | – | – |
| – | – | – | 154 | 36 514 | 315 | 193 400 | – | – |
| 108 | 52 954 | 30 513 | 22 | 21 966 | 38 | 44 038 | – | 1 440 |
| 704 | 514 164 | 160 033 | 926 | 241 924 | 5 123 | 3 649 771 | – | 877 |
| 13 | 5 530 | 3 064 | 16 | 2 010 | 24 | 4 220 | – | – |
| 159 | 116 643 | 48 991 | 141 | 38 659 | 1 018 | 500 608 | – | – |
| 20 | 5 125 | 4 523 | – | – | – | – | – | – |
| 38 | 95 431 | 41 003 | 2 | 1 176 | – | – | – | – |
| – | – | – | 420 | 131 651 | 4 697 | 4 355 352 | – | – |
| – | – | – | 14 | 3 231 | 303 | 273 890 | – | – |
| 122 | 331 318 | 97 133 | 78 | 35 867 | 127 | 158 929 | – | – |
| 19 | 18 165 | 6 631 | 25 | 4 865 | 260 | 40 051 | 2 038 | – |
| 146 | 153 507 | 58 250 | 14 | 7 081 | 3 | 3 206 | – | – |
| 6 | 8 557 | 3 836 | – | – | – | – | – | – |
| – | – | – | – | – | – | – | – | – |
| 25 | 89 531 | 21 938 | 21 | 15 226 | 29 | 44 746 | – | – |
| 32 | 40 962 | 22 380 | 188 | 15 825 | 941 | 57 578 | – | – |
| – | – | – | – | – | 2 | 308 | – | – |
| – | – | – | 3 | 756 | 4 | 300 | – | – |
| – | – | – | – | – | – | – | – | – |
| – | – | – | 5 | 395 | 196 | 1 251 | 1 084 | – |
| – | – | – | – | – | – | – | – | – |
| – | – | – | 4 | 1 014 | – | – | – | – |
| – | – | – | – | – | – | – | – | – |

## 3-11 水路客、货运输量

| 地 区 | 客运量（万人） | 旅客周转量（万人公里） | 货运量（万吨） | 货物周转量（万吨公里） |
|---|---|---|---|---|
| 全国总计 | 28 300 | 776 641 | 667 846 | 986 112 459 |
| 北 京 | - | - | - | - |
| 天 津 | 110 | 1 829 | 8 345 | 12 910 726 |
| 河 北 | 2 | 1 246 | 4 413 | 12 039 134 |
| 山 西 | 158 | 1 135 | 20 | 1 047 |
| 内蒙古 | - | - | - | - |
| 辽 宁 | 552 | 60 609 | 14 122 | 86 089 164 |
| 吉 林 | 123 | 1 656 | 78 | 2 047 |
| 黑龙江 | 341 | 3 784 | 1 110 | 70 553 |
| 上 海 | 448 | 7 897 | 56 619 | 246 907 245 |
| 江 苏 | 2 431 | 32 189 | 85 668 | 63 822 134 |
| 浙 江 | 4 284 | 63 074 | 86 513 | 80 692 189 |
| 安 徽 | 253 | 4 062 | 114 015 | 55 031 194 |
| 福 建 | 1 925 | 27 843 | 33 453 | 54 298 194 |
| 江 西 | 268 | 3 398 | 11 492 | 2 518 713 |
| 山 东 | 2 037 | 120 743 | 16 659 | 17 583 965 |
| 河 南 | 345 | 6 343 | 12 961 | 9 204 568 |
| 湖 北 | 625 | 40 592 | 36 143 | 27 888 037 |
| 湖 南 | 1 674 | 34 694 | 22 560 | 4 970 683 |
| 广 东 | 2 733 | 108 542 | 94 871 | 240 119 191 |
| 广 西 | 657 | 33 217 | 28 405 | 14 469 529 |
| 海 南 | 1 879 | 38 432 | 9 165 | 7 705 734 |
| 重 庆 | 866 | 56 804 | 18 506 | 21 257 219 |
| 四 川 | 2 364 | 22 295 | 7 750 | 2 555 693 |
| 贵 州 | 2 198 | 67 240 | 1 665 | 450 665 |
| 云 南 | 1 299 | 28 753 | 667 | 162 118 |
| 西 藏 | - | - | - | - |
| 陕 西 | 393 | 6 801 | 196 | 6 617 |
| 甘 肃 | 90 | 1 701 | 35 | 581 |
| 青 海 | 70 | 862 | - | - |
| 宁 夏 | 177 | 903 | - | - |
| 新 疆 | - | - | - | - |
| 不分地区 | - | - | 2 414 | 25 355 520 |

## 3-12 水路旅客运输量（按航区分）

| 地区 | 客运量（万人） | | | 旅客周转量（万人公里） | | |
|---|---|---|---|---|---|---|
| | 内河 | 沿海 | 远洋 | 内河 | 沿海 | 远洋 |
| 全国总计 | 16 537 | 10 658 | 1 106 | 342 225 | 309 053 | 125 364 |
| 北　京 | - | - | - | - | - | - |
| 天　津 | 110 | - | - | 1 829 | - | - |
| 河　北 | - | - | 2 | - | - | 1 246 |
| 山　西 | 158 | - | - | 1 135 | - | - |
| 内蒙古 | - | - | - | - | - | - |
| 辽　宁 | - | 543 | 9 | - | 56 361 | 4 248 |
| 吉　林 | 123 | - | - | 1 656 | - | - |
| 黑龙江 | 341 | - | - | 3 784 | - | - |
| 上　海 | - | 448 | … | - | 7 334 | 563 |
| 江　苏 | 2 417 | - | 14 | 20 986 | - | 11 202 |
| 浙　江 | 1 115 | 3 169 | - | 10 381 | 52 692 | - |
| 安　徽 | 253 | - | - | 4 062 | - | - |
| 福　建 | 255 | 1 545 | 125 | 3 665 | 18 045 | 6 132 |
| 江　西 | 268 | - | - | 3 398 | - | - |
| 山　东 | 557 | 1 389 | 90 | 2 434 | 76 976 | 41 333 |
| 河　南 | 345 | - | - | 6 343 | - | - |
| 湖　北 | 625 | - | - | 40 592 | - | - |
| 湖　南 | 1 674 | - | - | 34 694 | - | - |
| 广　东 | 430 | 1 439 | 863 | 8 578 | 40 721 | 59 243 |
| 广　西 | 276 | 379 | 2 | 12 944 | 18 877 | 1 396 |
| 海　南 | 133 | 1 746 | - | 386 | 38 046 | - |
| 重　庆 | 866 | - | - | 56 804 | - | - |
| 四　川 | 2 364 | - | - | 22 295 | - | - |
| 贵　州 | 2 198 | - | - | 67 240 | - | - |
| 云　南 | 1 299 | - | - | 28 753 | - | - |
| 西　藏 | - | - | - | - | - | - |
| 陕　西 | 393 | - | - | 6 801 | - | - |
| 甘　肃 | 90 | - | - | 1 701 | - | - |
| 青　海 | 70 | - | - | 862 | - | - |
| 宁　夏 | 177 | - | - | 903 | - | - |
| 新　疆 | - | - | - | - | - | - |
| 不分地区 | - | - | - | - | - | - |

## 3-13 水路货物运输量（按航区分）

| 地区 | 货运量（万吨） | | | 货物周转量（万吨公里） | | |
|---|---|---|---|---|---|---|
| | 内河 | 沿海 | 远洋 | 内河 | 沿海 | 远洋 |
| 全国总计 | 370 528 | 221 288 | 76 030 | 149 486 787 | 285 787 098 | 550 838 575 |
| 北京 | - | - | - | - | - | - |
| 天津 | - | 8 338 | 6 | - | 12 904 552 | 6 173 |
| 河北 | - | 3 379 | 1 034 | - | 5 678 811 | 6 360 323 |
| 山西 | 20 | - | - | 1 047 | - | - |
| 内蒙古 | - | - | - | - | - | - |
| 辽宁 | - | 6 589 | 7 533 | - | 9 032 788 | 77 056 376 |
| 吉林 | 78 | - | - | 2 047 | - | - |
| 黑龙江 | 1 110 | - | - | 70 553 | - | - |
| 上海 | 1 911 | 30 837 | 23 871 | 342 111 | 43 801 460 | 202 763 674 |
| 江苏 | 61 514 | 19 038 | 5 116 | 20 264 334 | 20 711 728 | 22 846 072 |
| 浙江 | 21 650 | 63 352 | 1 511 | 3 336 864 | 72 031 222 | 5 324 103 |
| 安徽 | 109 327 | 4 688 | - | 49 884 296 | 5 146 898 | - |
| 福建 | 3 109 | 27 942 | 2 401 | 171 401 | 46 178 232 | 7 948 561 |
| 江西 | 11 132 | 360 | - | 1 950 843 | 567 870 | - |
| 山东 | 4 284 | 10 875 | 1 500 | 1 728 286 | 7 877 650 | 7 978 030 |
| 河南 | 12 961 | - | - | 9 204 568 | - | - |
| 湖北 | 30 481 | 5 537 | 126 | 21 436 388 | 5 851 213 | 600 436 |
| 湖南 | 22 405 | - | 155 | 3 826 873 | - | 1 143 810 |
| 广东 | 39 862 | 25 486 | 29 524 | 6 321 562 | 41 202 782 | 192 594 846 |
| 广西 | 21 955 | 5 835 | 616 | 6 553 838 | 7 660 303 | 255 388 |
| 海南 | - | 8 942 | 223 | - | 7 100 472 | 605 262 |
| 重庆 | 18 416 | 90 | - | 21 216 102 | 41 117 | - |
| 四川 | 7 750 | - | - | 2 555 693 | - | - |
| 贵州 | 1 665 | - | - | 450 665 | - | - |
| 云南 | 667 | - | - | 162 118 | - | - |
| 西藏 | - | - | - | - | - | - |
| 陕西 | 196 | - | - | 6 617 | - | - |
| 甘肃 | 35 | - | - | 581 | - | - |
| 青海 | - | - | - | - | - | - |
| 宁夏 | - | - | - | - | - | - |
| 新疆 | - | - | - | - | - | - |
| 不分地区 | - | - | 2 414 | - | - | 25 355 520 |

## 3-14　海上险情及搜救活动

| 指　标 | 计算单位 | 数　量 | 所占比例（％） |
|---|---|---|---|
| 一、海上搜救行动次数 | 次 | 2 063 | 100.00 |
| 1.按遇险性质分：碰撞 | 次 | 381 | 18.47 |
| 　　触礁 | 次 | 76 | 3.68 |
| 　　搁浅 | 次 | 276 | 13.38 |
| 　　触损 | 次 | 46 | 2.23 |
| 　　浪损 | 次 | 15 | 0.73 |
| 　　火灾/爆炸 | 次 | 104 | 5.04 |
| 　　风灾 | 次 | 39 | 1.89 |
| 　　自沉 | 次 | 169 | 8.19 |
| 　　机损 | 次 | 243 | 11.78 |
| 　　伤病 | 次 | 339 | 16.43 |
| 　　其他 | 次 | 375 | 18.18 |
| 2.按区域分：东海海区 | 次 | 677 | 32.82 |
| 　　南海海区 | 次 | 510 | 24.72 |
| 　　黄海海区 | 次 | 221 | 10.71 |
| 　　渤海海区 | 次 | 162 | 7.85 |
| 　　长江下游 | 次 | 151 | 7.32 |
| 　　长江中游 | 次 | 56 | 2.71 |
| 　　长江上游 | 次 | 32 | 1.55 |
| 　　珠江 | 次 | 113 | 5.48 |
| 　　内河支流 | 次 | 104 | 5.04 |
| 　　水库湖泊 | 次 | 5 | 0.24 |
| 　　黑龙江 | 次 | 11 | 0.53 |
| 　　其他 | 次 | 21 | 1.02 |
| 3.按等级分：一般 | 次 | 1 645 | 79.74 |
| 　　较大 | 次 | 378 | 18.32 |
| 　　重大 | 次 | 40 | 1.94 |
| 　　特大 | 次 | － | － |
| 二、遇险人员救助情况 | 人次 | 15 046 | 100.00 |
| 　　获救人员 | 人次 | 14 493 | 96.32 |
| 三、各部门派出搜救船艇 | 艘次 | 9 390 | 100.00 |
| 　　海事 | 艘次 | 2 037 | 21.69 |
| 　　救捞 | 艘次 | 524 | 5.58 |
| 　　军队 | 艘次 | 207 | 2.20 |
| 　　社会 | 艘次 | 3 330 | 35.46 |
| 　　渔船 | 艘次 | 1 971 | 20.99 |
| 　　过往船舶 | 艘次 | 1 321 | 14.07 |
| 四、各部门派出搜救飞机 | 架次 | 360 | 100.00 |
| 　　海事 | 架次 | 10 | 2.78 |
| 　　救助 | 架次 | 271 | 75.28 |
| 　　军队 | 架次 | 63 | 17.50 |
| 　　社会 | 架次 | 16 | 4.44 |

资料来源：中国海上搜救中心。

# 主要统计指标解释

**内河航道通航长度** 指报告期末在江河、湖泊、水库、渠道和运河水域内,船舶、排筏在不同水位期可以通航的实际航道里程数。计算单位:公里。内河航道通航里程,按主航道中心线实际长度计算。

内河航道通航里程分为等级航道和等外航道里程,等级航道里程又分为一级航道、二级航道、三级航道、四级航道、五级航道、六级航道和七级航道里程。

**船舶数量** 指报告期末在交通运输主管部门注册登记的船舶实际数量。计算单位:艘。统计的船舶包括运输船舶、工程船舶和辅助船舶,不包括渔船和军用船舶。

船舶一般分为机动船和驳船,机动船又可分为客船、客货船、货船(包括集装箱船)和拖船。

**净载重量** 指报告期末所拥有船舶的总载重量减去燃(物)料、淡水、粮食及供应品、人员及其行李等重量及船舶常数后,能够装载货物的实际重量。计算单位:吨。船舶常数指船舶经过一段时间运营后的空船重量与船舶建造出厂时空船重量的差值。

**载客量** 指报告期末所拥有船舶可用于载运旅客的额定数量。计算单位:客位。载客量包括船员临时占用的旅客铺位,但不包括船员自用铺位。客货船临时将货舱改作载客用途,该船的客位数不作变更。

**箱位量** 指报告期末所拥有集装箱船舶可装载折合为20英尺集装箱的额定数量。计算单位:TEU。各种外部尺寸的集装箱箱位,均按折算系数折算成20英尺集装箱进行计算。

**船舶功率** 指报告期末所拥有船舶主机的额定功率数。计算单位:千瓦。

**客运量** 指报告期内船舶实际运送的旅客人数。计算单位:人。

**旅客周转量** 指报告期内船舶实际运送的每位旅客与该旅客运送距离的乘积之和。计算单位:人公里。

**货运量** 指报告期内船舶实际运送的货物重量。计算单位:吨。

**货物周转量** 指报告期内船舶实际运送的每批货物重量与该批货物运送距离的乘积之和。计算单位:吨公里。

# 四、城市客运

# 简 要 说 明

一、本篇资料反映我国全国、中心城市公共交通运输发展的基本情况。主要包括：全国、中心城市公共交通的运输工具、运营线路、客运量等内容。

二、本资料分全国、中心城市公共汽电车、出租汽车、轨道交通和客运轮渡。

## 4-1　全国城市客运经营业户

单位：户

| 地区 | 公共汽电车经营业户数 | | | | | 轨道交通经营业户数 | 城市客运轮渡经营业户数 |
|---|---|---|---|---|---|---|---|
| | | 国有企业 | 国有控股企业 | 私营企业 | 个体经营业户数 | | |
| 全国总计 | 3 965 | 1 091 | 400 | 1 953 | 235 | 50 | 29 |
| 北　京 | 2 | 2 | - | - | - | 4 | - |
| 天　津 | 12 | 11 | - | 1 | - | 2 | - |
| 河　北 | 198 | 49 | 10 | 128 | - | 1 | - |
| 山　西 | 140 | 32 | 13 | 71 | - | - | - |
| 内蒙古 | 209 | 15 | 6 | 91 | 94 | - | - |
| 辽　宁 | 123 | 39 | 23 | 56 | 4 | 3 | - |
| 吉　林 | 124 | 19 | 4 | 86 | 11 | 1 | - |
| 黑龙江 | 257 | 23 | 2 | 166 | 60 | 1 | 5 |
| 上　海 | 29 | - | 20 | - | - | 6 | 1 |
| 江　苏 | 96 | 52 | 25 | 16 | 1 | 7 | 1 |
| 浙　江 | 155 | 73 | 19 | 48 | 2 | 3 | 2 |
| 安　徽 | 121 | 42 | 25 | 48 | - | 1 | - |
| 福　建 | 102 | 50 | 27 | 25 | - | 2 | 2 |
| 江　西 | 126 | 26 | 25 | 67 | 4 | 1 | 1 |
| 山　东 | 294 | 115 | 32 | 136 | - | 2 | 1 |
| 河　南 | 133 | 67 | 9 | 47 | 1 | 1 | - |
| 湖　北 | 115 | 50 | 12 | 52 | - | 1 | 6 |
| 湖　南 | 187 | 26 | - | 64 | - | 2 | 2 |
| 广　东 | 273 | 62 | 46 | 159 | - | 6 | 4 |
| 广　西 | 159 | 20 | 8 | 116 | 3 | 1 | - |
| 海　南 | 44 | 12 | 6 | 25 | - | - | - |
| 重　庆 | 66 | 35 | 9 | 21 | - | 1 | 4 |
| 四　川 | 250 | 49 | 32 | 121 | 12 | 1 | - |
| 贵　州 | 162 | 57 | 5 | 76 | 20 | 1 | - |
| 云　南 | 163 | 42 | 15 | 101 | - | 1 | - |
| 西　藏 | 9 | 8 | - | - | 1 | - | - |
| 陕　西 | 138 | 33 | 17 | 78 | 5 | 1 | - |
| 甘　肃 | 87 | 13 | 5 | 60 | 3 | - | - |
| 青　海 | 36 | 12 | - | 21 | - | - | - |
| 宁　夏 | 43 | 9 | - | 31 | - | - | - |
| 新　疆 | 112 | 48 | 5 | 42 | 14 | - | - |

4-1 （续表一）

单位：户

| 地区 | 出租汽车经营业户数 | | | | | 个体经营业户数 |
|---|---|---|---|---|---|---|
| | 合计 | 车辆301辆以上的企业数 | 车辆101~300辆（含）的企业数 | 车辆51~100辆（含）的企业数 | 车辆50辆（含）以下的企业数 | |
| 全国总计 | 133 764 | 873 | 2 722 | 2 282 | 2 680 | 125 207 |
| 北　京 | 1 384 | 29 | 61 | 52 | 85 | 1 157 |
| 天　津 | 6 074 | 23 | 25 | 10 | 2 | 6 014 |
| 河　北 | 398 | 68 | 136 | 108 | 86 | - |
| 山　西 | 269 | 27 | 110 | 81 | 51 | - |
| 内蒙古 | 22 349 | 51 | 86 | 57 | 48 | 22 107 |
| 辽　宁 | 15 993 | 60 | 157 | 108 | 287 | 15 381 |
| 吉　林 | 34 802 | 36 | 51 | 64 | 104 | 34 547 |
| 黑龙江 | 18 713 | 90 | 155 | 70 | 103 | 18 295 |
| 上　海 | 3 068 | 27 | 16 | 29 | 53 | 2 943 |
| 江　苏 | 6 161 | 34 | 167 | 95 | 68 | 5 797 |
| 浙　江 | 1 872 | 22 | 124 | 96 | 154 | 1 476 |
| 安　徽 | 695 | 40 | 134 | 55 | 39 | 427 |
| 福　建 | 193 | 15 | 38 | 60 | 80 | - |
| 江　西 | 692 | 8 | 44 | 57 | 72 | 511 |
| 山　东 | 2 178 | 41 | 207 | 141 | 115 | 1 674 |
| 河　南 | 2 838 | 42 | 168 | 149 | 102 | 2 377 |
| 湖　北 | 1 678 | 21 | 103 | 111 | 70 | 1 373 |
| 湖　南 | 284 | 18 | 98 | 109 | 59 | - |
| 广　东 | 405 | 48 | 131 | 97 | 120 | 9 |
| 广　西 | 212 | 19 | 31 | 49 | 90 | 23 |
| 海　南 | 73 | 5 | 14 | 12 | 42 | - |
| 重　庆 | 1 107 | 12 | 52 | 41 | 58 | 944 |
| 四　川 | 1 386 | 19 | 97 | 135 | 269 | 866 |
| 贵　州 | 2 295 | 15 | 60 | 101 | 156 | 1 963 |
| 云　南 | 2 540 | 9 | 73 | 99 | 97 | 2 262 |
| 西　藏 | 23 | 2 | 2 | 7 | 12 | - |
| 陕　西 | 342 | 12 | 86 | 127 | 117 | - |
| 甘　肃 | 248 | 18 | 114 | 70 | 46 | - |
| 青　海 | 131 | 9 | 24 | 13 | 13 | 72 |
| 宁　夏 | 86 | 17 | 45 | 10 | 14 | - |
| 新　疆 | 5 275 | 36 | 113 | 69 | 68 | 4 989 |

## 4-2 全国城市客运设施

| 地 区 | 公交专用车道长度（公里） | 轨道交通车站数（个） | 换乘站数 | 城市客运轮渡在用码头数（个） | 公交IC卡累计售卡量（万张） |
|---|---|---|---|---|---|
| 全国总计 | 10 914.5 | 3 050 | 272 | 173 | 69 983.7 |
| 北　京 | 907.0 | 370 | 56 | - | 13 366.3 |
| 天　津 | 65.0 | 119 | 7 | - | 1 200.0 |
| 河　北 | 159.6 | 25 | 1 | - | 662.7 |
| 山　西 | 329.4 | - | - | - | 634.2 |
| 内蒙古 | 294.8 | - | - | - | 411.3 |
| 辽　宁 | 988.0 | 145 | 4 | - | 1 619.6 |
| 吉　林 | 193.8 | 119 | 1 | - | 521.5 |
| 黑龙江 | 117.0 | 22 | 1 | 23 | 810.4 |
| 上　海 | 350.0 | 389 | 55 | 35 | 7 088.0 |
| 江　苏 | 1 146.8 | 368 | 18 | 12 | 7 362.5 |
| 浙　江 | 777.1 | 123 | 16 | 6 | 3 588.0 |
| 安　徽 | 249.0 | 47 | 1 | - | 1 201.0 |
| 福　建 | 212.8 | 45 | - | 8 | 1 480.3 |
| 江　西 | 61.3 | 41 | - | 2 | 407.0 |
| 山　东 | 1 117.3 | 52 | 2 | 2 | 2 868.5 |
| 河　南 | 348.6 | 59 | 1 | - | 1 194.2 |
| 湖　北 | 367.8 | 167 | 17 | 29 | 3 324.5 |
| 湖　南 | 387.2 | 46 | 2 | 4 | 1 229.1 |
| 广　东 | 1 238.8 | 464 | 57 | 38 | 12 283.1 |
| 广　西 | 237.3 | 25 | - | - | 410.6 |
| 海　南 | 25.0 | - | - | - | 161.3 |
| 重　庆 | - | 153 | 13 | 14 | 1 986.8 |
| 四　川 | 577.4 | 138 | 14 | - | 2 803.6 |
| 贵　州 | 121.7 | 10 | - | - | 199.1 |
| 云　南 | 93.4 | 57 | 3 | - | 830.4 |
| 西　藏 | - | - | - | - | 14.9 |
| 陕　西 | 256.5 | 66 | 3 | - | 562.2 |
| 甘　肃 | 13.4 | - | - | - | 649.1 |
| 青　海 | 13.7 | - | - | - | 190.0 |
| 宁　夏 | 74.8 | - | - | - | 130.5 |
| 新　疆 | 190.0 | - | - | - | 793.0 |

注：上海轨道交通车站数含江苏（昆山）境内3个，换乘站数0个。

## 4-3　全国公共汽电车数量

| 地　区 | 公共汽电车数（辆） | 空调车 | 安装卫星定位车载终端的车辆 | BRT运营车辆 | 标准运营车数（标台） | 本年新增运营车数（辆） | 本年报废更新运营车数（辆） |
|---|---|---|---|---|---|---|---|
| 全国总计 | 651 208 | 465 512 | 568 631 | 8 802 | 739 319 | 59 603 | 53 242 |
| 北　京 | 25 624 | 22 941 | 25 624 | 416 | 36 572 | 50 | 2 700 |
| 天　津 | 12 686 | 11 154 | 11 510 | – | 14 567 | 353 | 105 |
| 河　北 | 32 268 | 20 225 | 27 369 | – | 34 355 | 2 489 | 1 167 |
| 山　西 | 14 313 | 5 700 | 10 428 | – | 16 072 | 1 144 | 523 |
| 内蒙古 | 11 644 | 2 479 | 8 450 | 26 | 12 354 | 694 | 870 |
| 辽　宁 | 24 323 | 6 874 | 16 395 | 62 | 29 087 | 1 539 | 2 469 |
| 吉　林 | 12 418 | 1 513 | 7 128 | – | 12 521 | 1 115 | 1 386 |
| 黑龙江 | 20 201 | 2 086 | 10 222 | – | 22 161 | 1 410 | 2 022 |
| 上　海 | 17 461 | 17 445 | 17 461 | – | 21 835 | 440 | 2 006 |
| 江　苏 | 44 909 | 43 986 | 42 123 | 963 | 53 179 | 5 588 | 4 607 |
| 浙　江 | 39 021 | 38 876 | 35 316 | 779 | 42 819 | 3 592 | 2 242 |
| 安　徽 | 22 413 | 18 514 | 19 669 | 1 158 | 26 323 | 3 017 | 1 484 |
| 福　建 | 19 794 | 19 307 | 19 672 | 318 | 21 761 | 2 212 | 1 874 |
| 江　西 | 12 718 | 11 018 | 11 715 | – | 14 083 | 1 882 | 1 288 |
| 山　东 | 62 351 | 33 245 | 57 766 | 444 | 68 243 | 4 624 | 1 958 |
| 河　南 | 30 859 | 22 977 | 25 402 | 1 822 | 34 037 | 4 563 | 2 692 |
| 湖　北 | 22 886 | 19 404 | 19 388 | 260 | 26 423 | 2 286 | 1 923 |
| 湖　南 | 27 072 | 24 068 | 26 803 | 172 | 31 409 | 4 903 | 2 181 |
| 广　东 | 65 772 | 64 092 | 60 865 | 1 147 | 73 888 | 6 282 | 11 942 |
| 广　西 | 14 599 | 10 338 | 12 722 | 187 | 15 627 | 1 559 | 782 |
| 海　南 | 4 166 | 4 014 | 4 008 | – | 4 454 | 1 233 | 388 |
| 重　庆 | 13 734 | 13 016 | 13 614 | – | 15 704 | 638 | 820 |
| 四　川 | 31 617 | 24 603 | 28 583 | 295 | 36 644 | 2 644 | 882 |
| 贵　州 | 9 575 | 5 242 | 8 219 | 44 | 10 655 | 932 | 174 |
| 云　南 | 15 744 | 5 364 | 12 124 | – | 15 791 | 894 | 915 |
| 西　藏 | 658 | 323 | 652 | – | 791 | 32 | 28 |
| 陕　西 | 14 711 | 8 351 | 12 270 | – | 16 907 | 1 119 | 1 719 |
| 甘　肃 | 8 271 | 3 060 | 6 480 | 70 | 8 714 | 874 | 1 087 |
| 青　海 | 4 006 | 101 | 3 000 | – | 4 202 | 193 | 111 |
| 宁　夏 | 4 486 | 1 974 | 3 989 | 81 | 5 222 | 738 | 271 |
| 新　疆 | 10 908 | 3 222 | 9 664 | 558 | 12 923 | 564 | 626 |

## 4-4 全国公共汽电车数量（按长度分）

| 地区 | 公共汽电车数（辆） | | | | | | | | |
|---|---|---|---|---|---|---|---|---|---|
| | 合计 | ≤5米 | >5米且≤7米 | >7米且≤10米 | >10米且≤13米 | >13米且≤16米 | >16米且≤18米 | >18米 | 双层车 |
| 全国总计 | 651 208 | 6 627 | 72 249 | 222 854 | 334 660 | 5 608 | 4 664 | 34 | 4 512 |
| 北京 | 25 624 | – | 202 | 150 | 18 514 | 3 785 | 1 290 | – | 1 683 |
| 天津 | 12 686 | – | 603 | 5 515 | 6 406 | 30 | – | – | 132 |
| 河北 | 32 268 | 1 324 | 5 175 | 12 252 | 12 921 | 554 | – | – | 42 |
| 山西 | 14 313 | 120 | 1 806 | 4 701 | 7 588 | 45 | 53 | – | – |
| 内蒙古 | 11 644 | 924 | 1 798 | 3 360 | 5 496 | – | 30 | – | 36 |
| 辽宁 | 24 323 | 5 | 1 427 | 5 872 | 16 876 | 20 | 70 | – | 53 |
| 吉林 | 12 418 | 390 | 2 078 | 7 029 | 2 827 | 57 | – | – | 37 |
| 黑龙江 | 20 201 | 617 | 1 843 | 8 387 | 9 327 | 7 | – | – | 20 |
| 上海 | 17 461 | – | 187 | 2 732 | 14 440 | – | 59 | – | 43 |
| 江苏 | 44 909 | 1 | 2 085 | 14 053 | 28 331 | 110 | 236 | – | 93 |
| 浙江 | 39 021 | 379 | 5 732 | 14 513 | 18 101 | 39 | 178 | – | 79 |
| 安徽 | 22 413 | 278 | 1 404 | 6 796 | 13 477 | 62 | 269 | – | 127 |
| 福建 | 19 794 | 155 | 3 000 | 7 328 | 9 070 | 22 | 107 | – | 112 |
| 江西 | 12 718 | 33 | 1 264 | 5 833 | 5 419 | 104 | 40 | – | 25 |
| 山东 | 62 351 | 149 | 9 830 | 24 300 | 27 183 | 363 | 326 | – | 200 |
| 河南 | 30 859 | 98 | 4 927 | 11 454 | 13 742 | 120 | 323 | – | 195 |
| 湖北 | 22 886 | 36 | 1 551 | 8 849 | 12 020 | – | 72 | 34 | 324 |
| 湖南 | 27 072 | 18 | 1 885 | 8 844 | 16 296 | 21 | 3 | – | 5 |
| 广东 | 65 772 | 167 | 6 198 | 26 631 | 32 384 | 69 | 42 | – | 281 |
| 广西 | 14 599 | 301 | 2 466 | 6 139 | 5 345 | – | 15 | – | 333 |
| 海南 | 4 166 | 64 | 963 | 1 108 | 2 031 | – | – | – | – |
| 重庆 | 13 734 | 23 | 1 165 | 4 781 | 7 763 | – | – | – | 2 |
| 四川 | 31 617 | 145 | 3 572 | 9 538 | 17 401 | 28 | 911 | – | 22 |
| 贵州 | 9 575 | 74 | 882 | 4 207 | 4 314 | 8 | 12 | – | 78 |
| 云南 | 15 744 | 442 | 4 931 | 5 497 | 4 406 | – | 46 | – | 422 |
| 西藏 | 658 | 8 | 80 | 34 | 536 | – | – | – | – |
| 陕西 | 14 711 | – | 2 005 | 3 620 | 8 966 | – | – | – | 120 |
| 甘肃 | 8 271 | 652 | 1 210 | 2 795 | 3 542 | 8 | 60 | – | 4 |
| 青海 | 4 006 | 87 | 900 | 1 342 | 1 667 | – | – | – | 10 |
| 宁夏 | 4 486 | 10 | 315 | 1 802 | 2 115 | 144 | 100 | – | – |
| 新疆 | 10 908 | 127 | 765 | 3 392 | 6 156 | 12 | 422 | – | 34 |

## 4-5 全国公共汽电车数量（按燃料类型分）

| 地区 | 公共汽电车数（辆） | | | | | | | | | | |
|---|---|---|---|---|---|---|---|---|---|---|---|
| | 合计 | 汽油车 | 乙醇汽油车 | 柴油车 | 液化石油气车 | 天然气车 | 双燃料车 | 无轨电车 | 纯电动车 | 混合动力车 | 其他 |
| 全国总计 | 651 208 | 6 661 | 2 048 | 186 866 | 4 928 | 181 942 | 8 819 | 2 505 | 171 191 | 85 994 | 254 |
| 北 京 | 25 624 | – | – | 11 818 | – | 8 076 | – | 1 171 | 3 697 | 862 | – |
| 天 津 | 12 686 | 17 | – | 7 921 | – | 709 | – | – | 1 512 | 2 527 | – |
| 河 北 | 32 268 | 982 | 320 | 3 882 | – | 10 155 | 1 092 | – | 14 280 | 1 557 | – |
| 山 西 | 14 313 | 242 | – | 1 856 | 103 | 3 326 | 1 263 | 106 | 6 679 | 738 | – |
| 内蒙古 | 11 644 | 1 220 | 153 | 3 529 | 21 | 3 834 | 463 | – | 1 292 | 1 132 | – |
| 辽 宁 | 24 323 | 110 | 3 | 8 712 | 193 | 6 773 | 34 | 66 | 2 579 | 5 853 | – |
| 吉 林 | 12 418 | – | 287 | 4 034 | – | 5 460 | 76 | – | 1 806 | 708 | 47 |
| 黑龙江 | 20 201 | – | 745 | 9 032 | 455 | 4 668 | 28 | – | 3 405 | 1 868 | – |
| 上 海 | 17 461 | – | – | 9 944 | – | 111 | – | 354 | 4 306 | 2 737 | 9 |
| 江 苏 | 44 909 | 74 | 14 | 13 729 | 40 | 11 608 | 12 | – | 11 554 | 7 874 | 4 |
| 浙 江 | 39 021 | 271 | 117 | 17 644 | 399 | 7 985 | 214 | 150 | 6 323 | 5 738 | 180 |
| 安 徽 | 22 413 | 65 | 278 | 6 755 | 108 | 5 782 | 306 | – | 5 947 | 3 172 | – |
| 福 建 | 19 794 | 43 | – | 7 406 | – | 3 075 | 152 | – | 6 087 | 3 031 | – |
| 江 西 | 12 718 | 49 | – | 6 044 | 2 | 1 496 | 40 | – | 3 463 | 1 624 | – |
| 山 东 | 62 351 | 237 | 20 | 11 268 | 56 | 15 558 | 70 | 216 | 26 782 | 8 144 | – |
| 河 南 | 30 859 | 19 | – | 5 777 | 20 | 4 648 | 62 | 124 | 13 435 | 6 774 | – |
| 湖 北 | 22 886 | 59 | – | 8 118 | – | 8 201 | 570 | 40 | 4 856 | 1 042 | – |
| 湖 南 | 27 072 | 68 | – | 6 425 | – | 3 185 | – | – | 9 009 | 8 385 | – |
| 广 东 | 65 772 | 124 | – | 11 645 | 3 350 | 15 378 | 52 | 278 | 28 291 | 6 643 | 11 |
| 广 西 | 14 599 | 290 | 105 | 7 463 | 47 | 1 830 | – | – | 2 817 | 2 045 | 2 |
| 海 南 | 4 166 | – | – | 1 540 | – | 617 | – | – | 973 | 1 036 | – |
| 重 庆 | 13 734 | 97 | – | 1 077 | – | 8 999 | 131 | – | 612 | 2 818 | – |
| 四 川 | 31 617 | 377 | – | 4 146 | 82 | 20 841 | 1 738 | – | 2 279 | 2 154 | – |
| 贵 州 | 9 575 | 331 | – | 2 390 | – | 4 438 | 202 | – | 1 223 | 991 | – |
| 云 南 | 15 744 | 834 | – | 9 099 | – | 1 420 | 31 | – | 2 300 | 2 060 | – |
| 西 藏 | 658 | 12 | – | 437 | – | – | – | – | 52 | 156 | 1 |
| 陕 西 | 14 711 | 35 | 6 | 1 216 | 50 | 7 609 | 1 157 | – | 2 633 | 2 005 | – |
| 甘 肃 | 8 271 | 556 | – | 2 519 | – | 2 867 | 276 | – | 1 119 | 934 | – |
| 青 海 | 4 006 | 257 | – | 173 | – | 2 461 | 51 | – | 751 | 313 | – |
| 宁 夏 | 4 486 | 81 | – | 456 | – | 2 814 | 205 | – | 780 | 150 | – |
| 新 疆 | 10 908 | 211 | – | 811 | 2 | 8 018 | 594 | – | 349 | 923 | – |

## 4-6 全国公共汽电车数量（按排放标准分）

| 地区 | 公共汽电车数（辆） | | | | | |
|---|---|---|---|---|---|---|
| | 合计 | 国Ⅱ及以下 | 国Ⅲ | 国Ⅳ | 国Ⅴ及以上 | 零排放 |
| 全国总计 | 651 208 | 14 803 | 161 757 | 154 656 | 149 513 | 170 479 |
| 北 京 | 25 624 | - | 1 424 | 7 498 | 11 834 | 4 868 |
| 天 津 | 12 686 | - | 4 230 | 4 518 | 2 426 | 1 512 |
| 河 北 | 32 268 | 819 | 6 439 | 5 465 | 5 437 | 14 108 |
| 山 西 | 14 313 | 43 | 2 472 | 3 520 | 1 494 | 6 784 |
| 内蒙古 | 11 644 | 1 433 | 5 310 | 2 415 | 1 616 | 870 |
| 辽 宁 | 24 323 | 526 | 7 934 | 4 329 | 8 797 | 2 737 |
| 吉 林 | 12 418 | 734 | 4 464 | 3 795 | 1 745 | 1 680 |
| 黑龙江 | 20 201 | 1 201 | 7 571 | 5 096 | 2 969 | 3 364 |
| 上 海 | 17 461 | - | 4 732 | 2 844 | 5 215 | 4 670 |
| 江 苏 | 44 909 | 934 | 10 520 | 11 737 | 10 164 | 11 554 |
| 浙 江 | 39 021 | 140 | 9 854 | 11 637 | 10 616 | 6 774 |
| 安 徽 | 22 413 | 883 | 6 311 | 4 105 | 5 155 | 5 959 |
| 福 建 | 19 794 | 109 | 6 420 | 3 612 | 4 175 | 5 478 |
| 江 西 | 12 718 | 29 | 5 117 | 2 573 | 1 773 | 3 226 |
| 山 东 | 62 351 | 104 | 13 063 | 9 025 | 13 186 | 26 973 |
| 河 南 | 30 859 | 358 | 4 990 | 5 921 | 5 972 | 13 618 |
| 湖 北 | 22 886 | 723 | 7 211 | 6 067 | 3 950 | 4 935 |
| 湖 南 | 27 072 | 348 | 6 510 | 8 244 | 2 961 | 9 009 |
| 广 东 | 65 772 | 310 | 7 885 | 9 001 | 21 772 | 26 804 |
| 广 西 | 14 599 | 276 | 4 865 | 3 231 | 3 621 | 2 606 |
| 海 南 | 4 166 | 53 | 826 | 1 419 | 1 023 | 845 |
| 重 庆 | 13 734 | 913 | 4 991 | 5 585 | 1 698 | 547 |
| 四 川 | 31 617 | 1 563 | 8 045 | 13 252 | 6 500 | 2 257 |
| 贵 州 | 9 575 | 70 | 3 012 | 2 577 | 2 429 | 1 487 |
| 云 南 | 15 744 | 1 186 | 5 177 | 4 940 | 2 223 | 2 218 |
| 西 藏 | 658 | 15 | 39 | 395 | 184 | 25 |
| 陕 西 | 14 711 | 213 | 4 714 | 3 306 | 3 845 | 2 633 |
| 甘 肃 | 8 271 | 776 | 2 451 | 2 039 | 1 946 | 1 059 |
| 青 海 | 4 006 | 67 | 1 204 | 1 441 | 543 | 751 |
| 宁 夏 | 4 486 | 452 | 1 245 | 1 101 | 909 | 779 |
| 新 疆 | 10 908 | 525 | 2 731 | 3 968 | 3 335 | 349 |

## 4-7 全国公共汽电车场站及线路

| 地区 | 停保场面积（万平方米） | 运营线路条数（条） | 运营线路总长度（公里） | BRT 线路长度 | 无轨电车线路长度 |
|---|---|---|---|---|---|
| 全国总计 | 8 577.2 | 56 786 | 1 069 377 | 3 425 | 1 015 |
| 北京 | 542.7 | 886 | 19 290 | 102 | 371 |
| 天津 | 106.2 | 791 | 18 883 | — | — |
| 河北 | 618.3 | 2 672 | 58 526 | — | — |
| 山西 | 189.6 | 1 558 | 29 671 | — | 50 |
| 内蒙古 | 154.2 | 1 251 | 30 715 | 130 | — |
| 辽宁 | 320.9 | 2 008 | 34 685 | 14 | 8 |
| 吉林 | 69.3 | 1 126 | 17 434 | — | — |
| 黑龙江 | 217.5 | 1 594 | 29 070 | — | — |
| 上海 | 204.3 | 1 496 | 24 161 | — | 145 |
| 江苏 | 731.7 | 4 048 | 74 722 | 651 | — |
| 浙江 | 558.9 | 5 268 | 91 990 | 353 | 53 |
| 安徽 | 416.6 | 1 753 | 31 481 | 102 | — |
| 福建 | 254.1 | 1 781 | 31 181 | 60 | — |
| 江西 | 174.5 | 1 454 | 29 865 | — | — |
| 山东 | 844.1 | 5 181 | 130 942 | 475 | 76 |
| 河南 | 425.7 | 1 769 | 28 568 | 121 | 34 |
| 湖北 | 313.9 | 1 650 | 26 874 | 38 | 98 |
| 湖南 | 300.1 | 1 860 | 29 239 | 55 | — |
| 广东 | 764.9 | 5 467 | 105 909 | 789 | 180 |
| 广西 | 234.6 | 1 732 | 30 271 | 192 | — |
| 海南 | 29.1 | 391 | 7 543 | — | — |
| 重庆 | 41.6 | 1 254 | 18 336 | — | — |
| 四川 | 313.6 | 2 996 | 44 670 | 60 | — |
| 贵州 | 120.6 | 1 055 | 16 284 | 77 | — |
| 云南 | 123.6 | 2 175 | 46 225 | — | — |
| 西藏 | 5.8 | 90 | 1 580 | — | — |
| 陕西 | 141.0 | 1 039 | 18 389 | — | — |
| 甘肃 | 68.9 | 717 | 11 404 | 9 | — |
| 青海 | 32.5 | 459 | 9 702 | — | — |
| 宁夏 | 79.8 | 436 | 8 495 | 21 | — |
| 新疆 | 178.7 | 829 | 13 274 | 176 | — |

## 4-8 全国公共汽电车客运量

| 地 区 | 运营里程（万公里） | 客运量（万人次） | BRT | 使用IC卡 |
|---|---|---|---|---|
| 全国总计 | 3 552 049 | 7 228 664 | 219 573 | 3 493 245 |
| 北 京 | 132 357 | 335 595 | 4 656 | 226 162 |
| 天 津 | 46 462 | 138 124 | – | 75 209 |
| 河 北 | 131 575 | 201 589 | – | 65 543 |
| 山 西 | 64 067 | 157 950 | – | 51 591 |
| 内蒙古 | 66 889 | 127 866 | 42 | 57 942 |
| 辽 宁 | 134 810 | 397 720 | 1 765 | 172 842 |
| 吉 林 | 76 045 | 177 086 | – | 57 931 |
| 黑龙江 | 130 183 | 266 527 | – | 92 771 |
| 上 海 | 105 237 | 220 072 | – | 171 709 |
| 江 苏 | 257 252 | 467 839 | 16 804 | 259 493 |
| 浙 江 | 230 518 | 383 846 | 11 489 | 222 542 |
| 安 徽 | 108 616 | 207 278 | 11 862 | 96 207 |
| 福 建 | 109 256 | 227 450 | 10 930 | 98 578 |
| 江 西 | 81 518 | 130 281 | – | 54 571 |
| 山 东 | 280 985 | 419 313 | 6 816 | 231 451 |
| 河 南 | 136 861 | 257 219 | 27 209 | 98 547 |
| 湖 北 | 153 448 | 343 691 | 3 946 | 202 646 |
| 湖 南 | 139 358 | 295 202 | 1 180 | 111 789 |
| 广 东 | 452 955 | 656 993 | 22 773 | 426 233 |
| 广 西 | 61 563 | 131 837 | 43 541 | 19 237 |
| 海 南 | 27 151 | 34 242 | – | 4 383 |
| 重 庆 | 89 328 | 265 332 | – | 215 985 |
| 四 川 | 157 495 | 404 243 | 9 898 | 187 793 |
| 贵 州 | 56 353 | 176 354 | 973 | 29 216 |
| 云 南 | 84 756 | 167 353 | – | 71 728 |
| 西 藏 | 3 528 | 9 169 | – | 1 626 |
| 陕 西 | 89 883 | 240 427 | – | 46 262 |
| 甘 肃 | 40 524 | 143 869 | 4 315 | 61 943 |
| 青 海 | 21 662 | 45 170 | – | 27 512 |
| 宁 夏 | 19 662 | 43 656 | 27 940 | 5 225 |
| 新 疆 | 61 750 | 155 372 | 13 434 | 48 580 |

## 4-9　全国出租汽车车辆数

单位：辆

| 地区 | 运营车数 | | | | | | | | | 本年新增运营车数 | 本年报废更新运营车数 |
|---|---|---|---|---|---|---|---|---|---|---|---|
| | 合计 | 汽油车 | 乙醇汽油车 | 柴油车 | 液化石油气车 | 天然气车 | 双燃料车 | 纯电动车 | 其他 | | |
| 全国总计 | 1 395 789 | 414 514 | 176 218 | 12 592 | 10 221 | 66 457 | 683 234 | 26 470 | 6 083 | 22 814 | 153 965 |
| 北　京 | 68 484 | 64 196 | - | - | - | - | 1 145 | 1 000 | 2 143 | - | 6 249 |
| 天　津 | 31 940 | 31 837 | - | - | - | - | - | 1 | 102 | - | 3 011 |
| 河　北 | 72 872 | 21 245 | 2 859 | 47 | - | 3 351 | 44 986 | 234 | 150 | 624 | 8 466 |
| 山　西 | 42 926 | 5 400 | - | - | 500 | 410 | 27 200 | 9 266 | 150 | 130 | 2 945 |
| 内蒙古 | 67 825 | 34 264 | - | 12 | - | 606 | 32 943 | - | - | 386 | 5 873 |
| 辽　宁 | 93 260 | 5 966 | 3 465 | 2 096 | 4 536 | 4 172 | 70 753 | 51 | 2 221 | 218 | 11 905 |
| 吉　林 | 71 138 | 555 | 62 874 | 1 007 | - | - | 6 702 | - | - | 345 | 5 766 |
| 黑龙江 | 104 350 | - | 93 933 | 2 114 | - | 15 | 8 288 | - | - | 3 176 | 8 715 |
| 上　海 | 46 397 | 44 932 | - | 643 | - | - | 815 | 7 | - | 1 | 7 015 |
| 江　苏 | 59 994 | 21 040 | 739 | - | 846 | 1 452 | 35 175 | 738 | 4 | 540 | 6 299 |
| 浙　江 | 44 361 | 20 832 | - | 2 681 | 867 | 132 | 19 000 | 828 | 21 | 1 320 | 5 688 |
| 安　徽 | 55 810 | 4 014 | 7 865 | 19 | 87 | 3 443 | 39 881 | 501 | - | 228 | 10 227 |
| 福　建 | 24 208 | 4 116 | - | 518 | - | - | 18 724 | 850 | - | 476 | 2 700 |
| 江　西 | 18 363 | 13 457 | - | 1 199 | - | 45 | 3 660 | 2 | - | 187 | 1 754 |
| 山　东 | 72 120 | 10 424 | - | 2 | 187 | 9 659 | 51 794 | 28 | 26 | 311 | 6 056 |
| 河　南 | 62 212 | 14 776 | 2 952 | 345 | - | 5 415 | 38 593 | 131 | - | 373 | 4 523 |
| 湖　北 | 42 631 | 8 365 | 212 | - | - | 1 349 | 31 705 | 1 000 | - | 474 | 3 751 |
| 湖　南 | 35 424 | 9 297 | - | 957 | - | 1 | 24 969 | 200 | - | 353 | 4 044 |
| 广　东 | 68 477 | 17 898 | 284 | 382 | 1 377 | - | 39 070 | 9 032 | 434 | 1 539 | 12 130 |
| 广　西 | 21 678 | 8 481 | 727 | 253 | 67 | 628 | 11 096 | 240 | 186 | 491 | 2 667 |
| 海　南 | 7 619 | 340 | - | 53 | - | - | 6 855 | 371 | - | 615 | 534 |
| 重　庆 | 23 940 | 613 | - | - | - | 1 191 | 22 136 | - | - | 203 | 4 020 |
| 四　川 | 41 669 | 5 470 | - | - | - | - | 35 949 | 250 | - | 2 729 | 8 118 |
| 贵　州 | 31 336 | 16 870 | 308 | 227 | 18 | 4 009 | 9 540 | 60 | 304 | 2 638 | 3 422 |
| 云　南 | 29 493 | 25 355 | - | 37 | - | 430 | 3 551 | 51 | 69 | 445 | 1 960 |
| 西　藏 | 2 637 | 497 | - | - | 1 492 | - | 455 | - | 193 | 21 | 247 |
| 陕　西 | 35 960 | 1 436 | - | - | - | - | 34 012 | 482 | 30 | 435 | 3 349 |
| 甘　肃 | 37 146 | 10 126 | - | - | - | 14 303 | 11 630 | 1 037 | 50 | 3 402 | 4 292 |
| 青　海 | 13 183 | 2 804 | - | - | - | 420 | 9 959 | - | - | 40 | 503 |
| 宁　夏 | 16 122 | 4 341 | - | - | - | 976 | 10 755 | 50 | - | 25 | 2 462 |
| 新　疆 | 52 214 | 5 567 | - | - | 244 | 14 450 | 31 893 | 60 | - | 1 089 | 5 274 |

## 4-10　全国出租汽车运量

| 地区 | 载客车次总数（万车次） | 运营里程（万公里） | 载客里程 | 客运量（万人次） |
|---|---|---|---|---|
| 全国总计 | 1 938 236 | 15 908 620 | 10 503 876 | 3 654 029 |
| 北　京 | 28 127 | 457 050 | 290 382 | 39 378 |
| 天　津 | 20 416 | 327 863 | 195 760 | 36 547 |
| 河　北 | 116 181 | 1 332 988 | 791 595 | 173 696 |
| 山　西 | 53 176 | 386 512 | 247 101 | 100 297 |
| 内蒙古 | 89 279 | 650 920 | 430 792 | 161 116 |
| 辽　宁 | 139 076 | 1 174 788 | 780 637 | 268 457 |
| 吉　林 | 98 615 | 759 636 | 605 271 | 189 347 |
| 黑龙江 | 157 547 | 935 212 | 648 870 | 321 754 |
| 上　海 | 42 173 | 565 808 | 361 305 | 75 911 |
| 江　苏 | 68 564 | 663 081 | 384 719 | 135 112 |
| 浙　江 | 58 078 | 543 258 | 341 773 | 108 050 |
| 安　徽 | 87 321 | 648 769 | 438 185 | 174 252 |
| 福　建 | 33 253 | 288 932 | 186 943 | 69 777 |
| 江　西 | 30 756 | 205 440 | 124 817 | 61 217 |
| 山　东 | 74 410 | 773 712 | 495 008 | 129 604 |
| 河　南 | 80 347 | 757 998 | 530 923 | 147 290 |
| 湖　北 | 75 059 | 609 960 | 384 192 | 143 683 |
| 湖　南 | 78 895 | 463 886 | 312 983 | 159 459 |
| 广　东 | 80 582 | 823 173 | 517 004 | 152 964 |
| 广　西 | 18 255 | 184 661 | 122 176 | 36 209 |
| 海　南 | 8 504 | 102 053 | 72 648 | 18 942 |
| 重　庆 | 52 510 | 382 613 | 248 111 | 109 169 |
| 四　川 | 90 946 | 592 474 | 380 089 | 172 972 |
| 贵　州 | 63 689 | 313 751 | 238 099 | 140 126 |
| 云　南 | 40 632 | 217 391 | 145 924 | 81 008 |
| 西　藏 | 8 124 | 51 350 | 40 605 | 14 908 |
| 陕　西 | 65 181 | 464 036 | 314 021 | 122 891 |
| 甘　肃 | 48 572 | 352 652 | 254 300 | 87 966 |
| 青　海 | 17 697 | 127 028 | 102 013 | 30 328 |
| 宁　夏 | 23 097 | 157 784 | 106 224 | 40 711 |
| 新　疆 | 89 173 | 593 842 | 411 406 | 150 891 |

## 4-11 全国轨道交通运营车辆数

| 地区 | 运营车数（辆） | | | | | | 标准运营车数（标台） | 编组列数（列） |
|---|---|---|---|---|---|---|---|---|
| | 合计 | 地铁 | 轻轨 | 单轨 | 有轨电车 | 磁悬浮 | | |
| 全国总计 | 28 707 | 26 710 | 789 | 576 | 546 | 86 | 73 104 | 5 033 |
| 北京 | 5 342 | 5 274 | – | – | 14 | 54 | 13 259 | 866 |
| 天津 | 842 | 666 | 152 | – | 24 | – | 2 069 | 157 |
| 河北 | 198 | 198 | – | – | – | – | 495 | 33 |
| 山西 | – | – | – | – | – | – | – | – |
| 内蒙古 | – | – | – | – | – | – | – | – |
| 辽宁 | 952 | 672 | 208 | – | 72 | – | 2 360 | 240 |
| 吉林 | 608 | 132 | 429 | – | 47 | – | 1 463 | 146 |
| 黑龙江 | 108 | 108 | – | – | – | – | 270 | 18 |
| 上海 | 4 753 | 4 736 | – | – | – | 17 | 11 883 | 799 |
| 江苏 | 2 579 | 2 310 | – | – | 269 | – | 6 151 | 475 |
| 浙江 | 1092 | 1092 | – | – | – | – | 2 730 | 182 |
| 安徽 | 306 | 306 | – | – | – | – | 765 | 51 |
| 福建 | 348 | 348 | – | – | – | – | 870 | 58 |
| 江西 | 294 | 294 | – | – | – | – | 3307 | 49 |
| 山东 | 265 | 258 | – | – | 7 | – | 652 | 50 |
| 河南 | 438 | 438 | – | – | – | – | 1095 | 73 |
| 湖北 | 1 356 | 1356 | – | – | – | – | 3 390 | 250 |
| 湖南 | 345 | 330 | – | – | 15 | – | 851 | 60 |
| 广东 | 4 837 | 4 724 | – | – | 113 | – | 11 845 | 851 |
| 广西 | 120 | 120 | – | – | – | – | 300 | 20 |
| 海南 | – | – | – | – | – | – | – | – |
| 重庆 | 1 176 | 600 | – | 576 | – | – | 2 479 | 197 |
| 四川 | 1 416 | 1 416 | – | – | – | – | 3 540 | 236 |
| 贵州 | 90 | 90 | – | – | – | – | 225 | 15 |
| 云南 | 492 | 492 | – | – | – | – | 1230 | 82 |
| 西藏 | – | – | – | – | – | – | – | – |
| 陕西 | 750 | 750 | – | – | – | – | 1 875 | 125 |
| 甘肃 | – | – | – | – | – | – | – | – |
| 青海 | – | – | – | – | – | – | – | – |
| 宁夏 | – | – | – | – | – | – | – | – |
| 新疆 | – | – | – | – | – | – | – | – |

## 4-12 全国轨道交通运营线路条数

单位：条

| 地 区 | 运 营 线 路 条 数 | | | | | |
|---|---|---|---|---|---|---|
| | 合计 | 地铁 | 轻轨 | 单轨 | 有轨电车 | 磁悬浮 |
| **全国总计** | **153** | **128** | **6** | **2** | **14** | **3** |
| 北 京 | 22 | 20 | - | - | 1 | 1 |
| 天 津 | 6 | 4 | 1 | - | 1 | - |
| 河 北 | 2 | 2 | - | - | - | - |
| 山 西 | - | - | - | - | - | - |
| 内蒙古 | - | - | - | - | - | - |
| 辽 宁 | 9 | 4 | 3 | - | 2 | - |
| 吉 林 | 5 | 1 | 2 | - | 2 | - |
| 黑龙江 | 2 | 2 | - | - | - | - |
| 上 海 | 16 | 15 | - | - | - | 1 |
| 江 苏 | 18 | 14 | - | - | 4 | - |
| 浙 江 | 5 | 5 | - | - | - | - |
| 安 徽 | 2 | 2 | - | - | - | - |
| 福 建 | 2 | 2 | - | - | - | - |
| 江 西 | 2 | 2 | - | - | - | - |
| 山 东 | 3 | 2 | - | - | 1 | - |
| 河 南 | 3 | 3 | - | - | - | - |
| 湖 北 | 7 | 7 | - | - | - | - |
| 湖 南 | 3 | 2 | - | - | - | 1 |
| 广 东 | 25 | 22 | - | - | 3 | - |
| 广 西 | 1 | 1 | - | - | - | - |
| 海 南 | - | - | - | - | - | - |
| 重 庆 | 7 | 5 | - | 2 | - | - |
| 四 川 | 6 | 6 | - | - | - | - |
| 贵 州 | 1 | 1 | - | - | - | - |
| 云 南 | 3 | 3 | - | - | - | - |
| 西 藏 | - | - | - | - | - | - |
| 陕 西 | 3 | 3 | - | - | - | - |
| 甘 肃 | - | - | - | - | - | - |
| 青 海 | - | - | - | - | - | - |
| 宁 夏 | - | - | - | - | - | - |
| 新 疆 | - | - | - | - | - | - |

## 4-13 全国轨道交通运营线路总长度

单位：公里

| 地区 | 运营线路总长度 | | | | | |
|---|---|---|---|---|---|---|
| | 合计 | 地铁 | 轻轨 | 单轨 | 有轨电车 | 磁悬浮 |
| 全国总计 | 4 583.3 | 4 076.0 | 203.0 | 98.5 | 149.1 | 56.7 |
| 北 京 | 608.0 | 590.0 | – | – | 9.0 | 9.0 |
| 天 津 | 175.4 | 115.2 | 52.3 | – | 7.9 | – |
| 河 北 | 28.4 | 28.4 | – | – | – | – |
| 山 西 | – | – | – | – | – | – |
| 内蒙古 | – | – | – | – | – | – |
| 辽 宁 | 235.4 | 108.1 | 103.8 | – | 23.5 | – |
| 吉 林 | 82.5 | 18.1 | 46.9 | – | 17.5 | – |
| 黑龙江 | 21.8 | 21.8 | – | – | – | – |
| 上 海 | 666.4 | 637.3 | – | – | – | 29.1 |
| 江 苏 | 577.9 | 523.3 | – | – | 54.6 | – |
| 浙 江 | 179.7 | 179.7 | – | – | – | – |
| 安 徽 | 52.3 | 52.3 | – | – | – | – |
| 福 建 | 55.2 | 55.2 | – | – | – | – |
| 江 西 | 48.5 | 48.5 | – | – | – | – |
| 山 东 | 53.6 | 44.8 | – | – | 8.8 | – |
| 河 南 | 93.6 | 93.6 | – | – | – | – |
| 湖 北 | 234.3 | 234.3 | – | – | – | – |
| 湖 南 | 68.8 | 50.2 | – | – | – | 18.6 |
| 广 东 | 742.1 | 714.3 | – | – | 27.8 | – |
| 广 西 | 32.1 | 32.1 | – | – | – | – |
| 海 南 | – | – | – | – | – | – |
| 重 庆 | 264.1 | 165.6 | – | 98.5 | – | – |
| 四 川 | 175.1 | 175.1 | – | – | – | – |
| 贵 州 | 12.9 | 12.9 | – | – | – | – |
| 云 南 | 86.2 | 86.2 | – | – | – | – |
| 西 藏 | – | – | – | – | – | – |
| 陕 西 | 89.0 | 89.0 | – | – | – | – |
| 甘 肃 | – | – | – | – | – | – |
| 青 海 | – | – | – | – | – | – |
| 宁 夏 | – | – | – | – | – | – |
| 新 疆 | – | – | – | – | – | – |

注：上海轨道交通运营线路总长度含江苏（昆山）境内约6公里。

# 4-14 全国轨道交通运量

| 地 区 | 运营里程（万列公里） | 客 运 量（万人次） |
|---|---|---|
| **全国总计** | **51 281** | **1 843 005** |
| 北 京 | 9 108 | 377 801 |
| 天 津 | 1 591 | 35 155 |
| 河 北 | 120 | 4037 |
| 山 西 | – | – |
| 内蒙古 | – | – |
| 辽 宁 | 1 881 | 48 831 |
| 吉 林 | 801 | 9 586 |
| 黑龙江 | 201 | 7 679 |
| 上 海 | 8 648 | 353 769 |
| 江 苏 | 5 129 | 132 782 |
| 浙 江 | 1 988 | 45 219 |
| 安 徽 | 234 | 4 272 |
| 福 建 | 218 | 4 874 |
| 江 西 | 384 | 10 971 |
| 山 东 | 296 | 6 649 |
| 河 南 | 855 | 25 230 |
| 湖 北 | 2 512 | 92 683 |
| 湖 南 | 710 | 23 347 |
| 广 东 | 9 806 | 450 141 |
| 广 西 | 320 | 9 644 |
| 海 南 | – | – |
| 重 庆 | 2 452 | 74 310 |
| 四 川 | 1 940 | 53 004 |
| 贵 州 | 1 | 5 |
| 云 南 | 569 | 12 483 |
| 西 藏 | – | – |
| 陕 西 | 1 518 | 60 534 |
| 甘 肃 | – | – |
| 青 海 | – | – |
| 宁 夏 | – | – |
| 新 疆 | – | – |

注：上海轨道交通客运量含江苏（昆山）境内约 2011 万人次。

## 4-15 全国城市客运轮渡船舶及航线数

| 地区 | 运营船数（艘） | 运营航线条数（条） | 运营航线总长度（公里） |
|---|---|---|---|
| 全国总计 | 264 | 92 | 434.9 |
| 北　京 | - | - | - |
| 天　津 | - | - | - |
| 河　北 | - | - | - |
| 山　西 | - | - | - |
| 内蒙古 | | | |
| 辽　宁 | - | - | - |
| 吉　林 | - | - | - |
| 黑龙江 | 36 | 11 | 40.6 |
| 上　海 | 44 | 15 | 10.5 |
| 江　苏 | 15 | 6 | 33.4 |
| 浙　江 | 5 | 2 | 3.6 |
| 安　徽 | - | - | - |
| 福　建 | 32 | 10 | 69.5 |
| 江　西 | 4 | 1 | 1.3 |
| 山　东 | 4 | 1 | 7.0 |
| 河　南 | - | - | - |
| 湖　北 | 47 | 16 | 138.5 |
| 湖　南 | 3 | 2 | 2.0 |
| 广　东 | 66 | 21 | 108.0 |
| 广　西 | - | - | - |
| 海　南 | - | - | - |
| 重　庆 | 8 | 7 | 20.5 |
| 四　川 | - | - | - |
| 贵　州 | - | - | - |
| 云　南 | - | - | - |
| 西　藏 | | | |
| 陕　西 | - | - | - |
| 甘　肃 | - | - | - |
| 青　海 | | | |
| 宁　夏 | - | - | - |
| 新　疆 | - | - | - |

## 4-16　全国城市客运轮渡运量

| 地　区 | 运　量 | | |
|---|---|---|---|
| | 客运量（万人次） | 机动车运量（辆） | 非机动车运量（辆） |
| 全国总计 | 8 298 | 1 093 762 | 25 360 984 |
| 北　京 | - | - | - |
| 天　津 | - | - | - |
| 河　北 | - | - | - |
| 山　西 | - | - | - |
| 内蒙古 | - | - | - |
| 辽　宁 | - | - | - |
| 吉　林 | - | - | - |
| 黑龙江 | 254 | - | - |
| 上　海 | 1 006 | 487 244 | 19 828 625 |
| 江　苏 | 611 | - | 4 148 921 |
| 浙　江 | 222 | - | - |
| 安　徽 | - | - | - |
| 福　建 | 2 977 | - | - |
| 江　西 | 40 | 1 700 | 61 000 |
| 山　东 | 50 | 51 744 | - |
| 河　南 | - | - | - |
| 湖　北 | 972 | 20 000 | 1 154 600 |
| 湖　南 | 29 | - | - |
| 广　东 | 2 004 | 533 074 | 167 838 |
| 广　西 | - | - | - |
| 海　南 | - | - | - |
| 重　庆 | 132 | - | - |
| 四　川 | - | - | - |
| 贵　州 | - | - | - |
| 云　南 | - | - | - |
| 西　藏 | - | - | - |
| 陕　西 | - | - | - |
| 甘　肃 | - | - | - |
| 青　海 | - | - | - |
| 宁　夏 | - | - | - |
| 新　疆 | - | - | - |

## 4-17 中心城市城市客运经营业户

单位：户

| 地 区 | 公共汽电车经营业户数 | 国有企业 | 国有控股企业 | 私营企业 | 轨道交通经营业户数 | 城市客运轮渡经营业户数 |
|---|---|---|---|---|---|---|
| 中心城市总计 | 417 | 134 | 83 | 162 | 43 | 15 |
| 北　京 | 2 | 2 | - | - | 4 | - |
| 天　津 | 12 | 11 | - | 1 | 2 | - |
| 石家庄 | 1 | 1 | - | - | 1 | - |
| 太　原 | 1 | - | 1 | - | - | - |
| 呼和浩特 | 1 | 1 | - | - | - | - |
| 沈　阳 | 17 | 4 | 7 | 6 | 1 | - |
| 长　春 | 26 | 2 | - | 24 | 1 | - |
| 哈尔滨 | 42 | 2 | - | 40 | 1 | 5 |
| 上　海 | 29 | - | 20 | - | 6 | 1 |
| 南　京 | 6 | 4 | 2 | - | 2 | 1 |
| 杭　州 | 8 | 8 | - | - | 2 | - |
| 合　肥 | 4 | - | 4 | - | 1 | - |
| 福　州 | 5 | 3 | 1 | 1 | 1 | 1 |
| 南　昌 | 2 | 1 | 1 | - | 1 | - |
| 济　南 | 6 | 3 | 1 | 2 | - | - |
| 郑　州 | 1 | 1 | - | - | 1 | - |
| 武　汉 | 8 | 4 | 1 | 3 | 1 | 1 |
| 长　沙 | 7 | - | - | 1 | 2 | - |
| 广　州 | 40 | 16 | 14 | 8 | 1 | 1 |
| 南　宁 | 10 | 2 | 1 | 7 | 1 | - |
| 海　口 | 3 | 1 | - | 2 | - | - |
| 重　庆 | 49 | 27 | 5 | 16 | 1 | 2 |
| 成　都 | 13 | 3 | 10 | - | 1 | - |
| 贵　阳 | 28 | 6 | - | 2 | 1 | - |
| 昆　明 | 10 | 4 | 3 | 3 | 1 | - |
| 拉　萨 | 2 | 2 | - | - | - | - |
| 西　安 | 16 | 1 | 5 | 10 | 1 | - |
| 兰　州 | 5 | 1 | 1 | 3 | - | - |
| 西　宁 | 3 | 2 | - | 1 | - | - |
| 银　川 | 1 | 1 | - | - | - | - |
| 乌鲁木齐 | 7 | 4 | - | 3 | - | - |
| 大　连 | 17 | 5 | 2 | 10 | 2 | - |
| 青　岛 | 8 | 7 | - | 1 | 2 | 1 |
| 宁　波 | 8 | 4 | 1 | 3 | 1 | 1 |
| 深　圳 | 17 | - | 3 | 14 | 3 | - |
| 厦　门 | 2 | 1 | - | 1 | 1 | 1 |

# 4-17 （续表一）

单位：户

| 地 区 | 出租汽车经营业户数 | | | | | |
|---|---|---|---|---|---|---|
| | 合计 | 车辆301辆以上的企业数 | 车辆101~300辆（含）的企业数 | 车辆51~100辆（含）的企业数 | 车辆50辆（含）以下的企业数 | 个体经营业户数 |
| **中心城市总计** | **29 081** | **368** | **648** | **412** | **586** | **27 067** |
| 北 京 | 1 384 | 29 | 61 | 52 | 85 | 1 157 |
| 天 津 | 6 074 | 23 | 25 | 10 | 2 | 6 014 |
| 石家庄 | 36 | 10 | 14 | 9 | 3 | – |
| 太 原 | 19 | 7 | 8 | 1 | 3 | – |
| 呼和浩特 | 25 | 4 | 12 | 6 | 3 | – |
| 沈 阳 | 1 379 | 13 | 34 | 25 | 85 | 1 222 |
| 长 春 | 5 561 | 11 | 13 | 20 | 12 | 5 505 |
| 哈尔滨 | 112 | 16 | 30 | 23 | 20 | 23 |
| 上 海 | 3 068 | 27 | 16 | 29 | 53 | 2 943 |
| 南 京 | 1 459 | 6 | 29 | 21 | 10 | 1 393 |
| 杭 州 | 1 099 | 9 | 23 | 17 | 44 | 1 006 |
| 合 肥 | 90 | 6 | – | – | 1 | 83 |
| 福 州 | 19 | 7 | 8 | 2 | 2 | – |
| 南 昌 | 31 | 5 | 7 | 10 | 9 | – |
| 济 南 | 200 | 8 | 22 | 14 | 1 | 155 |
| 郑 州 | 2 423 | 11 | 20 | 15 | 1 | 2376 |
| 武 汉 | 492 | 13 | 36 | 13 | 13 | 417 |
| 长 沙 | 20 | 12 | 6 | 2 | – | – |
| 广 州 | 68 | 15 | 28 | 20 | 5 | – |
| 南 宁 | 12 | 11 | – | 1 | – | – |
| 海 口 | 14 | 2 | 7 | 2 | 3 | – |
| 重 庆 | 1 062 | 12 | 46 | 30 | 46 | 928 |
| 成 都 | 38 | 17 | 10 | 7 | 4 | – |
| 贵 阳 | 227 | 9 | 7 | 9 | 5 | 197 |
| 昆 明 | 34 | 8 | 17 | 6 | 3 | – |
| 拉 萨 | 2 | 2 | – | – | – | – |
| 西 安 | 62 | 7 | 34 | 11 | 10 | – |
| 兰 州 | 31 | 8 | 19 | 2 | 2 | – |
| 西 宁 | 7 | 6 | 1 | – | – | – |
| 银 川 | 17 | 8 | 7 | – | 2 | – |
| 乌鲁木齐 | 26 | 12 | 10 | 3 | 1 | – |
| 大 连 | 3 826 | 3 | 11 | 29 | 135 | 3 648 |
| 青 岛 | 31 | 9 | 17 | 2 | 3 | – |
| 宁 波 | 35 | 1 | 27 | 2 | 5 | – |
| 深 圳 | 85 | 16 | 40 | 15 | 14 | – |
| 厦 门 | 13 | 5 | 3 | 4 | 1 | – |

## 4-18 中心城市城市客运设施

| 地　区 | 公交专用车道长度（公里） | 轨道交通车站数（个） | 换乘站数 | 城市客运轮渡在用码头数（个） | 公交IC卡累计售卡量（万张） |
|---|---|---|---|---|---|
| 中心城市总计 | 6 680.4 | 2 838 | 266 | 146 | 52 156.8 |
| 北　京 | 907.0 | 370 | 56 | - | 13 366.3 |
| 天　津 | 65.0 | 119 | 7 | - | 1 200.0 |
| 石家庄 | 107.0 | 25 | 1 | - | 113.5 |
| 太　原 | 154.2 | - | - | - | 427.2 |
| 呼和浩特 | 214.4 | - | - | - | 141.8 |
| 沈　阳 | 417.3 | 43 | 1 | - | 646.2 |
| 长　春 | 161.4 | 119 | 1 | - | 262.3 |
| 哈尔滨 | 117.0 | 22 | 1 | 23 | 600.4 |
| 上　海 | 350.0 | 389 | 55 | 35 | 7 088.0 |
| 南　京 | 197.5 | 190 | 12 | 12 | 2 625.9 |
| 杭　州 | 164.2 | 72 | 5 | - | 1 229.1 |
| 合　肥 | 146.6 | 47 | 1 | - | 544.9 |
| 福　州 | 123.9 | 21 | - | 1 | 336.4 |
| 南　昌 | 27.8 | 41 | - | - | 108.0 |
| 济　南 | 190.4 | - | - | - | 869.5 |
| 郑　州 | 121.0 | 59 | 1 | - | 498.3 |
| 武　汉 | 215.5 | 167 | 17 | 24 | 2 438.7 |
| 长　沙 | 226.0 | 46 | 2 | - | 745.7 |
| 广　州 | 420.0 | 243 | 28 | 29 | 6 112.7 |
| 南　宁 | 47.0 | 25 | - | - | 299.0 |
| 海　口 | 25.0 | - | - | - | 120.0 |
| 重　庆 | - | 153 | 13 | 9 | 1 956.4 |
| 成　都 | 399.5 | 138 | 14 | - | 1 600.0 |
| 贵　阳 | 90.0 | 10 | - | - | 53.6 |
| 昆　明 | 92.5 | 57 | 3 | - | 587.7 |
| 拉　萨 | - | - | - | - | 14.5 |
| 西　安 | 238.8 | 66 | 3 | - | 165.0 |
| 兰　州 | 13.4 | - | - | - | 485.0 |
| 西　宁 | 13.7 | - | - | - | 171.9 |
| 银　川 | 74.8 | - | - | - | 118.0 |
| 乌鲁木齐 | 185.0 | - | - | - | 594.6 |
| 大　连 | 260.7 | 102 | 3 | - | 418.6 |
| 青　岛 | 230.0 | 52 | 2 | 2 | 689.5 |
| 宁　波 | 132.2 | 51 | 11 | 4 | 668.5 |
| 深　圳 | 491.2 | 187 | 29 | - | 3 993.2 |
| 厦　门 | 60.4 | 24 | - | 7 | 866.4 |

注：广州轨道交通车站数含佛山境内15个，换乘站0个。

## 4-19 中心城市公共汽电车数量

| 地区 | 公共汽电车数（辆） | 空调车 | 安装卫星定位车载终端 | BRT 运营车辆 | 标准运营车数（标台） |
|---|---|---|---|---|---|
| 中心城市总计 | 265 682 | 214 233 | 247 615 | 6 305 | 332 199 |
| 北京 | 25 624 | 22 941 | 25 624 | 416 | 36 572 |
| 天津 | 12 686 | 11 154 | 11 510 | – | 14 567 |
| 石家庄 | 5 730 | 3 409 | 5 730 | – | 7 328 |
| 太原 | 2 252 | 1 128 | – | – | 2 944 |
| 呼和浩特 | 2 228 | – | 2 228 | 26 | 2 885 |
| 沈阳 | 6 496 | 2 411 | 5 555 | – | 8 404 |
| 长春 | 4 387 | – | 3 579 | – | 4 697 |
| 哈尔滨 | 7 519 | 715 | 4 108 | – | 9 577 |
| 上海 | 17 461 | 17 445 | 17 461 | – | 21 835 |
| 南京 | 8 765 | 8 755 | 6 835 | – | 10 752 |
| 杭州 | 9 087 | 9 087 | 9 087 | 160 | 11 115 |
| 合肥 | 5 762 | 5 503 | 4 940 | 1 158 | 7 448 |
| 福州 | 4 485 | 4 485 | 4 485 | – | 5 484 |
| 南昌 | 3 736 | 3 654 | 3 736 | – | 4 436 |
| 济南 | 6 973 | 5 438 | 6 973 | 197 | 8 763 |
| 郑州 | 6 180 | 6 180 | 6 117 | 1 822 | 8 058 |
| 武汉 | 9 049 | 8 332 | 8 995 | 30 | 11 441 |
| 长沙 | 8 361 | 8 231 | 8 124 | – | 10 823 |
| 广州 | 14 852 | 14 852 | 14 852 | 1 044 | 17 954 |
| 南宁 | 4 314 | 3 828 | 4 154 | 30 | 5 280 |
| 海口 | 2 140 | 2 140 | 2 140 | – | 2 480 |
| 重庆 | 12 768 | 12 139 | 12 648 | – | 14 782 |
| 成都 | 14 382 | 13 316 | 13 594 | 295 | 17 419 |
| 贵阳 | 3 345 | 2 419 | 3 345 | 44 | 4 088 |
| 昆明 | 6 159 | 3 757 | 6 135 | – | 7 246 |
| 拉萨 | 514 | 310 | 514 | – | 656 |
| 西安 | 7 780 | 5 367 | 6 764 | – | 9 233 |
| 兰州 | 3 034 | 2 220 | 3 006 | 70 | 3 886 |
| 西宁 | 1 742 | 80 | 1 485 | – | 2 171 |
| 银川 | 2 202 | 1 342 | 1 971 | 81 | 2 752 |
| 乌鲁木齐 | 4 412 | 597 | 4 364 | 552 | 5 721 |
| 大连 | 5 453 | 1 952 | 2 828 | 62 | 6 849 |
| 青岛 | 7 838 | 3 080 | 6 762 | – | 10 012 |
| 宁波 | 6 000 | 6 000 | 6 000 | – | 7 271 |
| 深圳 | 17 430 | 17 430 | 17 430 | – | 21 535 |
| 厦门 | 4 536 | 4 536 | 4 536 | 318 | 5 735 |

## 4-20　中心城市公共汽电车数量（按长度分）

| 地 区 | 公共汽电车数（辆） | | | | | | | | |
|---|---|---|---|---|---|---|---|---|---|
| | 合计 | ≤5米 | >5米且≤7米 | >7米且≤10米 | >10米且≤13米 | >13米且≤16米 | >16米且≤18米 | >18米 | 双层车 |
| 中心城市总计 | 265 682 | 216 | 11 728 | 43 169 | 198 036 | 4 853 | 4 037 | 30 | 3 613 |
| 北　　京 | 25 624 | – | 202 | 150 | 18 514 | 3 785 | 1 290 | – | 1 683 |
| 天　　津 | 12 686 | – | 603 | 5 515 | 6 406 | 30 | – | – | 132 |
| 石 家 庄 | 5 730 | – | 157 | 752 | 4 330 | 479 | – | – | 12 |
| 太　　原 | 2 252 | – | 1 | 59 | 2 142 | – | 50 | – | – |
| 呼和浩特 | 2 228 | 18 | 50 | – | 2 110 | – | 30 | – | 20 |
| 沈　　阳 | 6 496 | – | – | 254 | 6 190 | – | 40 | – | 12 |
| 长　　春 | 4 387 | – | 8 | 3 399 | 933 | 47 | – | – | – |
| 哈 尔 滨 | 7 519 | – | 19 | 662 | 6 818 | – | – | – | 20 |
| 上　　海 | 17 461 | – | 187 | 2 732 | 14 440 | – | 59 | – | 43 |
| 南　　京 | 8 765 | – | 371 | 1 411 | 6 978 | – | 5 | – | – |
| 杭　　州 | 9 087 | 16 | 622 | 1 434 | 6 845 | – | 160 | – | 10 |
| 合　　肥 | 5 762 | – | 102 | 553 | 4 834 | – | 203 | – | 70 |
| 福　　州 | 4 485 | – | 321 | 547 | 3 592 | 22 | – | – | 3 |
| 南　　昌 | 3 736 | – | 473 | 628 | 2 534 | 61 | 30 | – | 10 |
| 济　　南 | 6 973 | – | 324 | 1 192 | 5 020 | 160 | 202 | – | 75 |
| 郑　　州 | 6 180 | – | 270 | 482 | 4 900 | 92 | 321 | – | 115 |
| 武　　汉 | 9 049 | 11 | 193 | 1 522 | 6 929 | – | 42 | 30 | 322 |
| 长　　沙 | 8 361 | – | – | 156 | 8 205 | – | – | – | – |
| 广　　州 | 14 852 | – | 623 | 3 491 | 10 625 | 20 | 36 | – | 57 |
| 南　　宁 | 4 314 | 15 | 216 | 877 | 3 081 | – | 10 | – | 115 |
| 海　　口 | 2 140 | – | 414 | 179 | 1 547 | – | – | – | – |
| 重　　庆 | 12 768 | 15 | 889 | 4 242 | 7 620 | – | – | – | 2 |
| 成　　都 | 14 382 | – | 1 654 | 2 729 | 9 233 | 4 | 750 | – | 12 |
| 贵　　阳 | 3 345 | 45 | 193 | 474 | 2 579 | – | 12 | – | 42 |
| 昆　　明 | 6 159 | 86 | 962 | 1 233 | 3 460 | – | 46 | – | 372 |
| 拉　　萨 | 514 | – | 20 | – | 494 | – | – | – | – |
| 西　　安 | 7 780 | – | 1 125 | 887 | 5 668 | – | – | – | 100 |
| 兰　　州 | 3 034 | – | 53 | 227 | 2 694 | – | 60 | – | – |
| 西　　宁 | 1 742 | – | 120 | 93 | 1 519 | – | – | – | 10 |
| 银　　川 | 2 202 | 10 | 49 | 479 | 1 564 | – | 100 | – | – |
| 乌鲁木齐 | 4 412 | – | 237 | 545 | 3 214 | – | 416 | – | – |
| 大　　连 | 5 453 | – | 57 | 803 | 4 539 | – | 30 | – | 24 |
| 青　　岛 | 7 838 | – | 55 | 814 | 6 758 | 153 | 38 | – | 20 |
| 宁　　波 | 6 000 | – | 368 | 1 086 | 4 516 | – | – | – | 30 |
| 深　　圳 | 17 430 | – | 535 | 3 084 | 13 608 | – | – | – | 203 |
| 厦　　门 | 4 536 | – | 255 | 478 | 3 597 | – | 107 | – | 99 |

## 4-21　中心城市公共汽电车数量（按燃料类型分）

| 地区 | 公共汽电车数（辆） | | | | | | | | | | |
|---|---|---|---|---|---|---|---|---|---|---|---|
| | 合计 | 汽油车 | 乙醇汽油车 | 柴油车 | 液化石油气车 | 天然气车 | 双燃料车 | 无轨电车 | 纯电动车 | 混合动力车 | 其他 |
| **中心城市总计** | **265 682** | **192** | **20** | **67 286** | **3 451** | **91 179** | **1 930** | **2 381** | **56 920** | **42 216** | **107** |
| 北　京 | 25 624 | – | – | 11 818 | – | 8 076 | – | 1 171 | 3 697 | 862 | – |
| 天　津 | 12 686 | 17 | – | 7 921 | – | 709 | – | – | 1 512 | 2 527 | – |
| 石家庄 | 5 730 | – | – | 199 | – | 3 589 | – | – | 1 920 | 22 | – |
| 太　原 | 2 252 | – | – | – | – | 1 160 | 981 | 106 | – | 5 | – |
| 呼和浩特 | 2 228 | – | – | 13 | – | 1 788 | – | – | 427 | – | – |
| 沈　阳 | 6 496 | – | – | 2 033 | 107 | 2 170 | 28 | – | 89 | 2 069 | – |
| 长　春 | 4 387 | – | – | 216 | – | 3 531 | 70 | – | 332 | 191 | 47 |
| 哈尔滨 | 7 519 | – | – | 1 305 | – | 3 756 | – | – | 873 | 1 585 | – |
| 上　海 | 17 461 | – | – | 9 944 | – | 111 | – | 354 | 4 306 | 2 737 | 9 |
| 南　京 | 8 765 | – | – | 1 640 | – | 2 933 | – | – | 3 495 | 697 | – |
| 杭　州 | 9 087 | 15 | – | 1 759 | – | 3 242 | – | 150 | 2 511 | 1 410 | – |
| 合　肥 | 5 762 | – | – | 1 167 | – | 2 345 | – | – | 1 878 | 372 | – |
| 福　州 | 4 485 | – | – | 1 626 | – | 484 | – | – | 1 398 | 977 | – |
| 南　昌 | 3 736 | – | – | 1 957 | – | 633 | – | – | 579 | 567 | – |
| 济　南 | 6 973 | – | 20 | 2 161 | – | 1 554 | – | 121 | 824 | 2 293 | – |
| 郑　州 | 6 180 | – | – | 136 | – | 377 | – | – | 1 555 | 4 112 | – |
| 武　汉 | 9 049 | – | – | 4 353 | – | 2 782 | 338 | 40 | 1 536 | – | – |
| 长　沙 | 8 361 | – | – | 279 | – | 350 | – | – | 3 015 | 4 717 | – |
| 广　州 | 14 852 | 24 | – | 2 715 | 3 344 | 3 297 | – | 278 | 1 298 | 3 896 | – |
| 南　宁 | 4 314 | – | – | 1 338 | – | 1 350 | – | – | 338 | 1 288 | – |
| 海　口 | 2 140 | – | – | 376 | – | 397 | – | – | 550 | 817 | – |
| 重　庆 | 12 768 | 27 | – | 652 | – | 8 759 | 131 | – | 526 | 2 673 | – |
| 成　都 | 14 382 | – | – | 404 | – | 12 952 | – | – | 639 | 387 | – |
| 贵　阳 | 3 345 | – | – | 94 | – | 3 180 | 10 | – | 55 | 6 | – |
| 昆　明 | 6 159 | 74 | – | 3 141 | – | 891 | – | – | 351 | 1 702 | – |
| 拉　萨 | 514 | – | – | 310 | – | – | – | – | 47 | 156 | 1 |
| 西　安 | 7 780 | – | – | 14 | – | 4 941 | 274 | – | 1 206 | 1 345 | – |
| 兰　州 | 3 034 | – | – | 34 | – | 1 722 | – | – | 540 | 738 | – |
| 西　宁 | 1 742 | – | – | 2 | – | 1 452 | – | – | 76 | 212 | – |
| 银　川 | 2 202 | 30 | – | – | – | 1 672 | – | – | 500 | – | – |
| 乌鲁木齐 | 4 412 | 4 | – | 275 | – | 3 622 | – | – | 8 | 503 | – |
| 大　连 | 5 453 | 1 | – | 1 627 | – | 1 433 | – | 66 | 1 383 | 943 | – |
| 青　岛 | 7 838 | – | – | 2 273 | – | 3 490 | – | 95 | 1 456 | 524 | – |
| 宁　波 | 6 000 | – | – | 2 346 | – | 1 662 | 98 | – | 1 318 | 526 | 50 |
| 深　圳 | 17 430 | – | – | 1 128 | – | 46 | – | – | 16 226 | 30 | – |
| 厦　门 | 4 536 | – | – | 2 030 | – | 723 | – | – | 456 | 1 327 | – |

# 4-22 中心城市公共汽电车数量（按排放标准分）

| 地 区 | 公 共 汽 电 车 数（辆） | | | | | |
|---|---|---|---|---|---|---|
| | 合计 | 国Ⅱ及以下 | 国Ⅲ | 国Ⅳ | 国Ⅴ及以上 | 零排放 |
| **中心城市总计** | **265 682** | **3 827** | **59 328** | **67 261** | **77 936** | **57 330** |
| 北 京 | 25 624 | – | 1 424 | 7 498 | 11 834 | 4 868 |
| 天 津 | 12 686 | – | 4 230 | 4 518 | 2 426 | 1 512 |
| 石家庄 | 5 730 | 672 | 1 930 | 512 | 696 | 1 920 |
| 太 原 | 2 252 | – | – | 2 252 | – | – |
| 呼和浩特 | 2 228 | – | 2 228 | – | – | – |
| 沈 阳 | 6 496 | 71 | 2 498 | 510 | 3328 | 89 |
| 长 春 | 4 387 | 15 | 1 580 | 1 385 | 1112 | 295 |
| 哈尔滨 | 7 519 | – | 2 567 | 2 424 | 1 655 | 873 |
| 上 海 | 17 461 | – | 4 732 | 2 844 | 5 215 | 4 670 |
| 南 京 | 8 765 | 909 | 477 | 2 086 | 1 798 | 3 495 |
| 杭 州 | 9 087 | – | 769 | 2 330 | 3 030 | 2 958 |
| 合 肥 | 5 762 | 342 | 926 | 935 | 1 681 | 1 878 |
| 福 州 | 4 485 | – | 1 212 | 1 116 | 1 259 | 898 |
| 南 昌 | 3 736 | – | 2 112 | 403 | 642 | 579 |
| 济 南 | 6 973 | 5 | 1 867 | 953 | 3 203 | 945 |
| 郑 州 | 6 180 | 40 | 242 | 1 631 | 2 712 | 1 555 |
| 武 汉 | 9 049 | – | 3 371 | 3 105 | 987 | 1 586 |
| 长 沙 | 8 361 | – | 942 | 3 202 | 1 202 | 3 015 |
| 广 州 | 14 852 | – | 1 197 | 688 | 12 521 | 446 |
| 南 宁 | 4 314 | – | 821 | 618 | 2 537 | 338 |
| 海 口 | 2 140 | – | 481 | 540 | 669 | 450 |
| 重 庆 | 12 768 | 913 | 4 575 | 5 307 | 1 506 | 467 |
| 成 都 | 14 382 | 290 | 2 892 | 8 086 | 2 475 | 639 |
| 贵 阳 | 3 345 | – | 1 126 | 714 | 1 450 | 55 |
| 昆 明 | 6 159 | 63 | 1 842 | 2 835 | 1 068 | 351 |
| 拉 萨 | 514 | – | – | 310 | 184 | 20 |
| 西 安 | 7 780 | 10 | 2 728 | 1 342 | 2494 | 1 206 |
| 兰 州 | 3 034 | – | 24 | 901 | 1569 | 540 |
| 西 宁 | 1 742 | 64 | 431 | 729 | 442 | 76 |
| 银 川 | 2 202 | 270 | 458 | 359 | 615 | 500 |
| 乌鲁木齐 | 4 412 | 160 | 913 | 891 | 2 442 | 6 |
| 大 连 | 5 453 | 3 | 1 637 | 1 286 | 978 | 1 549 |
| 青 岛 | 7 838 | – | 3 101 | 1 344 | 1 842 | 1 551 |
| 宁 波 | 6 000 | – | 1 939 | 1 708 | 1035 | 1 318 |
| 深 圳 | 17 430 | – | 152 | 894 | 158 | 16 226 |
| 厦 门 | 4 536 | – | 1 904 | 1 005 | 1171 | 456 |

## 4-23 中心城市公共汽电车场站及线路

| 地 区 | 停保场面积（万平方米） | 运营线路条数（条） | 运营线路总长度（公里） | BRT线路长度 | 无轨电车线路长度 |
|---|---|---|---|---|---|
| 中心城市总计 | 3 398.4 | 16 502 | 295 688 | 1 777 | 981 |
| 北 京 | 542.7 | 886 | 19 290 | 102 | 371 |
| 天 津 | 106.2 | 791 | 18 883 | - | - |
| 石家庄 | 75.4 | 226 | 3 822 | - | - |
| 太 原 | 41.9 | 200 | 3 341 | - | 50 |
| 呼和浩特 | 40.1 | 118 | 2 394 | 130 | - |
| 沈 阳 | 49.4 | 285 | 4 837 | - | - |
| 长 春 | 1.3 | 280 | 4 788 | - | - |
| 哈尔滨 | 88.0 | 292 | 5 690 | - | - |
| 上 海 | 204.3 | 1 496 | 24 161 | - | 145 |
| 南 京 | 82.2 | 714 | 11 112 | - | - |
| 杭 州 | 142.5 | 784 | 13 557 | 151 | 53 |
| 合 肥 | 113.9 | 234 | 3 774 | 102 | - |
| 福 州 | 69.4 | 252 | 4 695 | - | - |
| 南 昌 | 69.8 | 236 | 5 007 | - | - |
| 济 南 | 106.8 | 319 | 6 117 | 107 | 46 |
| 郑 州 | 156.2 | 342 | 4 781 | 121 | - |
| 武 汉 | 119.0 | 519 | 9 008 | 14 | 98 |
| 长 沙 | 95.9 | 266 | 5 570 | - | - |
| 广 州 | 112.7 | 1 223 | 17 433 | 697 | 180 |
| 南 宁 | 76.5 | 316 | 6 144 | 11 | - |
| 海 口 | 12.3 | 123 | 2 727 | - | - |
| 重 庆 | 38.3 | 1 084 | 16 164 | - | - |
| 成 都 | 140.6 | 902 | 12 318 | 60 | - |
| 贵 阳 | 42.8 | 292 | 4 640 | 77 | - |
| 昆 明 | 43.8 | 600 | 13 274 | - | - |
| 拉 萨 | 3.5 | 41 | 849 | - | - |
| 西 安 | 63.7 | 293 | 6 371 | - | - |
| 兰 州 | 20.6 | 140 | 2 348 | 9 | - |
| 西 宁 | 13.5 | 94 | 1 475 | - | - |
| 银 川 | 46.1 | 147 | 2 642 | 21 | - |
| 乌鲁木齐 | 72.9 | 188 | 3 266 | 101 | - |
| 大 连 | 66.4 | 294 | 4 610 | 14 | 8 |
| 青 岛 | 117.6 | 560 | 11 087 | - | 30 |
| 宁 波 | 144.7 | 578 | 11 377 | - | - |
| 深 圳 | 212.9 | 992 | 20 895 | - | - |
| 厦 门 | 64.5 | 395 | 7 241 | 60 | - |

## 4-24　中心城市公共汽电车客运量

| 地区 | 运营里程（万公里） | 客运量（万人次） | BRT | 使用IC卡 |
|---|---|---|---|---|
| 中心城市总计 | 1 459 470 | 3 622 257 | 183 133 | 2 227 027 |
| 北　京 | 132 357 | 335 595 | 4 656 | 226 162 |
| 天　津 | 46 462 | 138 124 | – | 75 209 |
| 石家庄 | 18 335 | 42 005 | – | 21 380 |
| 太　原 | 11 685 | 38 370 | – | 30 850 |
| 呼和浩特 | 12 035 | 42 872 | 42 | 22 213 |
| 沈　阳 | 28 613 | 104 244 | – | 69 855 |
| 长　春 | 28 439 | 71 909 | – | 27 311 |
| 哈尔滨 | 59 724 | 136 246 | – | 57 768 |
| 上　海 | 105 237 | 220 072 | – | 171 709 |
| 南　京 | 53 240 | 89 802 | – | 77 804 |
| 杭　州 | 57 891 | 147 076 | 4 008 | 112 702 |
| 合　肥 | 22 141 | 57 238 | 11 862 | 33 223 |
| 福　州 | 21 097 | 45 110 | – | 14 760 |
| 南　昌 | 32 093 | 39 103 | – | 27 978 |
| 济　南 | 24 299 | 76 072 | 4 272 | 51 406 |
| 郑　州 | 28 316 | 85 569 | 27 209 | 40 692 |
| 武　汉 | 53 835 | 148 163 | 543 | 105 404 |
| 长　沙 | 37 697 | 69 118 | – | 47 031 |
| 广　州 | 121 547 | 238 504 | 21 624 | 192 192 |
| 南　宁 | 9 584 | 41 314 | 39 691 | 773 |
| 海　口 | 12 977 | 20 953 | – | 2 815 |
| 重　庆 | 83 623 | 248 136 | – | 212 325 |
| 成　都 | 58 115 | 168 527 | 9 898 | 118 293 |
| 贵　阳 | 17 703 | 58 243 | 973 | 6 431 |
| 昆　明 | 31 738 | 83 793 | – | 52 806 |
| 拉　萨 | 2 667 | 8 079 | – | 1 602 |
| 西　安 | 45 208 | 133 465 | – | – |
| 兰　州 | 15 189 | 86 511 | 4 315 | 38 633 |
| 西　宁 | 8 811 | 34 672 | – | 24 279 |
| 银　川 | 8 580 | 29 321 | 27 940 | 3 115 |
| 乌鲁木齐 | 25 726 | 82 981 | 13 405 | 29 492 |
| 大　连 | 26 857 | 96 197 | 1 765 | 46 724 |
| 青　岛 | 42 469 | 111 105 | – | 84 441 |
| 宁　波 | 32 512 | 44 434 | – | 32 411 |
| 深　圳 | 112 101 | 165 425 | – | 110 987 |
| 厦　门 | 30 567 | 83 909 | 10 930 | 56 251 |

## 4-25 中心城市出租汽车车辆数

单位：辆

| 地区 | 运营车数 | | | | | | | | |
|---|---|---|---|---|---|---|---|---|---|
| | 合计 | 汽油车 | 乙醇汽油车 | 柴油车 | 液化石油气车 | 天然气车 | 双燃料车 | 纯电动车 | 其他 |
| 中心城市总计 | 503 836 | 185 148 | 35 680 | 6 141 | 2 922 | 35 362 | 211 264 | 22 459 | 4 860 |
| 北　京 | 68 484 | 64 196 | – | – | – | – | 1 145 | 1 000 | 2 143 |
| 天　津 | 31 940 | 31 837 | – | – | – | – | – | 1 | 102 |
| 石家庄 | 7 858 | 92 | – | – | – | – | 7 766 | – | – |
| 太　原 | 8 292 | – | – | – | – | – | – | 8 292 | – |
| 呼和浩特 | 6 207 | – | – | – | – | – | 6 207 | – | – |
| 沈　阳 | 19 649 | – | 645 | 1 421 | – | – | 15 672 | – | 1 911 |
| 长　春 | 18 554 | – | 18 504 | 50 | – | – | – | – | – |
| 哈尔滨 | 18 193 | – | 16 120 | 2 073 | – | – | – | – | – |
| 上　海 | 46 397 | 44 932 | – | 643 | – | – | 815 | 7 | – |
| 南　京 | 14 057 | 5 821 | – | – | – | 735 | 6 861 | 640 | – |
| 杭　州 | 12 934 | 7 497 | – | 27 | 50 | – | 4 613 | 747 | – |
| 合　肥 | 9 902 | – | – | – | – | – | 9 402 | 500 | – |
| 福　州 | 6 340 | 650 | – | 499 | – | – | 5 189 | 2 | – |
| 南　昌 | 5 453 | 4 389 | – | 670 | – | – | 394 | – | – |
| 济　南 | 9 267 | 22 | – | – | – | – | 9 245 | – | – |
| 郑　州 | 10 965 | – | – | – | – | – | 10 964 | 1 | – |
| 武　汉 | 17 508 | – | – | – | – | – | 16 508 | 1 000 | – |
| 长　沙 | 7 820 | 36 | – | – | – | – | 7 784 | – | – |
| 广　州 | 22 279 | 511 | – | – | 1 377 | – | 19 991 | 400 | – |
| 南　宁 | 7 443 | 599 | 103 | – | – | 544 | 6 175 | – | 22 |
| 海　口 | 2 895 | – | – | – | – | – | 2 684 | 211 | – |
| 重　庆 | 21 871 | – | – | – | – | 1 191 | 20 680 | – | – |
| 成　都 | 12 208 | 70 | – | – | – | – | 12 138 | – | – |
| 贵　阳 | 8 623 | 4 743 | 308 | 26 | 18 | 794 | 2 434 | – | 300 |
| 昆　明 | 8 187 | 7 023 | – | 15 | – | – | 1 091 | 50 | 8 |
| 拉　萨 | 1 670 | – | – | – | 1 477 | – | – | – | 193 |
| 西　安 | 14 062 | 1 | – | – | – | – | 13 714 | 327 | 20 |
| 兰　州 | 9 845 | – | – | – | – | 8 947 | – | 898 | – |
| 西　宁 | 5 666 | – | – | – | – | 400 | 5 266 | – | – |
| 银　川 | 4 930 | – | – | – | – | 89 | 4 791 | 50 | – |
| 乌鲁木齐 | 13 003 | – | – | – | – | 13 003 | – | – | – |
| 大　连 | 11 645 | 805 | – | 17 | – | – | 10 611 | 51 | 161 |
| 青　岛 | 10 853 | 1 194 | – | – | – | 9 659 | – | – | – |
| 宁　波 | 4 827 | 6 | – | 700 | – | – | 4 121 | – | – |
| 深　圳 | 18 379 | 10 724 | – | – | – | – | – | 7 655 | – |
| 厦　门 | 5 630 | – | – | – | – | – | 5 003 | 627 | – |

## 4-26 中心城市出租汽车运量

| 地区 | 载客车次总数（万车次） | 运营里程（万公里） | | 客运量（万人次） |
|---|---|---|---|---|
| | | | 载客里程 | |
| 中心城市总计 | 566 814 | 5 793 350 | 3 836 694 | 1 044 005 |
| 北　京 | 28 127 | 457 050 | 290 382 | 39 378 |
| 天　津 | 20 416 | 327 863 | 195 760 | 36 547 |
| 石家庄 | 17 252 | 93 445 | 59 038 | 15 382 |
| 太　原 | 10 158 | 82 177 | 51 307 | 16 015 |
| 呼和浩特 | 7 039 | 69 350 | 41 821 | 10 989 |
| 沈　阳 | 26 194 | 275 815 | 193 070 | 52 389 |
| 长　春 | 11 356 | 250 976 | 216 298 | 32 537 |
| 哈尔滨 | 28 532 | 208 695 | 146 087 | 57 064 |
| 上　海 | 42 173 | 565 808 | 361 305 | 75 911 |
| 南　京 | 10 691 | 125 605 | 74 748 | 19 741 |
| 杭　州 | 11 732 | 125 703 | 79 487 | 21 987 |
| 合　肥 | 14 954 | 133 756 | 95 330 | 26 526 |
| 福　州 | 9 956 | 77 114 | 47 970 | 22 941 |
| 南　昌 | 9 414 | 75 034 | 45 020 | 18 842 |
| 济　南 | 6 703 | 81 454 | 47 969 | 13 229 |
| 郑　州 | 12 102 | 153 974 | 107 782 | 17 386 |
| 武　汉 | 21 174 | 265 080 | 169 745 | 33 272 |
| 长　沙 | 14 267 | 105 596 | 65 784 | 29 267 |
| 广　州 | 27 290 | 291 097 | 194 158 | 60 676 |
| 南　宁 | 5 958 | 64 774 | 40 161 | 11 534 |
| 海　口 | 4 311 | 42 512 | 28 444 | 9 384 |
| 重　庆 | 45 318 | 357 118 | 230 422 | 95 833 |
| 成　都 | 19 727 | 154 198 | 93 677 | 27 718 |
| 贵　阳 | 14 171 | 79 679 | 61 957 | 33 736 |
| 昆　明 | 4 137 | 46 742 | 33 601 | 7 977 |
| 拉　萨 | 5 083 | 33 841 | 27 459 | 7 731 |
| 西　安 | 22 508 | 202 347 | 131 354 | 45 018 |
| 兰　州 | 15 092 | 111 396 | 77 979 | 27 166 |
| 西　宁 | 9 004 | 63 497 | 52 301 | 18 791 |
| 银　川 | 6 675 | 52 141 | 33 395 | 12 125 |
| 乌鲁木齐 | 20 581 | 181 093 | 131 026 | 29 225 |
| 大　连 | 16 035 | 145 462 | 88 831 | 32 588 |
| 青　岛 | 10 506 | 110 608 | 70 732 | 21 667 |
| 宁　波 | 6 001 | 57 073 | 36 896 | 11 191 |
| 深　圳 | 24 720 | 253 522 | 168 553 | 37 080 |
| 厦　门 | 7 457 | 71 755 | 46 845 | 15 162 |

## 4-27 中心城市轨道交通运营车辆数

| 地区 | 运营车数(辆) | | | | | | 标准运营车数(标台) | 编组列数(列) |
|---|---|---|---|---|---|---|---|---|
| | 合计 | 地铁 | 轻轨 | 单轨 | 有轨电车 | 磁悬浮 | | |
| 中心城市总计 | 27 500 | 25 722 | 789 | 576 | 327 | 86 | 70 293 | 4 800 |
| 北　京 | 5 342 | 5 274 | – | – | 14 | 54 | 13 259 | 866 |
| 天　津 | 842 | 666 | 152 | – | 24 | – | 2 069 | 157 |
| 石家庄 | 198 | 198 | – | – | – | – | 495 | 33 |
| 太　原 | – | – | – | – | – | – | – | – |
| 呼和浩特 | – | – | – | – | – | – | – | – |
| 沈　阳 | 384 | 384 | – | – | – | – | 960 | 64 |
| 长　春 | 608 | 132 | 429 | – | 47 | – | 1 463 | 146 |
| 哈尔滨 | 108 | 108 | – | – | – | – | 270 | 18 |
| 上　海 | 4 753 | 4 736 | – | – | – | 17 | 11 883 | 799 |
| 南　京 | 1 517 | 1 442 | – | – | 75 | – | 3 658 | 267 |
| 杭　州 | 726 | 726 | – | – | – | – | 1 815 | 121 |
| 合　肥 | 306 | 306 | – | – | – | – | 765 | 51 |
| 福　州 | 168 | 168 | – | – | – | – | 420 | 28 |
| 南　昌 | 294 | 294 | – | – | – | – | 3 307 | 49 |
| 济　南 | – | – | – | – | – | – | – | – |
| 郑　州 | 438 | 438 | – | – | – | – | 1095 | 73 |
| 武　汉 | 1 356 | 1 356 | – | – | – | – | 3 390 | 250 |
| 长　沙 | 345 | 330 | – | – | – | 15 | 851 | 60 |
| 广　州 | 2 408 | 2 380 | – | – | 28 | – | 5 907 | 451 |
| 南　宁 | 120 | 120 | – | – | – | – | 300 | 20 |
| 海　口 | – | – | – | – | – | – | – | – |
| 重　庆 | 1 176 | 600 | – | 576 | – | – | 2 479 | 197 |
| 成　都 | 1 416 | 1 416 | – | – | – | – | 3 540 | 236 |
| 贵　阳 | 90 | 90 | – | – | – | – | 225 | 15 |
| 昆　明 | 492 | 492 | – | – | – | – | 1 230 | 82 |
| 拉　萨 | – | – | – | – | – | – | – | – |
| 西　安 | 750 | 750 | – | – | – | – | 1 875 | 125 |
| 兰　州 | – | – | – | – | – | – | – | – |
| 西　宁 | – | – | – | – | – | – | – | – |
| 银　川 | – | – | – | – | – | – | – | – |
| 乌鲁木齐 | – | – | – | – | – | – | – | – |
| 大　连 | 568 | 288 | 208 | – | 72 | – | 1 400 | 176 |
| 青　岛 | 265 | 258 | – | – | 7 | – | 652 | 50 |
| 宁　波 | 366 | 366 | – | – | – | – | 915 | 61 |
| 深　圳 | 2 284 | 2 224 | – | – | 60 | – | 5 620 | 375 |
| 厦　门 | 180 | 180 | – | – | – | – | 450 | 30 |

## 4-28 中心城市轨道交通运营线路条数

单位：条

| 地区 | 运营线路条数 | | | | | |
|---|---|---|---|---|---|---|
| | 合计 | 地铁 | 轻轨 | 单轨 | 有轨电车 | 磁悬浮 |
| 中心城市总计 | 144 | 122 | 6 | 2 | 11 | 3 |
| 北　京 | 22 | 20 | - | - | 1 | 1 |
| 天　津 | 6 | 4 | 1 | - | 1 | - |
| 石家庄 | 2 | 2 | - | - | - | - |
| 太　原 | - | - | - | - | - | - |
| 呼和浩特 | - | - | - | - | - | - |
| 沈　阳 | 2 | 2 | - | - | - | - |
| 长　春 | 5 | 1 | 2 | - | 2 | - |
| 哈尔滨 | 2 | 2 | - | - | - | - |
| 上　海 | 16 | 15 | - | - | - | 1 |
| 南　京 | 11 | 9 | - | - | 2 | - |
| 杭　州 | 3 | 3 | - | - | - | - |
| 合　肥 | 2 | 2 | - | - | - | - |
| 福　州 | 1 | 1 | - | - | - | - |
| 南　昌 | 2 | 2 | - | - | - | - |
| 济　南 | - | - | - | - | - | - |
| 郑　州 | 3 | 3 | - | - | - | - |
| 武　汉 | 7 | 7 | - | - | - | - |
| 长　沙 | 3 | 2 | - | - | - | 1 |
| 广　州 | 14 | 13 | - | - | 1 | - |
| 南　宁 | 1 | 1 | - | - | - | - |
| 海　口 | - | - | - | - | - | - |
| 重　庆 | 7 | 5 | - | 2 | - | - |
| 成　都 | 6 | 6 | - | - | - | - |
| 贵　阳 | 1 | 1 | - | - | - | - |
| 昆　明 | 3 | 3 | - | - | - | - |
| 拉　萨 | - | - | - | - | - | - |
| 西　安 | 3 | 3 | - | - | - | - |
| 兰　州 | - | - | - | - | - | - |
| 西　宁 | - | - | - | - | - | - |
| 银　川 | - | - | - | - | - | - |
| 乌鲁木齐 | - | - | - | - | - | - |
| 大　连 | 7 | 2 | 3 | - | 2 | - |
| 青　岛 | 3 | 2 | - | - | 1 | - |
| 宁　波 | 2 | 2 | - | - | - | - |
| 深　圳 | 9 | 8 | - | - | 1 | - |
| 厦　门 | 1 | 1 | - | - | - | - |

# 4–29 中心城市轨道交通运营线路总长度

单位：公里

| 地区 | 运营线路总长度 | | | | | |
|---|---|---|---|---|---|---|
| | 合计 | 地铁 | 轻轨 | 单轨 | 有轨电车 | 磁悬浮 |
| **中心城市总计** | **4 323.5** | **3 862.5** | **203.0** | **98.5** | **102.8** | **56.7** |
| 北京 | 608.0 | 590.0 | – | – | 9.0 | 9.0 |
| 天津 | 175.4 | 115.2 | 52.3 | – | 7.9 | – |
| 石家庄 | 28.4 | 28.4 | – | – | – | – |
| 太原 | – | – | – | – | – | – |
| 呼和浩特 | – | – | – | – | – | – |
| 沈阳 | 54.0 | 54.0 | – | – | – | – |
| 长春 | 82.5 | 18.1 | 46.9 | – | 17.5 | – |
| 哈尔滨 | 21.8 | 21.8 | – | – | – | – |
| 上海 | 666.4 | 637.3 | – | – | – | 29.1 |
| 南京 | 364.3 | 347.6 | – | – | 16.7 | – |
| 杭州 | 105.2 | 105.2 | – | – | – | – |
| 合肥 | 52.3 | 52.3 | – | – | – | – |
| 福州 | 24.9 | 24.9 | – | – | – | – |
| 南昌 | 48.5 | 48.5 | – | – | – | – |
| 济南 | – | – | – | – | – | – |
| 郑州 | 93.6 | 93.6 | – | – | – | – |
| 武汉 | 234.3 | 234.3 | – | – | – | – |
| 长沙 | 68.8 | 50.2 | – | – | – | 18.6 |
| 广州 | 398.3 | 390.6 | – | – | 7.7 | – |
| 南宁 | 32.1 | 32.1 | – | – | – | – |
| 海口 | – | – | – | – | – | – |
| 重庆 | 264.1 | 165.6 | – | 98.5 | – | – |
| 成都 | 175.1 | 175.1 | – | – | – | – |
| 贵阳 | 12.9 | 12.9 | – | – | – | – |
| 昆明 | 86.2 | 86.2 | – | – | – | – |
| 拉萨 | – | – | – | – | – | – |
| 西安 | 89.0 | 89.0 | – | – | – | – |
| 兰州 | – | – | – | – | – | – |
| 西宁 | – | – | – | – | – | – |
| 银川 | – | – | – | – | – | – |
| 乌鲁木齐 | – | – | – | – | – | – |
| 大连 | 181.4 | 54.1 | 103.8 | – | 23.5 | – |
| 青岛 | 53.6 | 44.8 | – | – | 8.8 | – |
| 宁波 | 74.5 | 74.5 | – | – | – | – |
| 深圳 | 297.6 | 285.9 | – | – | 11.7 | – |
| 厦门 | 30.3 | 30.3 | – | – | – | – |

注：广州轨道交通运营线路长度含佛山境内约 21 公里。

## 4-30 中心城市轨道交通运量

| 地区 | 运营里程(万列公里) | 客运量(万人次) |
|---|---|---|
| 中心城市总计 | 48 794 | 1 804 139 |
| 北　京 | 9 108 | 377 801 |
| 天　津 | 1 591 | 35 155 |
| 石家庄 | 120 | 4037 |
| 太　原 | — | — |
| 呼和浩特 | — | — |
| 沈　阳 | 657 | 30 645 |
| 长　春 | 801 | 9 586 |
| 哈尔滨 | 201 | 7 679 |
| 上　海 | 8 648 | 353 769 |
| 南　京 | 3 010 | 97 892 |
| 杭　州 | 1178 | 33 986 |
| 合　肥 | 234 | 4272 |
| 福　州 | 217 | 4854 |
| 南　昌 | 384 | 10971 |
| 济　南 | — | — |
| 郑　州 | 855 | 25 230 |
| 武　汉 | 2 512 | 92 683 |
| 长　沙 | 710 | 23 347 |
| 广　州 | 5 329 | 280 561 |
| 南　宁 | 320 | 9644 |
| 海　口 | — | — |
| 重　庆 | 2 452 | 74 310 |
| 成　都 | 1 940 | 53 004 |
| 贵　阳 | 1 | 5 |
| 昆　明 | 569 | 12 483 |
| 拉　萨 | — | — |
| 西　安 | 1 518 | 60 534 |
| 兰　州 | — | — |
| 西　宁 | — | — |
| 银　川 | — | — |
| 乌鲁木齐 | — | — |
| 大　连 | 1 225 | 18 187 |
| 青　岛 | 296 | 6649 |
| 宁　波 | 810 | 11 233 |
| 深　圳 | 4 107 | 165 602 |
| 厦　门 | 1 | 20 |

## 4-31 中心城市客运轮渡船舶及航线数

| 地区 | 运营船数（艘） | 运营航线条数（条） | 运营航线总长度（公里） |
| --- | --- | --- | --- |
| 中心城市总计 | 226 | 75 | 349.6 |
| 北　京 | - | - | - |
| 天　津 | - | - | - |
| 石家庄 | - | - | - |
| 太　原 | - | - | - |
| 呼和浩特 | - | - | - |
| 沈　阳 | - | - | - |
| 长　春 | - | - | - |
| 哈尔滨 | 36 | 11 | 40.6 |
| 上　海 | 44 | 15 | 10.5 |
| 南　京 | 15 | 6 | 33.4 |
| 杭　州 | - | - | - |
| 合　肥 | - | - | - |
| 福　州 | 2 | 1 | 8.5 |
| 南　昌 | - | - | - |
| 济　南 | - | - | - |
| 郑　州 | - | - | - |
| 武　汉 | 36 | 13 | 125.5 |
| 长　沙 | - | - | - |
| 广　州 | 52 | 14 | 53.9 |
| 南　宁 | - | - | - |
| 海　口 | - | - | - |
| 重　庆 | 5 | 4 | 8.9 |
| 成　都 | - | - | - |
| 贵　阳 | - | - | - |
| 昆　明 | - | - | - |
| 拉　萨 | - | - | - |
| 西　安 | - | - | - |
| 兰　州 | - | - | - |
| 西　宁 | - | - | - |
| 银　川 | - | - | - |
| 乌鲁木齐 | - | - | - |
| 大　连 | - | - | - |
| 青　岛 | 4 | 1 | 7.0 |
| 宁　波 | 2 | 1 | 0.3 |
| 深　圳 | - | - | - |
| 厦　门 | 30 | 9 | 61.0 |

## 4-32 中心城市客运轮渡运量

| 地区 | 运量 | | |
|---|---|---|---|
| | 客运量（万人次） | 机动车运量（辆） | 非机动车运量（辆） |
| 中心城市总计 | 7 684 | 538 988 | 25 129 946 |
| 北　　京 | - | - | - |
| 天　　津 | - | - | - |
| 石家庄 | - | - | - |
| 太　　原 | - | - | - |
| 呼和浩特 | - | - | - |
| 沈　　阳 | - | - | - |
| 长　　春 | - | - | - |
| 哈尔滨 | 254 | | |
| 上　　海 | 1 006 | 487 244 | 19 828 625 |
| 南　　京 | 611 | - | 4 148 921 |
| 杭　　州 | - | - | - |
| 合　　肥 | - | - | - |
| 福　　州 | 1 | - | - |
| 南　　昌 | - | - | - |
| 济　　南 | - | - | - |
| 郑　　州 | - | - | - |
| 武　　汉 | 828 | - | 1 152 400 |
| 长　　沙 | | | |
| 广　　州 | 1 713 | - | - |
| 南　　宁 | | | |
| 海　　口 | - | - | - |
| 重　　庆 | 102 | - | - |
| 成　　都 | - | | |
| 贵　　阳 | | | |
| 昆　　明 | - | - | - |
| 拉　　萨 | - | - | - |
| 西　　安 | - | - | - |
| 兰　　州 | - | - | - |
| 西　　宁 | - | - | - |
| 银　　川 | | | |
| 乌鲁木齐 | - | - | - |
| 大　　连 | - | - | - |
| 青　　岛 | 50 | 51 744 | |
| 宁　　波 | 143 | - | - |
| 深　　圳 | - | - | - |
| 厦　　门 | 2 976 | - | - |

# 主要统计指标解释

**经营业户** 指截至报告期末持有主管部门核发的有效运营资质证件，从事城市客运交通经营活动的业户。按经营类别分为公共汽电车、出租汽车、轨道交通和城市客运轮渡经营业户。计算单位：户。

**公交专用车道** 指为了调整公共交通车辆与其他社会车辆的路权使用分配关系，提高公共交通车辆运营速度和道路资源利用率而科学、合理设置的公共交通优先车道、专用车道（路）、路口专用线（道）、专用街道、单向优先专用线（道）等。计算单位：公里。

**轨道交通车站数** 指轨道交通运营线路上供乘客候车和上下车的场所个数。包括地面、地下、高架车站。如同一个车站被多条线路共用，同站台换乘站计为一站；非同站台换乘站，按累计计算。计算单位：个。

**城市客运轮渡在用码头数** 指报告期末在用的、供城市客运轮渡停靠和乘客购票、候船和乘降的场所个数。计算单位：个。

**公交IC卡累计售卡量** 指截至报告期末，累计发售的可以用于乘坐城市公共交通车辆的公交IC卡总量。计算单位：张。

**公共汽电车运营车数** 指城市（县城）用于公共客运交通运营业务的全部公共汽电车车辆数。新购、新制和调入的运营车辆，自投入之日起开始计算；调出、报废和调作他用的运营车辆，自上级主管机关批准之日起不再计入。可按不同车长、不同燃料类型、不同排放标准和是否配备空调等分别统计。计算单位：辆。

**公共汽电车标准运营车数** 指不同类型的运营车辆按统一的标准当量折算合成的运营车数。计算单位：标台。计算公式：标准运营车数 = $\sum$（每类型车辆数 × 相应换算系数）。

| 各类型车辆换算系数标准表 | | |
| --- | --- | --- |
| 类别 | 车长范围 | 换算系数 |
| 1 | 5米以下（含） | 0.5 |
| 2 | 5米~7米（含） | 0.7 |
| 3 | 7米~10米（含） | 1.0 |
| 4 | 10米~13米（含） | 1.3 |
| 5 | 13米~16米（含） | 1.7 |
| 6 | 16米~18米（含） | 2.0 |
| 7 | 18米以上 | 2.5 |
| 8 | 双层 | 1.9 |

**停保场面积** 指为公共电汽车提供运营车辆集中停放，或提供车辆停放场地的同时备有必要设施，能对运营车辆进行各级保养及相应的配件加工、修制和修车材料存储、发放的场所的占地面积。公共电汽车停车保养场可分散专门建设，也可与公交首末站等站点进行合建。计算单位：平方米。

**公共汽电车运营线路条数** 指为运营车辆设置的固定运营线路条数。包括干线、支线、专线和高峰时间行驶的固定线路。不包括临时行驶和联营线路。计算单位：条。

**公共汽电车运营线路总长度** 指全部运营线路长度之和。单向行驶的环行线路长度等于起点至终点里程与终点下客站至起点里程之和的一半。运营线路长度不包括折返、试车、联络线等非运营线路。计算单位：公里。

**公共汽电车运营里程** 指报告期内运营车辆为运营而出车行驶的全部里程。包括载客里程和空驶里程。计算单位：公里。

**公共汽电车客运量** 指报告期内公共汽电车运送乘客的总人次，包括付费乘客和不付费乘客人次，包括在城市道路和公路上完成的客运量。计算单位：人次。

**出租汽车载客车次总数** 指出租汽车年载客运行的总次数，数据可通过计价器、车载GPS等车载设备采集获得。计算单位：车次。

**出租汽车客运量** 指报告期内出租汽车运送乘客的总人次。计算单位：人次。

**轨道交通运营车数** 指城市用于轨道交通运营业务的全部车辆数。以企业（单位）固定资产台账中已投入运营的车辆数为准；新购、新制和调入的运营车辆，自投入之日起开始计算；调出、报废和调作他用的运营车辆，自上级主管机关批准之日起不再计入。计算单位：辆。

**轨道交通标准运营车数** 指不同类型的轨道交通运营车辆按统一的标准当量折算合成的运营车数。计算单位：标台。计算公式：标准运营车数 = $\sum$（每类型车辆数 × 相应换算系数）。

| 各类型车辆换算系数标准表 | | |
| --- | --- | --- |
| 类别 | 车长范围 | 换算系数 |
| 1 | 7米以下（含） | 0.7 |
| 2 | 7米~10米（含） | 1.0 |
| 3 | 10米~13米（含） | 1.3 |
| 4 | 13米~16米（含） | 1.7 |
| 5 | 16米~18米（含） | 2.0 |
| 6 | 18米以上 | 2.5 |

**轨道交通编组列数** 指某一城市各条轨道交通运营线路列车日均编组的数量合计数。计算单位：列。

**轨道交通运营线路条数** 指为运营列车设置的固定线路总条数。按规划设计为同一条线路但分期建成的线路，统计时仍按一条线路计算。计算单位：条。

**轨道交通客运量** 指报告期内轨道交通运送乘客的总人次，包括付费乘客和不付费乘客人次。计算单位：人次。

**轨道交通运营里程** 指轨道交通车辆在运营中运行的全部里程，包括载客里程和调度空驶里程。计算单位：列公里。

**运营船数** 指用于城市客渡运营业务的全部船舶数，不含旅游客轮（长途旅游和市内供游人游览江、河、湖泊的船舶）。计算单位：艘。

**运营航线条数** 指为运营船舶设置的固定航线的总条数，包括对江航线和顺江航线。计算单位：条。

**运营航线总长度** 指全部运营航线长度之和。测定运营航线的长度，应按实际航程的曲线长度计算。水位变化大的对江河客渡航线长度，可通过实测计算出一个平均长度，作为常数值使用。计算单位：公里。

**轮渡客运量** 指报告期内城市客运轮渡运输经营业户运送乘客的总人次。计算单位：人次。

**轮渡机动车运量** 指报告期内城市客运轮渡运输经营业户运送机动车（如电瓶车、摩托车等）的总量。计算单位：辆。

**轮渡非机动车运量** 指报告期内城市客运轮渡运输经营业户运送非机动车（如自行车、三轮车等）的总量。计算单位：辆。

# 五、港口吞吐量

# 简 要 说 明

一、本篇资料反映我国港口发展的基本情况。主要包括：全国港口码头泊位拥有量、全国港口吞吐量、规模以上港口吞吐量等。

二、全国港口统计范围是在各地港口行政管理部门注册的全部港口企业和从事港口生产活动的单位。规模以上港口的统计范围为年货物吞吐量在1000万吨以上的沿海港口和200万吨以上的内河港口，其范围由交通运输部划定。2017年规模以上港口的数量为95个，其中沿海港口的数量39个，内河港口的数量56个。

三、全国港口的码头泊位拥有量为年末生产用码头泊位数，全国港口吞吐量为全年累计数，根据各港口企业和生产活动单位的资料整理，由各省（区、市）交通运输厅（局、委）提供。

四、规模以上港口的设施、设备拥有量和港口吞吐量资料由各港口行政管理机构提供。

## 5-1　全国港口生产用码头泊位拥有量

| 地 区 | 泊位长度（米） | | 生产用码头泊位（个） | | #万吨级泊位（个） | |
|---|---|---|---|---|---|---|
| | 总长 | 公用 | 总数 | 公用 | 总数 | 公用 |
| 总　计 | 2 108 911 | 1 083 410 | 27 578 | 11 811 | 2 366 | 1 811 |
| 沿海合计 | 850 329 | 557 304 | 5 830 | 3 052 | 1 948 | 1 554 |
| 天　津 | 35 478 | 35 478 | 145 | 145 | 117 | 117 |
| 河　北 | 55 550 | 47 578 | 222 | 186 | 185 | 166 |
| 辽　宁 | 81 551 | 68 812 | 415 | 341 | 231 | 204 |
| 上　海 | 72 473 | 34 800 | 563 | 210 | 172 | 104 |
| 江　苏 | 24 774 | 19 628 | 153 | 105 | 72 | 61 |
| 浙　江 | 130 711 | 46 152 | 1 084 | 262 | 235 | 128 |
| 福　建 | 78 322 | 54 931 | 502 | 305 | 171 | 141 |
| 山　东 | 110 178 | 86 962 | 581 | 409 | 297 | 263 |
| 广　东 | 198 011 | 120 633 | 1 755 | 848 | 309 | 246 |
| 广　西 | 37 359 | 26 260 | 263 | 149 | 86 | 71 |
| 海　南 | 25 922 | 16 070 | 147 | 92 | 73 | 53 |
| 内河合计 | 1 258 582 | 526 106 | 21 748 | 8 759 | 418 | 257 |
| 山　西 | 180 | – | 6 | – | – | – |
| 辽　宁 | 345 | 345 | 6 | 6 | – | – |
| 吉　林 | 1 726 | 1 238 | 31 | 19 | – | – |
| 黑龙江 | 11 834 | 10 435 | 154 | 138 | – | – |
| 上　海 | 44 447 | 6 237 | 914 | 132 | – | – |
| 江　苏 | 453 269 | 145 080 | 6 741 | 1 492 | 401 | 244 |
| 浙　江 | 134 511 | 18 642 | 2 765 | 550 | 0 | 0 |
| 安　徽 | 72 642 | 48 017 | 932 | 648 | 17 | 13 |
| 福　建 | 4 132 | 2 538 | 86 | 44 | – | – |
| 江　西 | 64 075 | 15 937 | 1 562 | 209 | – | – |
| 山　东 | 16 300 | 15 513 | 232 | 223 | – | – |
| 河　南 | 3 213 | 360 | 71 | 6 | – | – |
| 湖　北 | 100 315 | 37 364 | 1 221 | 395 | – | – |
| 湖　南 | 83 957 | 63 466 | 1 865 | 1 515 | – | – |
| 广　东 | 58 365 | 14 366 | 937 | 213 | – | – |
| 广　西 | 33 318 | 16 386 | 524 | 225 | – | – |
| 重　庆 | 67 078 | 48 314 | 742 | 499 | – | – |
| 四　川 | 61 612 | 57 782 | 1 885 | 1 830 | – | – |
| 贵　州 | 23 697 | 5 405 | 427 | 78 | – | – |
| 云　南 | 8 840 | 4 206 | 190 | 86 | – | – |
| 陕　西 | 11 127 | 11 127 | 258 | 258 | – | – |
| 甘　肃 | 3 599 | 3 348 | 199 | 193 | – | – |

# 5-2　全国港口吞吐量

| 地　区 | 旅客吞吐量（万人） | 货物吞吐量（万吨） | | 集装箱吞吐量 | |
|---|---|---|---|---|---|
| | | | 外贸 | 箱量（万 TEU） | 重量（万吨） |
| **总　计** | **18 517** | **1 400 734** | **409 284** | **23 838** | **281 081** |
| **沿海合计** | **8 669** | **905 698** | **365 487** | **21 099** | **246 735** |
| 天　津 | 97 | 50 056 | 28 045 | 1 507 | 16 444 |
| 河　北 | 2 | 108 868 | 34 593 | 374 | 4 984 |
| 辽　宁 | 587 | 112 558 | 26 546 | 1 950 | 33 019 |
| 上　海 | 355 | 70 542 | 41 043 | 4 023 | 39 759 |
| 江　苏 | 14 | 29 621 | 14 498 | 492 | 4 902 |
| 浙　江 | 691 | 125 744 | 49 946 | 2 687 | 27 638 |
| 福　建 | 890 | 51 995 | 20 350 | 1 565 | 20 192 |
| 山　东 | 1 446 | 151 571 | 79 988 | 2 560 | 29 567 |
| 广　东 | 3 061 | 164 408 | 55 116 | 5 504 | 62 130 |
| 广　西 | 23 | 21 862 | 12 004 | 228 | 4 414 |
| 海　南 | 1 503 | 18 473 | 3 359 | 209 | 3 685 |
| **内河合计** | **9 848** | **495 035** | **43 797** | **2 739** | **34 346** |
| 山　西 | 20 | 19 | – | – | – |
| 辽　宁 | – | – | – | – | – |
| 吉　林 | – | 16 | – | – | – |
| 黑龙江 | 126 | 440 | 72 | 1 | 7 |
| 上　海 | – | 4 509 | – | – | – |
| 江　苏 | – | 227 355 | 34 156 | 1 233 | 15 483 |
| 浙　江 | 118 | 33 088 | 252 | 60 | 687 |
| 安　徽 | 55 | 51 249 | 1 574 | 138 | 1 104 |
| 福　建 | 296 | 365 | – | – | – |
| 江　西 | 375 | 28 114 | 531 | 47 | 679 |
| 山　东 | – | 6 548 | – | – | – |
| 河　南 | 51 | 178 | – | – | – |
| 湖　北 | 463 | 36 903 | 1 698 | 167 | 2 455 |
| 湖　南 | 1 445 | 29 197 | 536 | 58 | 694 |
| 广　东 | 598 | 33 607 | 4 091 | 723 | 8 725 |
| 广　西 | – | 12 586 | 143 | 91 | 1 710 |
| 重　庆 | 723 | 19 722 | 670 | 129 | 1 664 |
| 四　川 | 1 034 | 8 730 | 54 | 93 | 1 136 |
| 贵　州 | 2 542 | 1 083 | – | – | – |
| 云　南 | 1 378 | 1 039 | 20 | … | 2 |
| 陕　西 | 624 | 286 | – | – | – |
| 甘　肃 | – | – | – | – | – |

## 5-3　全国港口货物吞吐量

单位：万吨

| 地　区 | 合计 | 液体散货 | 干散货 | 件杂货 | 集装箱 (万TEU) | 重量 | 滚装汽车 (万辆) | 重量 |
|---|---|---|---|---|---|---|---|---|
| 总　计 | 1 400 734 | 127 227 | 795 822 | 126 142 | 23 838 | 281 081 | 2 117 | 70 463 |
| **沿海合计** | 905 698 | 102 282 | 426 560 | 64 138 | 21 099 | 246 735 | 1 900 | 65 984 |
| 天　津 | 50 056 | 6 386 | 19 747 | 4 202 | 1 507 | 16 444 | 97 | 3 277 |
| 河　北 | 108 868 | 2 801 | 94 442 | 6 641 | 374 | 4 984 | 0 | 0 |
| 辽　宁 | 112 558 | 15 598 | 36 862 | 12 838 | 1 950 | 33 019 | 231 | 14 240 |
| 上　海 | 70 542 | 3 800 | 20 764 | 4 716 | 4 023 | 39 759 | 144 | 1 502 |
| 江　苏 | 29 621 | 706 | 20 972 | 3 040 | 492 | 4 902 | … | 1 |
| 浙　江 | 125 744 | 19 444 | 67 897 | 5 382 | 2 687 | 27 638 | 257 | 5 382 |
| 福　建 | 51 995 | 4 972 | 23 170 | 3 364 | 1 565 | 20 192 | 26 | 297 |
| 山　东 | 151 571 | 25 078 | 68 995 | 10 472 | 2 560 | 29 567 | 311 | 17 460 |
| 广　东 | 164 408 | 18 082 | 57 268 | 9 003 | 5 504 | 62 130 | 526 | 17 926 |
| 广　西 | 21 862 | 2 471 | 12 958 | 1 890 | 228 | 4 414 | 4 | 130 |
| 海　南 | 18 473 | 2 943 | 3 485 | 2 589 | 209 | 3 685 | 303 | 5 770 |
| **内河合计** | 495 035 | 24 945 | 369 262 | 62 004 | 2 739 | 34 346 | 217 | 4 478 |
| 山　西 | 19 | – | 16 | 3 | – | – | – | – |
| 辽　宁 | – | – | – | – | – | – | – | – |
| 吉　林 | 16 | – | 16 | – | – | – | – | – |
| 黑龙江 | 440 | 7 | 350 | 54 | 1 | 7 | 1 | 23 |
| 上　海 | 4 509 | 15 | 3 349 | 1 145 | – | – | – | – |
| 江　苏 | 227 355 | 17 284 | 160 282 | 34 164 | 1 233 | 15 483 | 14 | 142 |
| 浙　江 | 33 088 | 742 | 28 654 | 3 004 | 60 | 687 | – | – |
| 安　徽 | 51 249 | 1 002 | 45 537 | 3 485 | 138 | 1 104 | 12 | 122 |
| 福　建 | 365 | – | 294 | 71 | – | – | – | – |
| 江　西 | 28 114 | 488 | 25 144 | 1 803 | 47 | 679 | – | – |
| 山　东 | 6 548 | – | 5 672 | 876 | – | – | – | – |
| 河　南 | 178 | – | 156 | 22 | – | – | – | – |
| 湖　北 | 36 903 | 1 094 | 27 439 | 4 009 | 167 | 2 455 | 95 | 1 905 |
| 湖　南 | 29 197 | 1 117 | 25 081 | 2 305 | 58 | 694 | 1 | 1 |
| 广　东 | 33 607 | 2 186 | 18 028 | 4 666 | 723 | 8 725 | … | 1 |
| 广　西 | 12 586 | 135 | 8 102 | 2 639 | 91 | 1 710 | – | – |
| 重　庆 | 19 722 | 782 | 12 634 | 2 359 | 129 | 1 664 | 95 | 2 284 |
| 四　川 | 8 730 | 94 | 6 786 | 714 | 93 | 1 136 | – | – |
| 贵　州 | 1 083 | – | 595 | 488 | – | – | – | – |
| 云　南 | 1 039 | – | 848 | 189 | … | 2 | – | – |
| 陕　西 | 286 | – | 280 | 6 | – | – | – | – |
| 甘　肃 | – | – | – | – | – | – | – | – |

## 5-4 规模以上港口旅客吞吐量

单位：万人

| 港　口 | 总计 | 到达量 | 国际航线 | 发送量 | 国际航线 |
|---|---|---|---|---|---|
| 总　计 | 8 755 | 4 317 | 757 | 4 438 | 809 |
| 沿海合计 | 7 728 | 3 787 | 721 | 3 941 | 774 |
| 丹　东 | 9 | 4 | 4 | 5 | 5 |
| 大　连 | 577 | 282 | 6 | 295 | 5 |
| 营　口 | 1 | 1 | 1 | 1 | 1 |
| 锦　州 | - | - | - | - | - |
| 秦皇岛 | 2 | 1 | 1 | 1 | 1 |
| 黄　骅 | - | - | - | - | - |
| 唐　山 | - | - | - | - | - |
| 天　津 | 97 | 48 | 48 | 49 | 48 |
| 烟　台 | 355 | 183 | 11 | 172 | 11 |
| 威　海 | 130 | 63 | 13 | 67 | 12 |
| 青　岛 | 15 | 7 | 7 | 7 | 7 |
| 日　照 | 10 | 5 | 5 | 5 | 5 |
| 上　海 | 355 | 177 | 149 | 177 | 148 |
| 连云港 | 14 | 7 | 7 | 7 | 7 |
| 盐　城 | - | - | - | - | - |
| 嘉　兴 | - | - | - | - | - |
| 宁波－舟山 | 308 | 157 | - | 151 | - |
| 　#宁　波 | 151 | 75 | - | 76 | - |
| 　　舟　山 | 157 | 82 | - | 75 | - |
| 台　州 | 192 | 96 | 1 | 96 | 1 |
| 温　州 | 191 | 95 | 0 | 96 | - |
| 福　州 | 17 | 9 | 9 | 9 | 9 |
| 　#福州市港口 | 17 | 9 | 9 | 9 | 9 |
| 　宁德市港口 | - | - | - | - | - |
| 莆　田 | - | - | - | - | - |
| 泉　州 | 14 | 7 | 7 | 7 | 7 |

## 5-4 （续表一）

单位：万人

| 港 口 | 总计 | 到达量 | 国际航线 | 发送量 | 国际航线 |
|---|---|---|---|---|---|
| 厦 门 | 859 | 426 | 90 | 433 | 90 |
| #厦门市港口 | 560 | 278 | 90 | 281 | 90 |
| 漳州市港口 | 299 | 148 | – | 152 | – |
| 汕 头 | – | – | – | – | – |
| 汕 尾 | – | – | – | – | – |
| 惠 州 | – | – | – | – | – |
| 深 圳 | 613 | 288 | 147 | 325 | 189 |
| 虎 门 | 24 | 8 | 8 | 16 | 16 |
| 广 州 | 92 | 44 | 44 | 48 | 48 |
| 中 山 | 130 | 64 | 62 | 66 | 64 |
| 珠 海 | 736 | 366 | 101 | 370 | 99 |
| 江 门 | – | – | – | – | – |
| 阳 江 | – | – | – | – | – |
| 茂 名 | – | – | – | – | – |
| 湛 江 | 1 466 | 694 | – | 772 | – |
| 广西北部湾港 | 23 | 11 | … | 12 | … |
| #北 海 | 22 | 10 | – | 12 | – |
| 钦 州 | – | – | – | – | – |
| 防 城 | 1 | … | … | … | … |
| 海 口 | 1 499 | 745 | 1 | 754 | 1 |
| 洋 浦 | – | – | – | – | – |
| 八 所 | – | – | – | – | – |
| **内河合计** | **1 026** | **529** | **35** | **497** | **35** |
| 哈尔滨 | – | – | – | – | – |
| 佳木斯 | – | – | – | – | – |
| 上 海 | – | – | – | – | – |
| 南 京 | – | – | – | – | – |
| 镇 江 | – | – | – | – | – |

## 5-4 （续表二）

单位：万人

| 港口 | 总计 | 到达量 | 国际航线 | 发送量 | 国际航线 |
|---|---|---|---|---|---|
| 苏 州 | - | - | - | - | - |
| 南 通 | - | - | - | - | - |
| 常 州 | - | - | - | - | - |
| 江 阴 | - | - | - | - | - |
| 扬 州 | - | - | - | - | - |
| 泰 州 | - | - | - | - | - |
| 徐 州 | - | - | - | - | - |
| 连云港 | - | - | - | - | - |
| 无 锡 | - | - | - | - | - |
| 宿 迁 | - | - | - | - | - |
| 淮 安 | - | - | - | - | - |
| 扬州内河 | - | - | - | - | - |
| 镇江内河 | - | - | - | - | - |
| 杭 州 | - | - | - | - | - |
| 嘉兴内河 | - | - | - | - | - |
| 湖 州 | - | - | - | - | - |
| 合 肥 | - | - | - | - | - |
| 亳 州 | - | - | - | - | - |
| 阜 阳 | - | - | - | - | - |
| 淮 南 | - | - | - | - | - |
| 滁 州 | - | - | - | - | - |
| 马鞍山 | - | - | - | - | - |
| 芜 湖 | - | - | - | - | - |
| 铜 陵 | - | - | - | - | - |
| 池 州 | - | - | - | - | - |
| 安 庆 | - | - | - | - | - |
| 南 昌 | - | - | - | - | - |
| 九 江 | 22 | 11 | - | 10 | - |
| 武 汉 | - | - | - | - | - |
| 黄 石 | - | - | - | - | - |

## 5-4 （续表三）

单位：万人

| 港 口 | 总计 | 到达量 | 国际航线 | 发送量 | 国际航线 |
|---|---|---|---|---|---|
| 荆 州 | - | - | - | - | - |
| 宜 昌 | 73 | 37 | - | 36 | - |
| 长 沙 | - | - | - | - | - |
| 湘 潭 | - | - | - | - | - |
| 株 洲 | - | - | - | - | - |
| 岳 阳 | 3 | 1 | - | 2 | - |
| 番 禺 | - | - | - | - | - |
| 新 塘 | - | - | - | - | - |
| 五 和 | - | - | - | - | - |
| 中 山 | - | - | - | - | - |
| 佛 山 | 58 | 29 | 29 | 29 | 29 |
| 江 门 | 13 | 6 | 6 | 6 | 6 |
| 虎 门 | - | - | - | - | - |
| 肇 庆 | - | - | - | - | - |
| 惠 州 | - | - | - | - | - |
| 南 宁 | - | - | - | - | - |
| 柳 州 | - | - | - | - | - |
| 贵 港 | - | - | - | - | - |
| 梧 州 | - | - | - | - | - |
| 来 宾 | - | - | - | - | - |
| 重 庆 | 723 | 374 | - | 349 | - |
| 泸 州 | - | - | - | - | - |
| 宜 宾 | 10 | 5 | - | 5 | - |
| 乐 山 | 3 | 1 | - | - | - |
| 南 充 | 31 | 16 | - | 15 | - |
| 广 安 | 57 | 31 | - | 26 | - |
| 达 州 | 34 | 17 | - | 17 | - |

## 5-5　规模以上港口货物吞吐量

单位：万吨

| 港口 | 总计 | 外贸 | 出港 | 外贸 | 进港 | 外贸 |
|---|---|---|---|---|---|---|
| **总　计** | 1 267 173 | 402 299 | 541 331 | 104 770 | 725 842 | 297 529 |
| **沿海合计** | 865 464 | 358 817 | 375 730 | 93 483 | 489 734 | 265 334 |
| 丹　东 | 14 221 | 1 529 | 4 447 | 279 | 9 774 | 1 250 |
| 大　连 | 45 517 | 15 672 | 22 636 | 5 379 | 22 881 | 10 293 |
| 营　口 | 36 267 | 7 938 | 17 969 | 1 504 | 18 298 | 6 434 |
| 锦　州 | 10 511 | 1 170 | 8 833 | 348 | 1 678 | 823 |
| 秦皇岛 | 24 520 | 1 344 | 23 058 | 272 | 1 462 | 1 072 |
| 黄　骅 | 27 028 | 4 143 | 21 555 | 21 | 5 473 | 4 122 |
| 唐　山 | 57 320 | 29 105 | 27 489 | 1 056 | 29 832 | 28 049 |
| 天　津 | 50 056 | 28 045 | 26 567 | 9 579 | 23 489 | 18 467 |
| 烟　台 | 28 816 | 10 475 | 11 204 | 1 233 | 17 612 | 9 242 |
| 威　海 | 4 468 | 2 334 | 2 224 | 1 205 | 2 244 | 1 129 |
| 青　岛 | 51 031 | 36 863 | 19 255 | 10 173 | 31 776 | 26 689 |
| 日　照 | 36 136 | 24 750 | 8 450 | 1 138 | 27 686 | 23 612 |
| 上　海 | 70 542 | 41 043 | 30 867 | 18 910 | 39 674 | 22 133 |
| 连云港 | 20 605 | 12 039 | 6 430 | 1 771 | 14 175 | 10 267 |
| 盐　城 | 9 017 | 2 459 | 2 201 | 336 | 6 816 | 2 123 |
| 嘉　兴 | 8 829 | 1 226 | 1 947 | 318 | 6 882 | 908 |
| 宁波－舟山 | 100 933 | 47 475 | 43 333 | 13 396 | 57 600 | 34 078 |
| 　#宁　波 | 55 151 | 33 148 | 21 346 | 12 862 | 33 805 | 20 286 |
| 　　舟　山 | 45 782 | 14 327 | 21 986 | 534 | 23 795 | 13 793 |
| 台　州 | 7 057 | 753 | 979 | 20 | 6 078 | 733 |
| 温　州 | 8 926 | 492 | 1 245 | 63 | 7 681 | 429 |
| 福　州 | 14 838 | 6 048 | 4 761 | 1 819 | 10 077 | 4 229 |
| #福州市港口 | 11 984 | 4 998 | 4 007 | 1 701 | 7 977 | 3 297 |
| 　宁德市港口 | 2 854 | 1 050 | 754 | 118 | 2 100 | 932 |
| 莆　田 | 3 055 | 1 166 | 467 | 15 | 2 588 | 1 151 |
| 泉　州 | 12 986 | 3 865 | 3 525 | 534 | 9 461 | 3 331 |

## 5-5（续表一）

单位：万吨

| 港　口 | 总计 | 外贸 | 出港 | 外贸 | 进港 | 外贸 |
|---|---|---|---|---|---|---|
| 厦　门 | 21 116 | 9 271 | 8 245 | 4 186 | 12 871 | 5 085 |
| #厦门市港口 | 16 390 | 8 453 | 6 513 | 3 766 | 9 877 | 4 687 |
| 　漳州市港口 | 4 726 | 818 | 1 732 | 420 | 2 994 | 398 |
| 汕　头 | 4 890 | 1 307 | 595 | 247 | 4 295 | 1 061 |
| 汕　尾 | 1 155 | 483 | 44 | 1 | 1 111 | 482 |
| 惠　州 | 5 970 | 2 798 | 1 496 | 563 | 4 474 | 2 235 |
| 深　圳 | 24 136 | 18 778 | 13 313 | 10 443 | 10 823 | 8 334 |
| 虎　门 | 14 361 | 3 222 | 5 173 | 364 | 9 187 | 2 858 |
| 广　州 | 57 003 | 12 844 | 23 929 | 4 393 | 33 074 | 8 451 |
| 中　山 | 3 994 | 514 | 1 530 | 321 | 2 465 | 193 |
| 珠　海 | 13 586 | 2 981 | 5 291 | 507 | 8 295 | 2 474 |
| 江　门 | 4 092 | 256 | 1 915 | 139 | 2 177 | 117 |
| 阳　江 | 2 734 | 1 112 | 293 | - | 2 440 | 1 112 |
| 茂　名 | 2 491 | 1 364 | 529 | 211 | 1 963 | 1 152 |
| 湛　江 | 28 209 | 8 701 | 10 464 | 446 | 17 745 | 8 255 |
| 广西北部湾港 | 21 862 | 12 004 | 6 667 | 1 599 | 15 196 | 10 405 |
| 　#北　海 | 3 169 | 1 104 | 1 374 | 186 | 1 795 | 917 |
| 　钦　州 | 8 338 | 3 448 | 2 870 | 693 | 5 468 | 2 755 |
| 　防　城 | 10 355 | 7 452 | 2 423 | 720 | 7 932 | 6 732 |
| 海　口 | 11 297 | 325 | 4 244 | 62 | 7 053 | 262 |
| 洋　浦 | 4 285 | 2 585 | 1 721 | 586 | 2 565 | 1 999 |
| 八　所 | 1 605 | 339 | 842 | 47 | 763 | 292 |
| 内河合计 | 401 710 | 43 482 | 165 601 | 11 286 | 236 109 | 32 195 |
| 哈尔滨 | 122 | - | 47 | - | 75 | - |
| 佳木斯 | 198 | 42 | 26 | 11 | 171 | 31 |
| 上　海 | 4 509 | - | 869 | - | 3 640 | - |
| 南　京 | 23 637 | 2 454 | 9 350 | 1 136 | 14 287 | 1 318 |
| 镇　江 | 14 203 | 3 377 | 6 063 | 562 | 8 140 | 2 815 |

## 5-5 （续表二）

单位：万吨

| 港口 | 总计 | 外贸 | 出港 | 外贸 | 进港 | 外贸 |
|---|---|---|---|---|---|---|
| 苏 州 | 60 456 | 15 434 | 23 655 | 3 356 | 36 801 | 12 077 |
| 南 通 | 23 572 | 5 945 | 9 463 | 852 | 14 109 | 5 093 |
| 常 州 | 4 714 | 692 | 1 724 | 167 | 2 990 | 525 |
| 江 阴 | 15 971 | 3 426 | 5 958 | 232 | 10 013 | 3 194 |
| 扬 州 | 9 424 | 1 011 | 3 855 | 359 | 5 569 | 652 |
| 泰 州 | 19 942 | 1 790 | 7 526 | 294 | 12 416 | 1 496 |
| 徐 州 | 7 420 | - | 3 261 | - | 4 159 | - |
| 连云港 | 2 236 | - | 1 168 | - | 1 068 | - |
| 无 锡 | 5 396 | 26 | 845 | 21 | 4 551 | 6 |
| 宿 迁 | 1 476 | - | 221 | - | 1 255 | - |
| 淮 安 | 10 030 | - | 2 099 | - | 7 930 | - |
| 扬州内河 | 2 613 | … | 445 | … | 2 168 | … |
| 镇江内河 | 535 | - | 263 | - | 273 | - |
| 杭 州 | 10 714 | … | 4 904 | - | 5 810 | … |
| 嘉兴内河 | 9 432 | 65 | 1 468 | 12 | 7 964 | 53 |
| 湖 州 | 10 540 | 187 | 6 148 | 59 | 4 392 | 128 |
| 合 肥 | 3 545 | 27 | 808 | 18 | 2 737 | 9 |
| 亳 州 | 1 067 | - | 110 | - | 957 | - |
| 阜 阳 | 641 | - | 164 | - | 476 | - |
| 淮 南 | 1 798 | - | 1 428 | - | 370 | - |
| 滁 州 | 1 176 | - | 651 | - | 525 | - |
| 马鞍山 | 11 014 | 1 141 | 3 818 | 27 | 7 196 | 1 114 |
| 芜 湖 | 12 806 | 315 | 8 589 | 217 | 4 217 | 98 |
| 铜 陵 | 11 095 | 28 | 6 843 | 18 | 4 252 | 11 |
| 池 州 | 4 783 | 25 | 3 948 | 24 | 834 | … |
| 安 庆 | 2 401 | 38 | 900 | 25 | 1 502 | 13 |
| 南 昌 | 3 281 | 167 | 146 | 102 | 3 135 | 65 |
| 九 江 | 11 717 | 364 | 7 437 | 205 | 4 280 | 159 |
| 武 汉 | 10 018 | 1 057 | 2 574 | 578 | 7 444 | 479 |

## 5-5（续表三）

单位：万吨

| 港口 | 总计 | 外贸 | 出港 | 外贸 | 进港 | 外贸 |
|---|---|---|---|---|---|---|
| 黄 石 | 4 039 | 528 | 2 294 | 22 | 1 746 | 507 |
| 荆 州 | 1 043 | 45 | 326 | 30 | 717 | 15 |
| 宜 昌 | 1 010 | 67 | 616 | 55 | 393 | 12 |
| 长 沙 | 5 232 | 110 | 74 | 71 | 5 157 | 39 |
| 湘 潭 | 1 592 | - | 339 | - | 1 253 | - |
| 株 洲 | 872 | - | 19 | - | 853 | - |
| 岳 阳 | 11 932 | 426 | 6 873 | 216 | 5 059 | 210 |
| 番 禺 | 562 | … | 37 | … | 525 | … |
| 新 塘 | 807 | 13 | 130 | 4 | 676 | 8 |
| 五 和 | 640 | 111 | 232 | 38 | 408 | 73 |
| 中 山 | 4 050 | 199 | 1 871 | 146 | 2 179 | 53 |
| 佛 山 | 7 967 | 2 703 | 2 973 | 1 568 | 4 994 | 1 135 |
| 江 门 | 4 175 | 485 | 1 677 | 273 | 2 498 | 212 |
| 虎 门 | 1 353 | 4 | 265 | 1 | 1 088 | 3 |
| 肇 庆 | 3 973 | 311 | 1 998 | 147 | 1 976 | 164 |
| 惠 州 | 1 245 | - | 659 | - | 586 | - |
| 南 宁 | 1 380 | - | 462 | - | 918 | - |
| 柳 州 | 98 | … | 84 | … | 13 | - |
| 贵 港 | 6 322 | 14 | 3 444 | 10 | 2 878 | 5 |
| 梧 州 | 3 634 | 128 | 2 879 | 61 | 755 | 67 |
| 来 宾 | 1 152 | - | 1 095 | - | 57 | - |
| 重 庆 | 19 722 | 670 | 7 787 | 353 | 11 935 | 318 |
| 泸 州 | 3 493 | 42 | 1 365 | 14 | 2 128 | 27 |
| 宜 宾 | 1 392 | 12 | 857 | 4 | 535 | 8 |
| 乐 山 | 268 | - | 266 | - | 2 | - |
| 南 充 | 579 | - | 57 | - | 522 | - |
| 广 安 | 411 | - | 6 | - | 406 | - |
| 达 州 | 283 | - | 141 | - | 141 | - |

## 5-6 规模以上港口分货类吞吐量

单位：万吨

| 货物种类 | 总计 | 外贸 | 出港 | 外贸 | 进港 | 外贸 |
|---|---|---|---|---|---|---|
| 总　计 | 1 267 173 | 402 299 | 541 331 | 104 770 | 725 842 | 297 529 |
| 煤炭及制品 | 233 378 | 23 932 | 111 732 | 1 601 | 121 647 | 22 331 |
| 石油、天然气及制品 | 100 176 | 55 003 | 28 160 | 5 045 | 72 016 | 49 958 |
| ＃原油 | 55 099 | 38 729 | 9 140 | 684 | 45 959 | 38 044 |
| 金属矿石 | 202 781 | 127 184 | 43 337 | 761 | 159 444 | 126 423 |
| 钢铁 | 50 405 | 7 736 | 30 632 | 6 243 | 19 773 | 1 493 |
| 矿建材料 | 178 181 | 3 445 | 70 777 | 2 807 | 107 404 | 639 |
| 水泥 | 34 396 | 1 036 | 22 984 | 987 | 11 413 | 49 |
| 木材 | 9 665 | 7 279 | 1 659 | 262 | 8 006 | 7 017 |
| 非金属矿石 | 29 247 | 7 370 | 13 612 | 1 345 | 15 635 | 6 025 |
| 化学肥料及农药 | 4 866 | 2 639 | 2 833 | 1 920 | 2 033 | 719 |
| 盐 | 2 272 | 976 | 774 | 44 | 1 498 | 932 |
| 粮食 | 32 764 | 12 150 | 10 681 | 179 | 22 083 | 11 971 |
| 机械、设备、电器 | 23 532 | 14 230 | 13 041 | 8 434 | 10 492 | 5 796 |
| 化工原料及制品 | 26 928 | 9 867 | 10 702 | 1 751 | 16 226 | 8 115 |
| 有色金属 | 1 397 | 1 031 | 495 | 369 | 902 | 663 |
| 轻工、医药产品 | 11 988 | 5 356 | 6 120 | 2 833 | 5 867 | 2 524 |
| 农林牧渔业产品 | 5 596 | 2 235 | 1 924 | 355 | 3 672 | 1 881 |
| 其他 | 319 600 | 120 829 | 171 869 | 69 834 | 147 731 | 50 995 |

## 5-7　沿海规模以上港口分货类吞吐量

单位：万吨

| 货物种类 | 总计 | 外贸 | 出港 | 外贸 | 进港 | 外贸 |
|---|---|---|---|---|---|---|
| 总　计 | 865 464 | 358 817 | 375 730 | 93 483 | 489 734 | 265 334 |
| 煤炭及制品 | 151 640 | 21 397 | 86 674 | 1 549 | 64 965 | 19 849 |
| 石油、天然气及制品 | 85 994 | 53 345 | 22 989 | 4 745 | 63 005 | 48 600 |
| 　#原油 | 52 118 | 38 725 | 8 507 | 684 | 43 611 | 38 041 |
| 金属矿石 | 145 304 | 113 963 | 25 438 | 684 | 119 866 | 113 279 |
| 钢铁 | 31 768 | 6 359 | 20 768 | 5 293 | 11 000 | 1 066 |
| 矿建材料 | 62 825 | 3 018 | 24 435 | 2 434 | 38 390 | 584 |
| 水泥 | 7 112 | 292 | 2 093 | 261 | 5 019 | 31 |
| 木材 | 5 649 | 4 645 | 724 | 228 | 4 925 | 4 416 |
| 非金属矿石 | 16 679 | 6 550 | 7 302 | 1 037 | 9 378 | 5 513 |
| 化学肥料及农药 | 2 374 | 1 910 | 1 494 | 1 272 | 880 | 639 |
| 盐 | 1 179 | 904 | 168 | 12 | 1 011 | 892 |
| 粮食 | 21 393 | 9 989 | 7 103 | 151 | 14 289 | 9 839 |
| 机械、设备、电器 | 22 171 | 13 479 | 12 006 | 7 820 | 10 164 | 5 659 |
| 化工原料及制品 | 15 245 | 6 265 | 6 184 | 1 112 | 9 061 | 5 153 |
| 有色金属 | 1 014 | 703 | 312 | 202 | 702 | 501 |
| 轻工、医药产品 | 9 863 | 4 444 | 5 241 | 2 565 | 4 623 | 1 879 |
| 农林牧渔业产品 | 4 102 | 1 917 | 1 295 | 301 | 2 807 | 1 616 |
| 其他 | 281 151 | 109 638 | 151 504 | 63 820 | 129 647 | 45 818 |

## 5-8 内河规模以上港口分货类吞吐量

单位：万吨

| 货物种类 | 总计 | 外贸 | 出港 | 外贸 | 进港 | 外贸 |
|---|---|---|---|---|---|---|
| 总　计 | 401 710 | 43 482 | 165 601 | 11 286 | 236 109 | 32 195 |
| 煤炭及制品 | 81 739 | 2 535 | 25 057 | 52 | 56 681 | 2 483 |
| 石油、天然气及制品 | 14 182 | 1 658 | 5 172 | 301 | 9 010 | 1 357 |
| 　#原油 | 2 981 | 4 | 633 | - | 2 348 | 4 |
| 金属矿石 | 57 477 | 13 221 | 17 899 | 77 | 39 578 | 13 144 |
| 钢铁 | 18 637 | 1 377 | 9 864 | 950 | 8 773 | 427 |
| 矿建材料 | 115 355 | 428 | 46 342 | 373 | 69 014 | 55 |
| 水泥 | 27 284 | 744 | 20 891 | 726 | 6 393 | 18 |
| 木材 | 4 017 | 2 634 | 935 | 34 | 3 081 | 2 600 |
| 非金属矿石 | 12 568 | 820 | 6 310 | 308 | 6 258 | 512 |
| 化学肥料及农药 | 2 492 | 729 | 1 339 | 649 | 1 153 | 80 |
| 盐 | 1 093 | 72 | 606 | 33 | 487 | 40 |
| 粮食 | 11 371 | 2 161 | 3 577 | 29 | 7 794 | 2 132 |
| 机械、设备、电器 | 1 362 | 751 | 1 034 | 614 | 327 | 138 |
| 化工原料及制品 | 11 683 | 3 602 | 4 518 | 640 | 7 165 | 2 962 |
| 有色金属 | 383 | 328 | 183 | 167 | 200 | 161 |
| 轻工、医药产品 | 2 124 | 912 | 879 | 267 | 1 245 | 645 |
| 农林牧渔业产品 | 1 494 | 318 | 628 | 54 | 865 | 264 |
| 其他 | 38 449 | 11 191 | 20 365 | 6 014 | 18 084 | 5 177 |

## 5-9 规模以上港口煤炭及制品吞吐量

单位：千吨

| 港口 | 总计 | 外贸 | 出港 | 外贸 | 进港 | 外贸 |
|---|---|---|---|---|---|---|
| 总 计 | 2 333 784 | 239 324 | 1 117 318 | 16 010 | 1 216 466 | 223 314 |
| 沿海合计 | 1 516 398 | 213 974 | 866 744 | 15 488 | 649 654 | 198 485 |
| 丹 东 | 12 874 | 3 550 | 2 240 | - | 10 635 | 3 550 |
| 大 连 | 15 061 | 3 383 | 631 | - | 14 430 | 3 383 |
| 营 口 | 21 669 | 9 844 | 3 397 | 243 | 18 273 | 9 601 |
| 锦 州 | 6 896 | 390 | 6 388 | - | 508 | 390 |
| 秦皇岛 | 216 599 | 1 132 | 215 559 | 92 | 1 040 | 1 040 |
| 黄 骅 | 210 921 | 2 386 | 208 249 | 70 | 2 673 | 2 316 |
| 唐 山 | 177 388 | 15 715 | 162 521 | 1 963 | 14 866 | 13 752 |
| 天 津 | 97 004 | 6 734 | 96 198 | 6 547 | 806 | 187 |
| 烟 台 | 15 174 | 2 410 | 2 271 | 633 | 12 903 | 1 777 |
| 威 海 | 4 322 | 210 | 343 | 30 | 3 979 | 179 |
| 青 岛 | 23 884 | 7 190 | 14 516 | 1 892 | 9 368 | 5 297 |
| 日 照 | 36 493 | 11 780 | 24 052 | 2 556 | 12 440 | 9 224 |
| 上 海 | 70 554 | 12 352 | 12 741 | 78 | 57 813 | 12 274 |
| 连云港 | 20 934 | 3 252 | 6 354 | 1 168 | 14 580 | 2 084 |
| 盐 城 | 21 488 | 330 | 3 756 | 53 | 17 731 | 277 |
| 嘉 兴 | 34 866 | 86 | 6 130 | - | 28 736 | 86 |
| 宁波-舟山 | 84 709 | 16 379 | 15 483 | - | 69 226 | 16 379 |
| #宁 波 | 59 857 | 7 408 | 6 245 | - | 53 613 | 7 408 |
| 舟 山 | 24 851 | 8 971 | 9 238 | - | 15 613 | 8 971 |
| 台 州 | 18 562 | 5 043 | 19 | - | 18 543 | 5 043 |
| 温 州 | 25 306 | 1 918 | 981 | 16 | 24 325 | 1 902 |
| 福 州 | 26 834 | 7 576 | 574 | 15 | 26 260 | 7 561 |
| #福州市港口 | 20 528 | 5 011 | 574 | 15 | 19 953 | 4 995 |
| 宁德市港口 | 6 307 | 2 566 | - | - | 6 307 | 2 566 |
| 莆 田 | 14 936 | 6 941 | 4 401 | - | 10 535 | 6 941 |
| 泉 州 | 15 455 | 5 010 | 112 | - | 15 343 | 5 010 |

## 5-9 （续表一）

单位：千吨

| 港 口 | 总计 | 外贸 | 出港 | 外贸 | 进港 | 外贸 |
|---|---|---|---|---|---|---|
| 厦 门 | 19 659 | 6 687 | 1 402 | 14 | 18 258 | 6 673 |
| #厦门市港口 | 13 093 | 5 502 | 1 245 | – | 11 848 | 5 502 |
| 漳州市港口 | 6 567 | 1 185 | 157 | 14 | 6 410 | 1 171 |
| 汕 头 | 12 374 | 8 476 | 463 | – | 11 911 | 8 476 |
| 汕 尾 | 10 761 | 4 738 | – | – | 10 761 | 4 738 |
| 惠 州 | 7 647 | – | – | – | 7 647 | – |
| 深 圳 | 3 870 | 693 | – | – | 3 870 | 693 |
| 虎 门 | 57 473 | 10 075 | 21 267 | – | 36 206 | 10 075 |
| 广 州 | 77 200 | 13 152 | 29 175 | … | 48 026 | 13 151 |
| 中 山 | 462 | – | 8 | – | 454 | – |
| 珠 海 | 53 746 | 6 566 | 21 593 | – | 32 153 | 6 566 |
| 江 门 | 9 995 | – | 10 | – | 9 985 | – |
| 阳 江 | 9 364 | 738 | 30 | – | 9 334 | 738 |
| 茂 名 | 1 945 | 48 | 3 | – | 1 942 | 48 |
| 湛 江 | 23 961 | 10 133 | 1 641 | – | 22 320 | 10 133 |
| 广西北部湾港 | 44 658 | 23 513 | 3 858 | 117 | 40 800 | 23 396 |
| #北 海 | 4 721 | 189 | 11 | – | 4 710 | 189 |
| 钦 州 | 15 760 | 5 386 | 994 | 26 | 14 766 | 5 360 |
| 防 城 | 24 177 | 17 938 | 2 853 | 91 | 21 324 | 17 847 |
| 海 口 | 3 924 | 1 498 | 301 | – | 3 623 | 1 498 |
| 洋 浦 | 2 082 | 1 138 | 75 | – | 2 007 | 1 138 |
| 八 所 | 5 344 | 2 911 | – | – | 5 344 | 2 911 |
| **内河合计** | 817 386 | 25 350 | 250 574 | 521 | 566 812 | 24 829 |
| 哈尔滨 | 624 | – | 433 | – | 191 | – |
| 佳木斯 | 151 | – | 147 | – | 4 | – |
| 上 海 | 424 | – | 114 | – | 310 | – |
| 南 京 | 65 236 | 3 375 | 22 379 | 48 | 42 858 | 3 327 |
| 镇 江 | 39 953 | 5 626 | 10 196 | 286 | 29 757 | 5 341 |

## 5-9 (续表二)

单位:千吨

| 港 口 | 总计 | 外贸 | 出港 | 外贸 | 进港 | 外贸 |
|---|---|---|---|---|---|---|
| 苏 州 | 173 234 | 6 062 | 59 338 | 180 | 113 896 | 5 883 |
| 南 通 | 56 099 | 4 874 | 19 175 | - | 36 924 | 4 874 |
| 常 州 | 10 454 | 1 577 | 2 494 | - | 7 960 | 1 577 |
| 江 阴 | 54 472 | 399 | 19 301 | - | 35 171 | 399 |
| 扬 州 | 40 627 | 132 | 17 351 | - | 23 276 | 132 |
| 泰 州 | 89 956 | 2 195 | 34 944 | 1 | 55 012 | 2 193 |
| 徐 州 | 28 241 | - | 23 030 | - | 5 212 | - |
| 连云港 | 512 | - | 214 | - | 298 | - |
| 无 锡 | 9 521 | - | 69 | - | 9 451 | - |
| 宿 迁 | 1 811 | - | - | - | 1 811 | - |
| 淮 安 | 9 538 | - | - | - | 9 538 | - |
| 扬州内河 | 2 221 | - | 5 | - | 2 216 | - |
| 镇江内河 | 458 | - | 5 | - | 453 | - |
| 杭 州 | 5 581 | - | 85 | - | 5 496 | - |
| 嘉兴内河 | 8 510 | - | 1 772 | - | 6 738 | - |
| 湖 州 | 11 692 | - | 115 | - | 11 577 | - |
| 合 肥 | 2 641 | - | 125 | - | 2 516 | - |
| 亳 州 | 879 | - | 877 | - | 2 | - |
| 阜 阳 | 801 | - | 750 | - | 51 | - |
| 淮 南 | 3 740 | - | 3 672 | - | 67 | - |
| 滁 州 | 688 | - | - | - | 688 | - |
| 马鞍山 | 14 317 | 959 | 371 | - | 13 945 | 959 |
| 芜 湖 | 19 231 | - | 5 751 | - | 13 480 | - |
| 铜 陵 | 23 558 | - | 2 571 | - | 20 987 | - |
| 池 州 | 4 621 | - | 20 | - | 4 600 | - |
| 安 庆 | 8 053 | - | 32 | - | 8 021 | - |
| 南 昌 | 7 569 | 151 | 18 | 6 | 7 551 | 144 |
| 九 江 | 14 843 | - | 279 | - | 14 564 | - |
| 武 汉 | 3 853 | - | 521 | - | 3 332 | - |

## 5-9 （续表三）

单位：千吨

| 港口 | 总计 | 外贸 | 出港 | 外贸 | 进港 | 外贸 |
|---|---|---|---|---|---|---|
| 黄石 | 5 848 | … | 7 | – | 5 841 | … |
| 荆州 | 725 | – | 280 | – | 445 | – |
| 宜昌 | 3 510 | – | 2 782 | – | 727 | – |
| 长沙 | 1 809 | – | – | – | 1 809 | – |
| 湘潭 | 4 207 | – | 57 | – | 4 149 | – |
| 株洲 | 350 | – | – | – | 350 | – |
| 岳阳 | 19 859 | – | 7 391 | – | 12 467 | – |
| 番禺 | 365 | – | – | – | 365 | – |
| 新塘 | 2 853 | – | – | – | 2 853 | – |
| 五和 | 730 | – | – | – | 730 | – |
| 中山 | 2 451 | – | 24 | – | 2 428 | – |
| 佛山 | 8 424 | – | 192 | – | 8 233 | – |
| 江门 | 3 711 | – | 72 | – | 3 639 | – |
| 虎门 | 2 684 | – | … | – | 2 684 | – |
| 肇庆 | 5 159 | – | – | – | 5 159 | – |
| 惠州 | 269 | – | – | – | 269 | – |
| 南宁 | 1 020 | – | 233 | – | 787 | – |
| 柳州 | 26 | – | – | – | 26 | – |
| 贵港 | 7 596 | – | 264 | – | 7 332 | – |
| 梧州 | 2 932 | – | 163 | – | 2 769 | – |
| 来宾 | 1 145 | – | 962 | – | 183 | – |
| 重庆 | 22 464 | – | 8 159 | – | 14 305 | – |
| 泸州 | 4 484 | … | 3 433 | … | 1 052 | – |
| 宜宾 | 443 | – | 304 | – | 139 | – |
| 乐山 | 12 | – | 6 | – | 6 | – |
| 南充 | 25 | – | – | – | 25 | – |
| 广安 | – | – | – | – | – | – |
| 达州 | 177 | – | 89 | – | 89 | – |

## 5-10 规模以上港口石油、天然气及制品吞吐量

单位：千吨

| 港 口 | 总计 | 外贸 | 出港 | 外贸 | 进港 | 外贸 |
|---|---|---|---|---|---|---|
| 总　计 | 1 001 761 | 550 031 | 281 604 | 50 454 | 720 157 | 499 577 |
| 沿海合计 | 859 941 | 533 451 | 229 887 | 47 447 | 630 054 | 486 004 |
| 丹　东 | 204 | 14 | 204 | 14 | – | – |
| 大　连 | 76 012 | 44 923 | 33 498 | 9 688 | 42 514 | 35 235 |
| 营　口 | 42 599 | 16 225 | 11 711 | 1 466 | 30 888 | 14 759 |
| 锦　州 | 13 700 | 5 439 | 9 080 | 2 331 | 4 620 | 3 108 |
| 秦皇岛 | 3 641 | 274 | 1 379 | – | 2 262 | 274 |
| 黄　骅 | 4 780 | 15 | 25 | 15 | 4 755 | – |
| 唐　山 | 19 352 | 17 739 | 1 348 | 66 | 18 004 | 17 673 |
| 天　津 | 57 073 | 23 846 | 27 643 | 2 290 | 29 429 | 21 555 |
| 烟　台 | 28 399 | 22 305 | 3 082 | 466 | 25 317 | 21 839 |
| 威　海 | 171 | 129 | 9 | 9 | 162 | 120 |
| 青　岛 | 103 076 | 85 895 | 21 267 | 4 651 | 81 809 | 81 244 |
| 日　照 | 62 212 | 59 117 | 2 067 | 113 | 60 145 | 59 004 |
| 上　海 | 31 489 | 11 889 | 10 417 | 2 621 | 21 072 | 9 268 |
| 连云港 | 1 269 | 271 | 288 | 2 | 982 | 270 |
| 盐　城 | 397 | 113 | 282 | – | 115 | 113 |
| 嘉　兴 | 5 531 | 1 571 | 1 757 | – | 3 773 | 1 571 |
| 宁波－舟山 | 160 933 | 97 586 | 41 120 | 3 055 | 119 812 | 94 532 |
| #宁　波 | 90 995 | 57 443 | 17 521 | 1 954 | 73 473 | 55 489 |
| 舟　山 | 69 938 | 40 143 | 23 599 | 1 101 | 46 339 | 39 042 |
| 台　州 | 1 740 | – | 89 | – | 1 651 | – |
| 温　州 | 4 936 | 844 | 708 | – | 4 228 | 844 |
| 福　州 | 2 918 | 43 | 318 | – | 2 600 | 43 |
| #福州市港口 | 2 632 | 43 | 317 | – | 2 315 | 43 |
| 宁德市港口 | 285 | – | 1 | – | 284 | – |
| 莆　田 | 3 171 | 3 155 | – | – | 3 171 | 3 155 |
| 泉　州 | 34 664 | 25 578 | 10 428 | 4 211 | 24 236 | 21 367 |

# 5-10 （续表一）

单位：千吨

| 港　口 | 总计 | | 出港 | | 进港 | |
|---|---|---|---|---|---|---|
| | | 外贸 | | 外贸 | | 外贸 |
| 厦　门 | 4 154 | 364 | 813 | 118 | 3 340 | 246 |
| #厦门市港口 | 3 429 | 270 | 664 | 118 | 2 765 | 152 |
| 漳州市港口 | 725 | 94 | 150 | – | 575 | 94 |
| 汕　头 | 1 377 | 679 | 29 | – | 1 348 | 679 |
| 汕　尾 | – | – | – | – | – | – |
| 惠　州 | 37 305 | 23 045 | 6 104 | 1 638 | 31 201 | 21 407 |
| 深　圳 | 13 396 | 8 757 | 1 234 | 882 | 12 162 | 7 875 |
| 虎　门 | 11 623 | 5 317 | 5 388 | 1 931 | 6 235 | 3 386 |
| 广　州 | 23 662 | 5 559 | 8 883 | 822 | 14 780 | 4 737 |
| 中　山 | 765 | 2 | 23 | … | 742 | 2 |
| 珠　海 | 11 779 | 5 510 | 4 310 | 754 | 7 469 | 4 755 |
| 江　门 | 1 894 | 100 | 1 205 | – | 689 | 100 |
| 阳　江 | 399 | – | 17 | – | 382 | – |
| 茂　名 | 16 355 | 13 078 | 2 935 | 1 910 | 13 420 | 11 167 |
| 湛　江 | 29 289 | 22 309 | 4 236 | 327 | 25 054 | 21 982 |
| 广西北部湾港 | 24 498 | 15 594 | 7 102 | 2 757 | 17 395 | 12 836 |
| #北　海 | 6 259 | 1 551 | 3 606 | 248 | 2 653 | 1 303 |
| 钦　州 | 15 559 | 11 827 | 3 364 | 2 443 | 12 196 | 9 384 |
| 防　城 | 2 680 | 2 216 | 133 | 66 | 2 546 | 2 149 |
| 海　口 | 1 990 | 162 | 298 | – | 1 692 | 162 |
| 洋　浦 | 19 734 | 16 004 | 9 013 | 5 308 | 10 721 | 10 696 |
| 八　所 | 3 456 | – | 1 576 | – | 1 880 | – |
| **内河合计** | **141 820** | **16 581** | **51 716** | **3 007** | **90 103** | **13 573** |
| 哈尔滨 | 35 | – | 35 | – | – | – |
| 佳木斯 | 35 | – | – | – | 35 | – |
| 上　海 | 149 | – | 2 | – | 147 | – |
| 南　京 | 38 804 | 939 | 20 624 | 496 | 18 179 | 443 |

## 5-10 （续表二）

单位：千吨

| 港口 | 总计 | 外贸 | 出港 | 外贸 | 进港 | 外贸 |
|---|---|---|---|---|---|---|
| 镇江 | 5 469 | 2 176 | 1 710 | 155 | 3 758 | 2 021 |
| 苏州 | 8 729 | 3 777 | 3 270 | 851 | 5 460 | 2 926 |
| 南通 | 17 198 | 6 536 | 4 866 | 238 | 12 331 | 6 298 |
| 常州 | - | - | - | - | - | - |
| 江阴 | 7 601 | 1 728 | 2 491 | 807 | 5 110 | 921 |
| 扬州 | 3 389 | 501 | 2 131 | - | 1 257 | 501 |
| 泰州 | 4 910 | 886 | 1 245 | 444 | 3 665 | 442 |
| 徐州 | - | - | - | - | - | - |
| 连云港 | - | - | - | - | - | - |
| 无锡 | 2 449 | - | 8 | - | 2 440 | - |
| 宿迁 | 274 | - | 20 | - | 254 | - |
| 淮安 | 2 963 | - | 1 584 | - | 1 378 | - |
| 扬州内河 | 2 236 | - | 1 242 | - | 993 | - |
| 镇江内河 | - | - | - | - | - | - |
| 杭州 | 1 273 | - | 1 | - | 1 272 | - |
| 嘉兴内河 | 838 | - | 461 | - | 377 | - |
| 湖州 | 1 252 | - | 201 | - | 1 051 | - |
| 合肥 | 339 | - | - | - | 339 | - |
| 亳州 | - | - | - | - | - | - |
| 阜阳 | 7 | - | - | - | 7 | - |
| 淮南 | - | - | - | - | - | - |
| 滁州 | 47 | - | - | - | 47 | - |
| 马鞍山 | 648 | - | 206 | - | 442 | - |
| 芜湖 | 1 384 | - | 238 | - | 1 146 | - |
| 铜陵 | 239 | - | - | - | 239 | - |
| 池州 | 466 | 4 | - | - | 466 | 4 |
| 安庆 | 2 028 | - | 1 897 | - | 130 | - |
| 南昌 | 524 | - | 17 | - | 507 | - |
| 九江 | 4 227 | - | 2 265 | - | 1 962 | - |

## 5-10 （续表三）

单位：千吨

| 港口 | 总计 | 外贸 | 出港 | 外贸 | 进港 | 外贸 |
|---|---|---|---|---|---|---|
| 武汉 | 4 582 | – | 2 862 | – | 1 720 | – |
| 黄石 | 370 | 2 | 2 | 2 | 369 | … |
| 荆州 | 246 | – | 22 | – | 224 | – |
| 宜昌 | … | – | … | – | … | – |
| 长沙 | 581 | 17 | 12 | 12 | 569 | 5 |
| 湘潭 | – | – | – | – | – | – |
| 株洲 | 85 | – | – | – | 85 | – |
| 岳阳 | 8 650 | – | 1 101 | – | 7 549 | – |
| 番禺 | 606 | – | 70 | – | 536 | – |
| 新塘 | 1 131 | – | 244 | – | 887 | – |
| 五和 | – | – | – | – | – | – |
| 中山 | 100 | … | 6 | – | 94 | … |
| 佛山 | 6 142 | 11 | 1 407 | 2 | 4 735 | 9 |
| 江门 | 984 | – | 220 | – | 764 | – |
| 虎门 | 973 | – | 388 | – | 584 | – |
| 肇庆 | 473 | – | – | – | 473 | – |
| 惠州 | – | – | – | – | – | – |
| 南宁 | 43 | – | – | – | 43 | – |
| 柳州 | – | – | – | – | – | – |
| 贵港 | 25 | – | 22 | – | 3 | – |
| 梧州 | 534 | – | 9 | – | 524 | – |
| 来宾 | – | – | – | – | – | – |
| 重庆 | 7 839 | – | 833 | – | 7 005 | – |
| 泸州 | 946 | 4 | 3 | 1 | 943 | 3 |
| 宜宾 | – | – | – | – | – | – |
| 乐山 | – | – | – | – | – | – |
| 南充 | – | – | – | – | – | – |
| 广安 | – | – | – | – | – | – |
| 达州 | – | – | – | – | – | – |

## 5-11 规模以上港口原油吞吐量

单位：千吨

| 港口 | 总计 | 外贸 | 出港 | 外贸 | 进港 | 外贸 |
|---|---|---|---|---|---|---|
| **总 计** | 550 989 | 387 286 | 91 395 | 6 843 | 459 594 | 380 444 |
| **沿海合计** | 521 180 | 387 251 | 85 066 | 6 843 | 436 114 | 380 409 |
| 丹 东 | – | – | – | – | – | – |
| 大 连 | 47 819 | 32 075 | 13 851 | 2 475 | 33 967 | 29 601 |
| 营 口 | 25 530 | 14 656 | 2 614 | 103 | 22 915 | 14 553 |
| 锦 州 | 8 439 | 3 105 | 3 851 | – | 4 588 | 3 105 |
| 秦皇岛 | 2 541 | – | 836 | – | 1 704 | – |
| 黄 骅 | 4 755 | – | – | – | 4 755 | – |
| 唐 山 | 15 063 | 13 706 | 1 276 | – | 13 787 | 13 706 |
| 天 津 | 45 149 | 17 114 | 22 374 | 11 | 22 776 | 17 103 |
| 烟 台 | 21 283 | 17 360 | 1 116 | – | 20 167 | 17 360 |
| 威 海 | – | – | – | – | – | – |
| 青 岛 | 84 504 | 72 530 | 13 371 | 1 654 | 71 133 | 70 876 |
| 日 照 | 48 543 | 46 468 | 1 285 | – | 47 258 | 46 468 |
| 上 海 | 3 953 | 99 | 129 | 99 | 3 824 | – |
| 连云港 | 32 | – | – | – | 32 | – |
| 盐 城 | – | – | – | – | – | – |
| 嘉 兴 | – | – | – | – | – | – |
| 宁波－舟山 | 104 997 | 78 118 | 16 102 | 682 | 88 895 | 77 435 |
| #宁 波 | 65 783 | 48 897 | 7 363 | – | 58 420 | 48 897 |
| 舟 山 | 39 213 | 29 220 | 8 739 | 682 | 30 475 | 28 538 |
| 台 州 | – | – | – | – | – | – |
| 温 州 | 573 | – | – | – | 573 | – |
| 福 州 | – | – | – | – | – | – |
| #福州市港口 | – | – | – | – | – | – |
| 宁德市港口 | – | – | – | – | – | – |
| 莆 田 | – | – | – | – | – | – |
| 泉 州 | 20 813 | 20 627 | – | – | 20 813 | 20 627 |

# 5-11 （续表一）

单位：千吨

| 港口 | 总计 | 外贸 | 出港 | 外贸 | 进港 | 外贸 |
|---|---|---|---|---|---|---|
| 厦门 | 143 | – | 143 | – | – | – |
| #厦门市港口 | – | – | – | – | – | – |
| 漳州市港口 | 143 | – | 143 | – | – | – |
| 汕头 | – | – | – | – | – | – |
| 汕尾 | – | – | – | – | – | – |
| 惠州 | 25 614 | 19 121 | – | – | 25 614 | 19 121 |
| 深圳 | – | – | – | – | – | – |
| 虎门 | – | – | – | – | – | – |
| 广州 | 611 | – | 305 | – | 305 | – |
| 中山 | – | – | – | – | – | – |
| 珠海 | 8 | – | 8 | – | – | – |
| 江门 | – | – | – | – | – | – |
| 阳江 | – | – | – | – | – | – |
| 茂名 | 10 994 | 10 994 | – | – | 10 994 | 10 994 |
| 湛江 | 25 315 | 22 118 | 2 793 | 263 | 22 522 | 21 855 |
| 广西北部湾港 | 11 447 | 8 318 | 3 005 | – | 8 442 | 8 318 |
| #北海 | 2 985 | – | 2 985 | – | – | – |
| 钦州 | 8 462 | 8 318 | 20 | – | 8 442 | 8 318 |
| 防城 | – | – | – | – | – | – |
| 海口 | 225 | – | 176 | – | 49 | – |
| 洋浦 | 11 115 | 10 842 | 1 829 | 1 556 | 9 286 | 9 286 |
| 八所 | 1 716 | – | – | – | 1 716 | – |
| **内河合计** | **29 809** | **35** | **6 330** | **–** | **23 480** | **35** |
| 哈尔滨 | – | – | – | – | – | – |
| 佳木斯 | – | – | – | – | – | – |
| 上海 | – | – | – | – | – | – |
| 南京 | 13 988 | 35 | 4 626 | – | 9 362 | 35 |

## 5-11 (续表二)

单位：千吨

| 港口 | 总计 | 外贸 | 出港 | 外贸 | 进港 | 外贸 |
|---|---|---|---|---|---|---|
| 镇 江 | - | - | - | - | - | - |
| 苏 州 | - | - | - | - | - | - |
| 南 通 | - | - | - | - | - | - |
| 常 州 | - | - | - | - | - | - |
| 江 阴 | 1 590 | - | 244 | - | 1 346 | - |
| 扬 州 | - | - | - | - | - | - |
| 泰 州 | 2 622 | - | - | - | 2 622 | - |
| 徐 州 | - | - | - | - | - | - |
| 连云港 | - | - | - | - | - | - |
| 无 锡 | - | - | - | - | - | - |
| 宿 迁 | - | - | - | - | - | - |
| 淮 安 | 1 555 | - | 332 | - | 1 223 | - |
| 扬州内河 | 1 725 | - | 1 073 | - | 651 | - |
| 镇江内河 | - | - | - | - | - | - |
| 杭 州 | - | - | - | - | - | - |
| 嘉兴内河 | 2 | - | 2 | - | … | - |
| 湖 州 | - | - | - | - | - | - |
| 合 肥 | - | - | - | - | - | - |
| 亳 州 | - | - | - | - | - | - |
| 阜 阳 | - | - | - | - | - | - |
| 淮 南 | - | - | - | - | - | - |
| 滁 州 | - | - | - | - | - | - |
| 马鞍山 | - | - | - | - | - | - |
| 芜 湖 | - | - | - | - | - | - |
| 铜 陵 | - | - | - | - | - | - |
| 池 州 | - | - | - | - | - | - |
| 安 庆 | - | - | - | - | - | - |
| 南 昌 | - | - | - | - | - | - |
| 九 江 | 77 | - | - | - | 77 | - |

## 5-11 （续表三）

单位：千吨

| 港口 | 总计 | 外贸 | 出港 | 外贸 | 进港 | 外贸 |
|---|---|---|---|---|---|---|
| 武 汉 | 57 | - | 52 | - | 5 | - |
| 黄 石 | - | - | - | - | - | - |
| 荆 州 | - | - | - | - | - | - |
| 宜 昌 | - | - | - | - | - | - |
| 长 沙 | - | - | - | - | - | - |
| 湘 潭 | - | - | - | - | - | - |
| 株 洲 | - | - | - | - | - | - |
| 岳 阳 | 5 854 | - | - | - | 5 854 | - |
| 番 禺 | - | - | - | - | - | - |
| 新 塘 | - | - | - | - | - | - |
| 五 和 | - | - | - | - | - | - |
| 中 山 | - | - | - | - | - | - |
| 佛 山 | 1 658 | - | - | - | 1 658 | - |
| 江 门 | - | - | - | - | - | - |
| 虎 门 | - | - | - | - | - | - |
| 肇 庆 | - | - | - | - | - | - |
| 惠 州 | - | - | - | - | - | - |
| 南 宁 | - | - | - | - | - | - |
| 柳 州 | - | - | - | - | - | - |
| 贵 港 | - | - | - | - | - | - |
| 梧 州 | - | - | - | - | - | - |
| 来 宾 | - | - | - | - | - | - |
| 重 庆 | 21 | - | - | - | 21 | - |
| 泸 州 | 659 | - | - | - | 659 | - |
| 宜 宾 | - | - | - | - | - | - |
| 乐 山 | - | - | - | - | - | - |
| 南 充 | - | - | - | - | - | - |
| 广 安 | - | - | - | - | - | - |
| 达 州 | - | - | - | - | - | - |

## 5-12 规模以上港口金属矿石吞吐量

单位：千吨

| 港口 | 总计 | 外贸 | 出港 | 外贸 | 进港 | 外贸 |
|---|---|---|---|---|---|---|
| 总　计 | 2 027 810 | 1 271 838 | 433 372 | 7 608 | 1 594 438 | 1 264 231 |
| 沿海合计 | 1 453 040 | 1 139 632 | 254 378 | 6 840 | 1 198 662 | 1 132 792 |
| 丹　东 | 15 059 | 8 022 | 4 225 | - | 10 834 | 8 022 |
| 大　连 | 28 962 | 25 686 | 8 031 | 5 271 | 20 930 | 20 416 |
| 营　口 | 37 969 | 35 187 | 253 | 22 | 37 716 | 35 165 |
| 锦　州 | 5 942 | 3 571 | 206 | - | 5 736 | 3 571 |
| 秦皇岛 | 5 456 | 5 404 | 13 | - | 5 443 | 5 404 |
| 黄　骅 | 39 950 | 35 164 | 12 | - | 39 938 | 35 164 |
| 唐　山 | 247 489 | 245 197 | 203 | 3 | 247 287 | 245 194 |
| 天　津 | 103 938 | 102 946 | 565 | 118 | 103 373 | 102 827 |
| 烟　台 | 15 398 | 10 388 | 5 009 | 329 | 10 388 | 10 058 |
| 威　海 | 30 | 23 | - | - | 30 | 23 |
| 青　岛 | 153 097 | 112 468 | 30 659 | 17 | 122 437 | 112 451 |
| 日　照 | 139 528 | 133 524 | 4 904 | - | 134 624 | 133 524 |
| 上　海 | 102 379 | 47 340 | 38 475 | - | 63 904 | 47 340 |
| 连云港 | 104 135 | 79 831 | 20 545 | 379 | 83 590 | 79 452 |
| 盐　城 | 24 827 | 16 701 | 3 459 | - | 21 368 | 16 701 |
| 嘉　兴 | 538 | 285 | 6 | - | 532 | 285 |
| 宁波-舟山 | 242 579 | 132 504 | 109 819 | 5 | 132 759 | 132 499 |
| #宁　波 | 84 057 | 52 676 | 31 291 | - | 52 766 | 52 676 |
| 　舟　山 | 158 522 | 79 828 | 78 528 | 5 | 79 993 | 79 823 |
| 台　州 | - | - | - | - | - | - |
| 温　州 | 1 834 | 990 | 43 | - | 1 791 | 990 |
| 福　州 | 30 290 | 23 985 | 5 260 | 6 | 25 030 | 23 979 |
| #福州市港口 | 24 109 | 18 277 | 4 973 | 6 | 19 136 | 18 271 |
| 　宁德市港口 | 6 181 | 5 708 | 287 | - | 5 894 | 5 708 |
| 莆　田 | 292 | 219 | 8 | 8 | 284 | 211 |
| 泉　州 | 833 | 561 | 2 | - | 831 | 561 |

## 5-12 （续表一）

单位：千吨

| 港口 | 总计 | 外贸 | 出港 | 外贸 | 进港 | 外贸 |
|---|---|---|---|---|---|---|
| 厦　门 | 9 268 | 8 887 | 231 | – | 9 037 | 8 887 |
| #厦门市港口 | 8 623 | 8 355 | 173 | – | 8 450 | 8 355 |
| 　漳州市港口 | 645 | 532 | 58 | – | 587 | 532 |
| 汕　头 | 27 | 10 | – | – | 27 | 10 |
| 汕　尾 | – | – | – | – | – | – |
| 惠　州 | – | – | – | – | – | – |
| 深　圳 | – | – | – | – | – | – |
| 虎　门 | 624 | – | 297 | – | 327 | – |
| 广　州 | 7 549 | 4 209 | 1 223 | 7 | 6 326 | 4 201 |
| 中　山 | 6 | – | 1 | – | 5 | – |
| 珠　海 | 12 586 | 9 377 | 1 961 | – | 10 625 | 9 377 |
| 江　门 | – | – | – | – | – | – |
| 阳　江 | 11 994 | 8 983 | 99 | – | 11 895 | 8 983 |
| 茂　名 | 32 | 16 | 16 | 16 | 16 | – |
| 湛　江 | 55 161 | 42 255 | 11 472 | 421 | 43 689 | 41 834 |
| 广西北部湾港 | 50 194 | 45 671 | 3 035 | 229 | 47 159 | 45 442 |
| 　#北　海 | 5 509 | 4 548 | 83 | … | 5 426 | 4 547 |
| 　　钦　州 | 7 295 | 6 173 | 824 | 221 | 6 471 | 5 951 |
| 　　防　城 | 37 390 | 34 950 | 2 129 | 7 | 35 261 | 34 944 |
| 海　口 | 1 024 | 228 | 305 | 8 | 719 | 220 |
| 洋　浦 | 1 100 | – | 1 088 | – | 12 | – |
| 八　所 | 2 951 | – | 2 951 | – | – | – |
| 内河合计 | 574 770 | 132 206 | 178 994 | 767 | 395 776 | 131 439 |
| 哈尔滨 | – | – | – | – | – | – |
| 佳木斯 | – | – | – | – | – | – |
| 上　海 | 70 | – | 12 | – | 59 | – |
| 南　京 | 44 979 | 3 112 | 9 517 | 10 | 35 463 | 3 102 |

## 5-12 （续表二）

单位：千吨

| 港口 | 总计 | | 出港 | | 进港 | |
|---|---|---|---|---|---|---|
| | | 外贸 | | 外贸 | | 外贸 |
| 镇　江 | 34 030 | 9 675 | 16 640 | 14 | 17 390 | 9 661 |
| 苏　州 | 157 309 | 52 330 | 49 649 | 672 | 107 660 | 51 659 |
| 南　通 | 60 911 | 22 693 | 30 339 | – | 30 573 | 22 693 |
| 常　州 | 22 883 | 2 529 | 9 670 | – | 13 212 | 2 529 |
| 江　阴 | 68 048 | 22 504 | 28 379 | 2 | 39 670 | 22 502 |
| 扬　州 | 16 299 | 3 973 | 6 676 | – | 9 624 | 3 973 |
| 泰　州 | 15 474 | 1 391 | 6 594 | 14 | 8 880 | 1 377 |
| 徐　州 | 546 | – | 24 | – | 522 | – |
| 连云港 | 10 092 | – | 4 606 | – | 5 486 | – |
| 无　锡 | 238 | – | 6 | – | 232 | – |
| 宿　迁 | 927 | – | – | – | 927 | – |
| 淮　安 | 4 795 | – | 3 | – | 4 792 | – |
| 扬州内河 | 2 418 | – | 25 | – | 2 393 | – |
| 镇江内河 | – | – | – | – | – | – |
| 杭　州 | 318 | – | 3 | – | 315 | – |
| 嘉兴内河 | – | – | – | – | – | – |
| 湖　州 | – | – | – | – | – | – |
| 合　肥 | 526 | – | 504 | – | 22 | – |
| 亳　州 | – | – | – | – | – | – |
| 阜　阳 | 1 | – | – | – | 1 | – |
| 淮　南 | – | – | – | – | – | – |
| 滁　州 | – | – | – | – | – | – |
| 马鞍山 | 22 746 | 8 895 | 1 094 | – | 21 651 | 8 895 |
| 芜　湖 | 6 510 | – | 49 | – | 6 461 | – |
| 铜　陵 | 6 924 | 26 | 1 895 | 13 | 5 028 | 14 |
| 池　州 | 2 170 | – | 444 | – | 1 726 | – |
| 安　庆 | 352 | – | 346 | – | 6 | – |
| 南　昌 | 4 610 | – | – | – | 4 610 | – |
| 九　江 | 11 480 | – | 1 022 | – | 10 459 | – |

## 5-12 （续表三）

单位：千吨

| 港口 | 总计 | 外贸 | 出港 | 外贸 | 进港 | 外贸 |
|---|---|---|---|---|---|---|
| 武 汉 | 23 199 | — | 52 | — | 23 147 | — |
| 黄 石 | 7 816 | 4 974 | 838 | 1 | 6 978 | 4 974 |
| 荆 州 | 501 | — | — | — | 501 | — |
| 宜 昌 | 280 | 1 | 6 | — | 275 | 1 |
| 长 沙 | 669 | 60 | 44 | 43 | 625 | 17 |
| 湘 潭 | 7 342 | — | 36 | — | 7 306 | — |
| 株 洲 | 523 | — | 1 | — | 522 | — |
| 岳 阳 | 23 646 | — | 8 709 | — | 14 937 | — |
| 番 禺 | — | — | — | — | — | — |
| 新 塘 | — | — | — | — | — | — |
| 五 和 | — | — | — | — | — | — |
| 中 山 | 26 | — | 1 | — | 25 | — |
| 佛 山 | 152 | … | … | … | 152 | … |
| 江 门 | 4 | — | — | — | 4 | — |
| 虎 门 | 3 | — | … | — | 3 | — |
| 肇 庆 | — | — | — | — | — | — |
| 惠 州 | — | — | — | — | — | — |
| 南 宁 | 5 | — | 1 | — | 3 | — |
| 柳 州 | — | — | — | — | — | — |
| 贵 港 | 2 376 | — | 117 | — | 2 259 | — |
| 梧 州 | 235 | 2 | 203 | — | 32 | 2 |
| 来 宾 | 137 | — | 137 | — | — | — |
| 重 庆 | 11 395 | — | 630 | — | 10 765 | — |
| 泸 州 | 1 408 | 40 | 534 | — | 873 | 40 |
| 宜 宾 | 273 | — | 65 | — | 208 | — |
| 乐 山 | 123 | — | 123 | — | — | — |
| 南 充 | — | — | — | — | — | — |
| 广 安 | — | — | — | — | — | — |
| 达 州 | — | — | — | — | — | — |

## 5-13 规模以上港口钢铁吞吐量

单位：千吨

| 港口 | 总计 | 外贸 | 出港 | 外贸 | 进港 | 外贸 |
|---|---|---|---|---|---|---|
| **总　计** | **504 049** | **77 358** | **306 315** | **62 429** | **197 734** | **14 929** |
| **沿海合计** | **317 681** | **63 586** | **207 679** | **52 928** | **110 001** | **10 658** |
| 丹　东 | 6 527 | 842 | 6 125 | 842 | 402 | — |
| 大　连 | 9 772 | 2 114 | 7 654 | 1 529 | 2 118 | 585 |
| 营　口 | 25 864 | 6 824 | 24 692 | 6 611 | 1 172 | 213 |
| 锦　州 | 1 886 | 162 | 1 875 | 162 | 11 | — |
| 秦皇岛 | 5 138 | 588 | 5 060 | 534 | 78 | 54 |
| 黄　骅 | 297 | — | 297 | — | — | — |
| 唐　山 | 56 915 | 5 714 | 56 440 | 5 700 | 475 | 14 |
| 天　津 | 37 796 | 22 502 | 34 910 | 21 434 | 2 886 | 1 069 |
| 烟　台 | 1 981 | 530 | 559 | 234 | 1 422 | 297 |
| 威　海 | 169 | 17 | 9 | 2 | 160 | 15 |
| 青　岛 | 6 442 | 2 211 | 5 763 | 1 932 | 679 | 280 |
| 日　照 | 9 354 | 4 203 | 9 111 | 4 110 | 243 | 93 |
| 上　海 | 38 663 | 8 277 | 15 756 | 6 566 | 22 907 | 1 711 |
| 连云港 | 3 633 | 1 079 | 3 140 | 1 063 | 492 | 17 |
| 盐　城 | 3 677 | 115 | 1 754 | — | 1 923 | 115 |
| 嘉　兴 | 3 173 | 3 | 106 | 3 | 3 067 | — |
| 宁波－舟山 | 14 311 | 847 | 1 531 | 174 | 12 780 | 673 |
| 　#宁　波 | 10 598 | 731 | 869 | 174 | 9 728 | 556 |
| 　　舟　山 | 3 714 | 117 | 662 | — | 3 052 | 117 |
| 台　州 | 4 429 | 3 | 398 | 1 | 4 030 | 2 |
| 温　州 | 3 286 | — | 22 | — | 3 264 | — |
| 福　州 | 9 704 | 999 | 6 259 | 78 | 3 445 | 922 |
| 　#福州市港口 | 4 206 | 162 | 2 335 | — | 1 870 | 162 |
| 　宁德市港口 | 5 498 | 837 | 3 923 | 78 | 1 575 | 759 |
| 莆　田 | 294 | 30 | 79 | 30 | 215 | — |
| 泉　州 | 2 640 | … | 89 | … | 2 551 | — |

## 5-13 （续表一）

单位：千吨

| 港　口 | 总计 | 外贸 | 出港 | 外贸 | 进港 | 外贸 |
|---|---|---|---|---|---|---|
| 厦　门 | 3 240 | 660 | 1 542 | 397 | 1 698 | 264 |
| #厦门市港口 | 2 734 | 659 | 1 516 | 395 | 1 218 | 264 |
| 　漳州市港口 | 506 | 1 | 26 | 1 | 480 | - |
| 汕　头 | 601 | 5 | 155 | 1 | 446 | 4 |
| 汕　尾 | - | - | - | - | - | - |
| 惠　州 | 488 | 2 | 14 | 1 | 474 | 1 |
| 深　圳 | 1 431 | 393 | 68 | … | 1 363 | 392 |
| 虎　门 | 4 442 | 685 | 1 430 | 62 | 3 012 | 622 |
| 广　州 | 32 133 | 3 029 | 5 793 | 461 | 26 340 | 2 568 |
| 中　山 | 1 487 | 114 | 431 | 39 | 1 056 | 74 |
| 珠　海 | 968 | 39 | 320 | 24 | 647 | 15 |
| 江　门 | 1 658 | 92 | 59 | 30 | 1 598 | 62 |
| 阳　江 | 1 882 | 30 | 1 830 | - | 52 | 30 |
| 茂　名 | 244 | - | - | - | 244 | - |
| 湛　江 | 8 222 | 517 | 7 312 | 517 | 910 | - |
| 广西北部湾港 | 9 923 | 829 | 6 841 | 317 | 3 082 | 513 |
| 　#北　海 | 2 164 | 473 | 1 607 | 11 | 558 | 462 |
| 　　钦　州 | 2 671 | 192 | 870 | 141 | 1 801 | 51 |
| 　　防　城 | 5 088 | 165 | 4 365 | 165 | 723 | … |
| 海　口 | 4 773 | 121 | 189 | 65 | 4 584 | 55 |
| 洋　浦 | 238 | 10 | 65 | 10 | 173 | - |
| 八　所 | 3 | - | 1 | - | 2 | - |
| **内河合计** | **186 368** | **13 772** | **98 636** | **9 501** | **87 733** | **4 270** |
| 哈尔滨 | - | - | - | - | - | - |
| 佳木斯 | 2 | 2 | 2 | 2 | - | - |
| 上　海 | 5 480 | - | 1 853 | - | 3 627 | - |
| 南　京 | 12 838 | 361 | 9 792 | 56 | 3 047 | 305 |

## 5-13 （续表二）

单位：千吨

| 港口 | 总计 | 外贸 | 出港 | 外贸 | 进港 | 外贸 |
|---|---|---|---|---|---|---|
| 镇 江 | 850 | … | 163 | … | 688 | - |
| 苏 州 | 33 855 | 9 727 | 24 751 | 7 884 | 9 104 | 1 843 |
| 南 通 | 3 153 | 1 020 | 1 147 | 177 | 2 005 | 843 |
| 常 州 | 740 | - | 295 | - | 445 | - |
| 江 阴 | 6 493 | 1 628 | 2 573 | 708 | 3 920 | 920 |
| 扬 州 | 3 874 | 27 | 2 290 | 27 | 1 583 | - |
| 泰 州 | 5 264 | 23 | 2 632 | - | 2 631 | 23 |
| 徐 州 | 2 010 | - | 1 939 | - | 70 | - |
| 连云港 | 6 510 | - | 4 592 | - | 1 918 | - |
| 无 锡 | 6 583 | - | 648 | - | 5 935 | - |
| 宿 迁 | 930 | - | 433 | - | 497 | - |
| 淮 安 | 3 495 | - | 2 923 | - | 572 | - |
| 扬州内河 | 2 168 | - | 1 290 | - | 878 | - |
| 镇江内河 | 30 | - | 4 | - | 26 | - |
| 杭 州 | 15 323 | - | 750 | - | 14 573 | - |
| 嘉兴内河 | 4 441 | - | 868 | - | 3 573 | - |
| 湖 州 | 4 056 | - | 263 | - | 3 793 | - |
| 合 肥 | 2 571 | - | 691 | - | 1 880 | - |
| 亳 州 | 7 | - | 7 | - | - | - |
| 阜 阳 | 8 | - | 8 | - | - | - |
| 淮 南 | 7 | - | 1 | - | 6 | - |
| 滁 州 | 13 | - | - | - | 13 | - |
| 马鞍山 | 5 585 | 267 | 4 371 | 267 | 1 214 | - |
| 芜 湖 | 4 041 | 38 | 3 008 | - | 1 033 | 38 |
| 铜 陵 | 3 220 | - | 2 853 | - | 367 | - |
| 池 州 | 1 662 | - | 1 412 | - | 249 | - |
| 安 庆 | 39 | - | 33 | - | 6 | - |
| 南 昌 | 1 889 | 31 | 173 | 31 | 1 715 | - |
| 九 江 | 7 222 | - | 7 154 | - | 68 | - |

## 5-13 （续表三）

单位：千吨

| 港口 | 总计 | 外贸 | 出港 | 外贸 | 进港 | 外贸 |
|---|---|---|---|---|---|---|
| 武 汉 | 8 749 | – | 5 734 | – | 3 015 | – |
| 黄 石 | 2 579 | 80 | 2 168 | 77 | 411 | 3 |
| 荆 州 | 229 | – | 16 | – | 213 | – |
| 宜 昌 | 305 | 5 | 60 | 5 | 245 | … |
| 长 沙 | 2 524 | 25 | 19 | 19 | 2 505 | 7 |
| 湘 潭 | 3 299 | – | 3 294 | – | 5 | – |
| 株 洲 | – | – | – | – | – | – |
| 岳 阳 | 525 | – | 198 | – | 328 | – |
| 番 禺 | 287 | – | 1 | – | 286 | – |
| 新 塘 | 30 | 30 | 26 | 26 | 4 | 4 |
| 五 和 | 3 | – | – | – | 3 | – |
| 中 山 | 512 | 17 | 372 | 13 | 140 | 4 |
| 佛 山 | 9 429 | 481 | 1 694 | 204 | 7 734 | 277 |
| 江 门 | 1 057 | 1 | 862 | – | 195 | 1 |
| 虎 门 | 319 | – | 37 | – | 282 | – |
| 肇 庆 | 73 | … | – | – | 73 | … |
| 惠 州 | – | – | – | – | – | – |
| 南 宁 | 108 | – | 53 | – | 55 | – |
| 柳 州 | 697 | – | 686 | – | 11 | – |
| 贵 港 | 638 | 1 | 489 | 1 | 149 | … |
| 梧 州 | 60 | 4 | 12 | 4 | 48 | … |
| 来 宾 | 2 547 | – | 2 546 | – | 1 | – |
| 重 庆 | 7 574 | – | 1 276 | – | 6 298 | – |
| 泸 州 | 414 | 3 | 143 | 2 | 271 | 2 |
| 宜 宾 | 56 | – | 32 | – | 24 | – |
| 乐 山 | – | – | – | – | – | – |
| 南 充 | – | – | – | – | – | – |
| 广 安 | – | – | – | – | – | – |
| 达 州 | – | – | – | – | – | – |

## 5-14 规模以上港口矿建材料吞吐量

单位：千吨

| 港 口 | 总计 | 外贸 | 出港 | 外贸 | 进港 | 外贸 |
|---|---|---|---|---|---|---|
| 总 计 | 1 781 807 | 34 452 | 707 771 | 28 066 | 1 074 036 | 6 387 |
| 沿海合计 | 628 253 | 30 177 | 244 353 | 24 336 | 383 900 | 5 841 |
| 丹 东 | 44 957 | - | 1 866 | - | 43 091 | - |
| 大 连 | 5 541 | 11 | 5 159 | 11 | 381 | - |
| 营 口 | 29 217 | 1 674 | 19 255 | 1 674 | 9 962 | - |
| 锦 州 | 115 | - | 115 | - | - | - |
| 秦皇岛 | 1 286 | - | 1 265 | - | 20 | - |
| 黄 骅 | 830 | 16 | 34 | 16 | 796 | - |
| 唐 山 | 28 494 | 2 202 | 27 830 | 2 191 | 664 | 12 |
| 天 津 | 5 897 | 1 930 | 1 950 | 1 222 | 3 947 | 708 |
| 烟 台 | 2 341 | 485 | 1 616 | 440 | 725 | 45 |
| 威 海 | 1 031 | 222 | 433 | 200 | 598 | 22 |
| 青 岛 | 5 308 | 80 | 937 | 29 | 4 371 | 51 |
| 日 照 | 4 236 | 812 | 2 089 | 812 | 2 147 | - |
| 上 海 | 21 007 | 23 | 280 | 23 | 20 728 | - |
| 连云港 | 3 407 | 1 | 1 217 | 1 | 2 190 | - |
| 盐 城 | 22 031 | - | 3 542 | - | 18 490 | - |
| 嘉 兴 | 19 917 | - | 4 390 | - | 15 527 | - |
| 宁波－舟山 | 161 678 | 23 | 87 182 | 23 | 74 496 | - |
| #宁 波 | 12 625 | 23 | 2 007 | 23 | 10 619 | - |
| 舟 山 | 149 052 | - | 85 175 | - | 63 877 | - |
| 台 州 | 22 495 | - | 1 957 | - | 20 538 | - |
| 温 州 | 21 778 | - | 477 | - | 21 300 | - |
| 福 州 | 20 098 | 5 633 | 14 187 | 5 633 | 5 911 | - |
| #福州市港口 | 15 567 | 4 586 | 11 434 | 4 586 | 4 133 | - |
| 宁德市港口 | 4 531 | 1 047 | 2 754 | 1 047 | 1 777 | - |
| 莆 田 | 9 154 | 1 | 15 | 1 | 9 139 | - |
| 泉 州 | 25 553 | 3 565 | 3 194 | 539 | 22 359 | 3 026 |

## 5-14 （续表一）

单位：千吨

| 港　口 | 总计 | 外贸 | 出港 | 外贸 | 进港 | 外贸 |
|---|---|---|---|---|---|---|
| 厦　门 | 40 925 | 7 371 | 12 506 | 5 655 | 28 418 | 1 716 |
| #厦门市港口 | 19 079 | 3 278 | 2 039 | 1 562 | 17 040 | 1 716 |
| 　漳州市港口 | 21 846 | 4 092 | 10 468 | 4 092 | 11 378 | - |
| 汕　头 | 16 790 | 2 | 69 | 1 | 16 720 | 1 |
| 汕　尾 | 271 | - | - | - | 271 | - |
| 惠　州 | 3 945 | 3 883 | 3 945 | 3 883 | - | - |
| 深　圳 | 539 | - | 455 | - | 85 | - |
| 虎　门 | 11 018 | 187 | 3 857 | 32 | 7 161 | 155 |
| 广　州 | 36 751 | 1 280 | 12 864 | 1 269 | 23 887 | 11 |
| 中　山 | 23 986 | 16 | 8 337 | 15 | 15 649 | 1 |
| 珠　海 | 4 572 | 110 | 2 001 | 108 | 2 570 | 2 |
| 江　门 | 13 329 | 15 | 12 730 | 15 | 599 | … |
| 阳　江 | 44 | - | 44 | - | - | - |
| 茂　名 | 743 | 32 | 734 | 32 | 9 | - |
| 湛　江 | 2 272 | 50 | 1 988 | 40 | 284 | 10 |
| 广西北部湾港 | 8 764 | 539 | 3 645 | 459 | 5 119 | 80 |
| 　#北　海 | 325 | - | 215 | - | 109 | - |
| 　　钦　州 | 2 453 | 202 | 1 684 | 193 | 770 | 9 |
| 　　防　城 | 5 986 | 337 | 1 746 | 265 | 4 240 | 72 |
| 海　口 | 5 625 | 14 | 595 | 14 | 5 030 | … |
| 洋　浦 | 809 | - | 141 | - | 667 | - |
| 八　所 | 1 502 | - | 1 451 | - | 50 | - |
| **内河合计** | **1 153 554** | **4 276** | **463 418** | **3 730** | **690 136** | **546** |
| 哈尔滨 | 558 | - | - | - | 558 | - |
| 佳木斯 | 1 337 | 5 | 5 | 5 | 1 332 | - |
| 上　海 | 31 190 | - | 4 095 | - | 27 095 | - |
| 南　京 | 15 984 | 231 | 2 993 | 231 | 12 991 | - |

## 5-14 （续表二）

单位：千吨

| 港口 | 总计 | 外贸 | 出港 | 外贸 | 进港 | 外贸 |
|---|---|---|---|---|---|---|
| 镇江 | 14 026 | - | 5 923 | - | 8 102 | - |
| 苏州 | 48 873 | 76 | 21 510 | 51 | 27 363 | 25 |
| 南通 | 31 832 | - | 12 167 | - | 19 665 | - |
| 常州 | 6 828 | - | 1 788 | - | 5 041 | - |
| 江阴 | 3 104 | 72 | 962 | 48 | 2 142 | 25 |
| 扬州 | 14 826 | - | 1 378 | - | 13 448 | - |
| 泰州 | 26 790 | 111 | 5 118 | 80 | 21 672 | 31 |
| 徐州 | 35 976 | - | 5 725 | - | 30 252 | - |
| 连云港 | 1 489 | - | 265 | - | 1 224 | - |
| 无锡 | 17 747 | - | 773 | - | 16 973 | - |
| 宿迁 | 7 884 | - | 943 | - | 6 941 | - |
| 淮安 | 63 607 | - | 6 728 | - | 56 879 | - |
| 扬州内河 | 12 822 | - | 951 | - | 11 872 | - |
| 镇江内河 | 4 268 | - | 2 216 | - | 2 053 | - |
| 杭州 | 58 448 | - | 26 391 | - | 32 057 | - |
| 嘉兴内河 | 60 027 | - | 7 164 | - | 52 863 | - |
| 湖州 | 52 673 | - | 39 401 | - | 13 272 | - |
| 合肥 | 19 828 | - | 625 | - | 19 203 | - |
| 亳州 | 9 517 | - | 10 | - | 9 507 | - |
| 阜阳 | 4 643 | - | 781 | - | 3 862 | - |
| 淮南 | 12 470 | - | 9 673 | - | 2 797 | - |
| 滁州 | 6 258 | - | 2 448 | - | 3 810 | - |
| 马鞍山 | 48 732 | - | 21 164 | - | 27 568 | - |
| 芜湖 | 39 158 | 177 | 25 469 | 177 | 13 690 | - |
| 铜陵 | 30 497 | 21 | 20 445 | 21 | 10 052 | - |
| 池州 | 13 054 | - | 12 580 | - | 474 | - |
| 安庆 | 9 820 | 1 | 4 783 | - | 5 037 | 1 |
| 南昌 | 5 635 | 179 | 187 | 138 | 5 448 | 41 |
| 九江 | 52 579 | - | 47 093 | - | 5 487 | - |

## 5-14 （续表三）

单位：千吨

| 港口 | 总计 | 外贸 | 出港 | 外贸 | 进港 | 外贸 |
|---|---|---|---|---|---|---|
| 武　汉 | 20 727 | - | 978 | - | 19 749 | - |
| 黄　石 | 18 192 | 5 | 15 925 | 1 | 2 267 | 4 |
| 荆　州 | 1 735 | - | 87 | - | 1 648 | - |
| 宜　昌 | 1 887 | 61 | 1 571 | 48 | 317 | 13 |
| 长　沙 | 42 860 | 37 | 25 | 21 | 42 835 | 16 |
| 湘　潭 | 1 028 | - | - | - | 1 028 | - |
| 株　洲 | 7 065 | - | - | - | 7 065 | - |
| 岳　阳 | 58 131 | - | 48 074 | - | 10 057 | - |
| 番　禺 | 1 984 | - | 49 | - | 1 935 | - |
| 新　塘 | 881 | - | 669 | - | 212 | - |
| 五　和 | 1 749 | - | - | - | 1 749 | - |
| 中　山 | 28 984 | 5 | 15 390 | 2 | 13 594 | 3 |
| 佛　山 | 11 685 | 2 307 | 3 924 | 2 279 | 7 762 | 28 |
| 江　门 | 22 454 | 102 | 11 073 | 102 | 11 381 | … |
| 虎　门 | 488 | - | 204 | - | 284 | - |
| 肇　庆 | 13 191 | 779 | 6 402 | 423 | 6 788 | 356 |
| 惠　州 | 8 336 | - | 4 968 | - | 3 369 | - |
| 南　宁 | 7 621 | - | 214 | - | 7 407 | - |
| 柳　州 | 154 | - | 147 | - | 8 | - |
| 贵　港 | 25 359 | 2 | 13 260 | 2 | 12 099 | - |
| 梧　州 | 18 149 | 97 | 17 274 | 97 | 875 | … |
| 来　宾 | 2 019 | - | 2 019 | - | - | - |
| 重　庆 | 63 264 | - | 20 323 | - | 42 941 | - |
| 泸　州 | 17 425 | 8 | 4 238 | 5 | 13 187 | 3 |
| 宜　宾 | 1 798 | - | 1 244 | - | 555 | - |
| 乐　山 | 1 823 | - | 1 817 | - | 6 | - |
| 南　充 | 5 592 | - | 546 | - | 5 046 | - |
| 广　安 | 4 109 | - | 56 | - | 4 053 | - |
| 达　州 | 2 384 | - | 1 192 | - | 1 192 | - |

# 5-15 规模以上港口水泥吞吐量

单位：千吨

| 港口 | 总计 | | 出港 | | 进港 | |
| --- | --- | --- | --- | --- | --- | --- |
| | | 外贸 | | 外贸 | | 外贸 |
| **总计** | **343 965** | **10 361** | **229 837** | **9 871** | **114 128** | **490** |
| **沿海合计** | **71 122** | **2 920** | **20 929** | **2 615** | **50 193** | **305** |
| 丹东 | 42 | – | – | – | 42 | – |
| 大连 | 1 355 | 137 | 1 355 | 137 | – | – |
| 营口 | 63 | – | 63 | – | – | – |
| 锦州 | 10 | – | 10 | – | – | – |
| 秦皇岛 | 1 687 | – | 1 687 | – | – | – |
| 黄骅 | – | – | – | – | – | – |
| 唐山 | 4 447 | 202 | 4 447 | 202 | – | – |
| 天津 | 602 | 29 | 23 | 22 | 580 | 7 |
| 烟台 | 1 996 | 561 | 1 116 | 561 | 879 | – |
| 威海 | 84 | – | – | – | 84 | – |
| 青岛 | 220 | 21 | 3 | 3 | 217 | 18 |
| 日照 | 3 601 | 356 | 3 546 | 311 | 55 | 45 |
| 上海 | 3 288 | 1 | 1 | 1 | 3 287 | – |
| 连云港 | 85 | 45 | 5 | – | 79 | 45 |
| 盐城 | 1 324 | – | – | – | 1 324 | – |
| 嘉兴 | – | – | – | – | – | – |
| 宁波－舟山 | 11 219 | 29 | 2 640 | – | 8 579 | 29 |
| #宁波 | 9 891 | – | 2 349 | – | 7 542 | – |
| 舟山 | 1 328 | 29 | 291 | – | 1 037 | 29 |
| 台州 | 5 581 | – | – | – | 5 581 | – |
| 温州 | 7 224 | – | 1 | – | 7 222 | – |
| 福州 | 6 598 | – | 1 | – | 6 597 | – |
| #福州市港口 | 4 643 | – | – | – | 4 643 | – |
| 宁德市港口 | 1 956 | – | 1 | – | 1 955 | – |
| 莆田 | 861 | 27 | – | – | 861 | 27 |
| 泉州 | 1 089 | – | – | – | 1 089 | – |

## 5-15 （续表一）

单位：千吨

| 港口 | 总计 | 外贸 | 出港 | 外贸 | 进港 | 外贸 |
|---|---|---|---|---|---|---|
| 厦门 | 1 256 | - | 54 | - | 1 202 | - |
| #厦门市港口 | 813 | - | 16 | - | 797 | - |
| 漳州市港口 | 444 | - | 38 | - | 405 | - |
| 汕头 | 2 725 | - | 15 | - | 2 710 | - |
| 汕尾 | - | - | - | - | - | - |
| 惠州 | 2 263 | - | - | - | 2 263 | - |
| 深圳 | 1 771 | - | 317 | - | 1 454 | - |
| 虎门 | 1 576 | 706 | 1 322 | 706 | 253 | - |
| 广州 | 157 | 1 | 94 | … | 62 | 1 |
| 中山 | 3 165 | … | 347 | - | 2 817 | … |
| 珠海 | 957 | - | 3 | - | 954 | - |
| 江门 | 870 | 1 | 623 | 1 | 247 | - |
| 阳江 | 577 | - | 572 | - | 5 | - |
| 茂名 | - | - | - | - | - | - |
| 湛江 | 150 | - | - | - | 150 | - |
| 广西北部湾港 | 3 115 | 672 | 2 662 | 672 | 453 | - |
| #北海 | 3 | - | 2 | - | 1 | - |
| 钦州 | 1 694 | 27 | 1 693 | 27 | 1 | - |
| 防城 | 1 419 | 645 | 967 | 645 | 452 | - |
| 海口 | 649 | - | 14 | - | 635 | - |
| 洋浦 | 506 | 128 | 5 | - | 501 | 128 |
| 八所 | 10 | 5 | - | - | 10 | 5 |
| 内河合计 | 272 843 | 7 441 | 208 908 | 7 256 | 63 934 | 185 |
| 哈尔滨 | - | - | - | - | - | - |
| 佳木斯 | 7 | 7 | 7 | 7 | - | - |
| 上海 | 3 211 | - | 285 | - | 2 926 | - |
| 南京 | 1 793 | 913 | 1 774 | 913 | 20 | - |

## 5-15 （续表二）

单位：千吨

| 港口 | 总计 | 外贸 | 出港 | 外贸 | 进港 | 外贸 |
|---|---|---|---|---|---|---|
| 镇　江 | 3 113 | – | 2 722 | – | 390 | – |
| 苏　州 | 4 576 | 253 | 1 623 | 253 | 2 953 | 1 |
| 南　通 | 13 287 | 3 785 | 4 128 | 3 601 | 9 159 | 184 |
| 常　州 | – | – | – | – | – | – |
| 江　阴 | – | – | – | – | – | – |
| 扬　州 | 4 501 | 2 273 | 4 501 | 2 273 | – | – |
| 泰　州 | 719 | – | – | – | 719 | – |
| 徐　州 | 2 484 | – | 1 321 | – | 1 163 | – |
| 连云港 | 795 | – | – | – | 795 | – |
| 无　锡 | 10 625 | – | 5 238 | – | 5 387 | – |
| 宿　迁 | 752 | – | 49 | – | 703 | – |
| 淮　安 | 2 059 | – | 1 198 | – | 861 | – |
| 扬州内河 | 2 985 | – | 216 | – | 2 768 | – |
| 镇江内河 | 4 | – | 4 | – | – | – |
| 杭　州 | 2 748 | – | 417 | – | 2 331 | – |
| 嘉兴内河 | 9 762 | – | 2 618 | – | 7 144 | – |
| 湖　州 | 22 628 | – | 18 738 | – | 3 890 | – |
| 合　肥 | 3 458 | – | 3 281 | – | 177 | – |
| 亳　州 | – | – | – | – | – | – |
| 阜　阳 | 812 | – | 6 | – | 806 | – |
| 淮　南 | 1 652 | – | 896 | – | 756 | – |
| 滁　州 | – | – | – | – | – | – |
| 马鞍山 | 9 321 | – | 8 951 | – | 370 | – |
| 芜　湖 | 38 689 | – | 38 546 | – | 143 | – |
| 铜　陵 | 33 796 | – | 33 796 | – | – | – |
| 池　州 | 13 494 | – | 13 434 | – | 60 | – |
| 安　庆 | 1 336 | 50 | 918 | 50 | 417 | – |
| 南　昌 | 4 139 | – | 12 | – | 4 126 | – |
| 九　江 | 11 927 | – | 11 726 | – | 201 | – |

## 5-15 （续表三）

单位：千吨

| 港口 | 总计 | 外贸 | 出港 | 外贸 | 进港 | 外贸 |
|---|---|---|---|---|---|---|
| 武 汉 | 3 887 | - | 69 | - | 3 818 | - |
| 黄 石 | 2 953 | - | 2 953 | - | - | - |
| 荆 州 | 931 | - | 923 | - | 8 | - |
| 宜 昌 | - | - | - | - | - | - |
| 长 沙 | 355 | - | - | - | 355 | - |
| 湘 潭 | … | | … | | | |
| 株 洲 | - | | | | | |
| 岳 阳 | 459 | - | 37 | - | 422 | - |
| 番 禺 | 113 | - | - | - | 113 | - |
| 新 塘 | 23 | - | - | - | 23 | - |
| 五 和 | 1 441 | 159 | 1 409 | 159 | 32 | - |
| 中 山 | 2 551 | - | 59 | - | 2 492 | - |
| 佛 山 | 3 051 | … | 1 827 | … | 1 224 | |
| 江 门 | 643 | - | 19 | - | 623 | - |
| 虎 门 | 7 | - | 6 | - | 1 | - |
| 肇 庆 | 10 405 | - | 10 020 | - | 385 | - |
| 惠 州 | 756 | - | - | - | 756 | - |
| 南 宁 | 3 242 | - | 3 138 | - | 104 | - |
| 柳 州 | - | | - | | - | |
| 贵 港 | 17 399 | - | 16 523 | - | 877 | - |
| 梧 州 | 139 | … | 8 | … | 132 | |
| 来 宾 | 643 | - | 643 | - | - | - |
| 重 庆 | 18 013 | - | 14 556 | - | 3 457 | - |
| 泸 州 | 843 | - | 172 | - | 671 | - |
| 宜 宾 | 37 | - | - | - | 37 | - |
| 乐 山 | - | | - | | - | |
| 南 充 | 18 | - | 11 | - | 7 | - |
| 广 安 | - | | - | | - | |
| 达 州 | 264 | - | 132 | - | 132 | - |

## 5-16 规模以上港口木材吞吐量

单位：千吨

| 港口 | 总计 | 外贸 | 出港 | 外贸 | 进港 | 外贸 |
|---|---|---|---|---|---|---|
| 总　计 | 96 654 | 72 789 | 16 592 | 2 624 | 80 062 | 70 165 |
| 沿海合计 | 56 486 | 46 445 | 7 237 | 2 283 | 49 249 | 44 163 |
| 丹　东 | 462 | 86 | 278 | - | 184 | 86 |
| 大　连 | 760 | 15 | 421 | - | 339 | 15 |
| 营　口 | … | … | … | … | - | - |
| 锦　州 | - | - | - | - | - | - |
| 秦皇岛 | - | - | - | - | - | - |
| 黄　骅 | - | - | - | - | - | - |
| 唐　山 | 652 | 621 | 16 | - | 636 | 621 |
| 天　津 | 1 479 | 1 063 | 214 | 181 | 1 265 | 883 |
| 烟　台 | 3 116 | 3 099 | 5 | - | 3 110 | 3 099 |
| 威　海 | - | - | - | - | - | - |
| 青　岛 | 1 234 | 1 234 | 13 | 13 | 1 221 | 1 221 |
| 日　照 | 19 131 | 19 098 | 12 | 5 | 19 119 | 19 092 |
| 上　海 | 116 | 91 | 7 | … | 109 | 91 |
| 连云港 | 2 677 | 2 670 | 1 589 | 1 582 | 1 088 | 1 088 |
| 盐　城 | 1 335 | 1 335 | - | - | 1 335 | 1 335 |
| 嘉　兴 | 50 | 6 | - | - | 50 | 6 |
| 宁波－舟山 | 589 | 21 | 3 | - | 586 | 21 |
| #宁　波 | 94 | 21 | 3 | - | 91 | 21 |
| 舟　山 | 495 | - | - | - | 495 | - |
| 台　州 | 4 | - | - | - | 4 | - |
| 温　州 | 20 | 2 | - | - | 20 | 2 |
| 福　州 | 110 | - | 5 | - | 105 | - |
| #福州市港口 | 107 | - | 5 | - | 102 | - |
| 宁德市港口 | 3 | - | - | - | 3 | - |
| 莆　田 | 665 | 598 | - | - | 665 | 598 |
| 泉　州 | 567 | 533 | … | - | 567 | 533 |

## 5-16 （续表一）

单位：千吨

| 港口 | 总计 | | 出港 | | 进港 | |
|---|---|---|---|---|---|---|
| | | 外贸 | | 外贸 | | 外贸 |
| 厦门 | 1 372 | 1 317 | 47 | 4 | 1 325 | 1 313 |
| #厦门市港口 | 7 | 4 | 5 | 4 | 2 | – |
| 漳州市港口 | 1 365 | 1 313 | 42 | – | 1 323 | 1 313 |
| 汕头 | 50 | 9 | 10 | 5 | 40 | 4 |
| 汕尾 | 113 | – | 113 | – | – | – |
| 惠州 | 6 | – | … | – | 6 | – |
| 深圳 | – | – | – | – | – | – |
| 虎门 | 2 370 | 1 608 | 222 | 2 | 2 148 | 1 607 |
| 广州 | 4 196 | 1 408 | 1 256 | 42 | 2 939 | 1 366 |
| 中山 | 481 | 96 | 40 | 8 | 442 | 88 |
| 珠海 | – | – | – | – | – | – |
| 江门 | 56 | 41 | 3 | 1 | 53 | 40 |
| 阳江 | 3 | – | 3 | – | – | – |
| 茂名 | 21 | 2 | 21 | 2 | – | – |
| 湛江 | 2 172 | 2 147 | 61 | 39 | 2 111 | 2 109 |
| 广西北部湾港 | 5 295 | 3 037 | 2 292 | 398 | 3 003 | 2 639 |
| #北海 | 92 | 23 | 19 | – | 73 | 23 |
| 钦州 | 3 932 | 1 966 | 2 151 | 396 | 1 781 | 1 570 |
| 防城 | 1 272 | 1 048 | 122 | 2 | 1 150 | 1 046 |
| 海口 | 769 | – | 362 | – | 408 | – |
| 洋浦 | 6 616 | 6 308 | 245 | – | 6 371 | 6 308 |
| 八所 | – | – | – | – | – | – |
| **内河合计** | **40 168** | **26 344** | **9 355** | **342** | **30 813** | **26 002** |
| 哈尔滨 | – | – | – | – | – | – |
| 佳木斯 | 301 | 263 | 11 | – | 290 | 263 |
| 上海 | 1 | – | … | – | 1 | – |
| 南京 | – | – | – | – | – | – |

## 5-16 （续表二）

单位：千吨

| 港口 | 总计 | 外贸 | 出港 | 外贸 | 进港 | 外贸 |
|---|---|---|---|---|---|---|
| 镇 江 | 1 972 | 1 458 | 515 | - | 1 458 | 1 458 |
| 苏 州 | 18 277 | 15 569 | 2 629 | 80 | 15 648 | 15 489 |
| 南 通 | 821 | 821 | - | - | 821 | 821 |
| 常 州 | - | - | - | - | - | - |
| 江 阴 | 46 | 13 | 23 | … | 23 | 13 |
| 扬 州 | 1 291 | 934 | 356 | - | 935 | 934 |
| 泰 州 | 8 418 | 4 591 | 3 858 | 78 | 4 560 | 4 513 |
| 徐 州 | - | - | - | - | - | - |
| 连云港 | - | - | - | - | - | - |
| 无 锡 | - | - | - | - | - | - |
| 宿 迁 | 41 | - | 4 | - | 38 | - |
| 淮 安 | 112 | - | 59 | - | 53 | - |
| 扬州内河 | 219 | - | - | - | 219 | - |
| 镇江内河 | - | - | - | - | - | - |
| 杭 州 | 54 | - | - | - | 54 | - |
| 嘉兴内河 | 14 | 0 | 4 | - | 10 | - |
| 湖 州 | 575 | - | - | - | 575 | - |
| 合 肥 | 4 | - | - | - | 4 | - |
| 亳 州 | - | - | - | - | - | - |
| 阜 阳 | - | - | - | - | - | - |
| 淮 南 | 9 | - | - | - | 9 | - |
| 滁 州 | 10 | - | - | - | 10 | - |
| 马鞍山 | 4 | - | - | - | 4 | - |
| 芜 湖 | - | - | - | - | - | - |
| 铜 陵 | - | - | - | - | - | - |
| 池 州 | 25 | - | - | - | 25 | - |
| 安 庆 | 35 | - | 4 | - | 32 | - |
| 南 昌 | 674 | - | - | - | 674 | - |
| 九 江 | 309 | - | - | - | 309 | - |

# 5-16 （续表三）

单位：千吨

| 港口 | 总计 | 外贸 | 出港 | 外贸 | 进港 | 外贸 |
|---|---|---|---|---|---|---|
| 武　汉 | 45 | – | 3 | – | 42 | – |
| 黄　石 | – | – | – | – | – | – |
| 荆　州 | 107 | – | 104 | – | 3 | – |
| 宜　昌 | 22 | … | 9 | … | 13 | – |
| 长　沙 | 9 | 1 | 1 | 1 | 8 | 1 |
| 湘　潭 | – | – | – | – | – | – |
| 株　洲 | – | – | – | – | – | – |
| 岳　阳 | 247 | – | 2 | – | 245 | – |
| 番　禺 | – | – | – | – | – | – |
| 新　塘 | – | – | – | – | – | – |
| 五　和 | – | – | – | – | – | – |
| 中　山 | 1 144 | 51 | 47 | 3 | 1 097 | 48 |
| 佛　山 | 2 540 | 2 518 | 97 | 88 | 2 443 | 2 430 |
| 江　门 | 70 | 9 | 58 | 1 | 12 | 9 |
| 虎　门 | 37 | – | 15 | – | 22 | – |
| 肇　庆 | 17 | 3 | 14 | 3 | 3 | – |
| 惠　州 | – | – | – | – | – | – |
| 南　宁 | 212 | – | 212 | – | – | – |
| 柳　州 | … | … | … | … | – | – |
| 贵　港 | 243 | 78 | 207 | 75 | 35 | 3 |
| 梧　州 | 427 | 10 | 423 | 9 | 4 | … |
| 来　宾 | 538 | – | 538 | – | … | – |
| 重　庆 | 1 186 | – | 143 | – | 1 043 | – |
| 泸　州 | 52 | 25 | 6 | 4 | 46 | 21 |
| 宜　宾 | 50 | – | 7 | – | 43 | – |
| 乐　山 | 9 | – | 4 | – | 5 | – |
| 南　充 | – | – | – | – | – | – |
| 广　安 | – | – | – | – | – | – |
| 达　州 | – | – | – | – | – | – |

## 5-17 规模以上港口非金属矿石吞吐量

单位：千吨

| 港口 | 总计 | 外贸 | 出港 | 外贸 | 进港 | 外贸 |
| --- | --- | --- | --- | --- | --- | --- |
| 总　计 | 292 473 | 73 700 | 136 119 | 13 447 | 156 354 | 60 253 |
| 沿海合计 | 166 794 | 65 499 | 73 015 | 10 367 | 93 778 | 55 132 |
| 丹　东 | 579 | 238 | 579 | 238 | - | - |
| 大　连 | 1 054 | 82 | 620 | 61 | 434 | 21 |
| 营　口 | 3 899 | 3 497 | 3 629 | 3 228 | 270 | 269 |
| 锦　州 | 675 | 383 | 660 | 383 | 15 | - |
| 秦皇岛 | 884 | 337 | 246 | 3 | 638 | 334 |
| 黄　骅 | 3 032 | 2 831 | 30 | 3 | 3 003 | 2 828 |
| 唐　山 | 1 105 | 142 | - | - | 1 105 | 142 |
| 天　津 | 2 566 | 1 740 | 2 049 | 1 605 | 516 | 135 |
| 烟　台 | 94 108 | 48 265 | 41 272 | 69 | 52 836 | 48 196 |
| 威　海 | 2 231 | 1 075 | 1 176 | 20 | 1 055 | 1 055 |
| 青　岛 | 728 | 422 | 254 | 42 | 474 | 380 |
| 日　照 | 2 380 | 1 512 | 568 | 493 | 1 813 | 1 019 |
| 上　海 | 3 131 | 3 | 198 | 3 | 2 933 | - |
| 连云港 | 3 513 | 613 | 1 539 | 586 | 1 974 | 27 |
| 盐　城 | 227 | - | 115 | - | 112 | - |
| 嘉　兴 | 360 | - | - | - | 360 | - |
| 宁波-舟山 | 4 712 | 100 | 47 | 47 | 4 665 | 53 |
| #宁　波 | 4 702 | 90 | 42 | 42 | 4 660 | 48 |
| 舟　山 | 10 | 10 | 5 | 5 | 5 | 5 |
| 台　州 | 181 | - | - | - | 181 | - |
| 温　州 | 312 | 4 | 38 | - | 274 | 4 |
| 福　州 | 3 058 | 154 | 472 | 50 | 2 585 | 104 |
| #福州市港口 | 2 578 | 48 | 421 | 48 | 2 158 | - |
| 宁德市港口 | 480 | 106 | 52 | 3 | 428 | 104 |
| 莆　田 | 59 | 13 | 17 | 13 | 41 | - |
| 泉　州 | 1 010 | 122 | 65 | 59 | 945 | 63 |

## 5-17 （续表一）

单位：千吨

| 港口 | 总计 | 外贸 | 出港 | 外贸 | 进港 | 外贸 |
|---|---|---|---|---|---|---|
| 厦门 | 2 839 | 324 | 2 332 | 324 | 507 | – |
| #厦门市港口 | 463 | 320 | 449 | 320 | 14 | – |
| 漳州市港口 | 2 376 | 4 | 1 883 | 4 | 493 | – |
| 汕头 | 790 | 60 | 331 | 16 | 459 | 44 |
| 汕尾 | 313 | – | 313 | – | – | – |
| 惠州 | 110 | – | – | – | 110 | – |
| 深圳 | 1 | – | – | – | 1 | – |
| 虎门 | 1 288 | 75 | 517 | 24 | 772 | 51 |
| 广州 | 2 481 | 847 | 1 356 | 801 | 1 125 | 46 |
| 中山 | 2 733 | 18 | 2 436 | 1 | 297 | 18 |
| 珠海 | 6 079 | 4 | 84 | 4 | 5 994 | – |
| 江门 | 3 432 | 33 | 491 | 26 | 2 941 | 7 |
| 阳江 | – | – | – | – | – | – |
| 茂名 | 73 | 72 | 29 | 29 | 44 | 43 |
| 湛江 | 3 200 | 499 | 366 | 347 | 2 835 | 153 |
| 广西北部湾港 | 10 375 | 2 024 | 9 014 | 1 885 | 1 361 | 140 |
| #北海 | 5 426 | 477 | 5 231 | 472 | 195 | 5 |
| 钦州 | 3 557 | 282 | 2 465 | 200 | 1 092 | 82 |
| 防城 | 1 391 | 1 265 | 1 318 | 1 213 | 74 | 52 |
| 海口 | 2 650 | 11 | 1 955 | 9 | 695 | 2 |
| 洋浦 | 229 | – | 75 | – | 154 | – |
| 八所 | 397 | – | 141 | – | 255 | – |
| 内河合计 | 125 679 | 8 201 | 63 104 | 3 080 | 62 576 | 5 122 |
| 哈尔滨 | – | | – | | – | |
| 佳木斯 | – | | – | | – | |
| 上海 | 61 | – | 1 | – | 60 | – |
| 南京 | 3 839 | – | 973 | – | 2 866 | – |

## 5-17 （续表二）

单位：千吨

| 港 口 | 总计 | 外贸 | 出港 | 外贸 | 进港 | 外贸 |
|---|---|---|---|---|---|---|
| 镇 江 | 11 102 | 2 981 | 6 585 | 1 344 | 4 516 | 1 637 |
| 苏 州 | 1 481 | 373 | 211 | 121 | 1 270 | 252 |
| 南 通 | 7 207 | 3 243 | 3 563 | 487 | 3 644 | 2 756 |
| 常 州 | 47 | - | 16 | - | 31 | - |
| 江 阴 | - | - | - | - | - | - |
| 扬 州 | 942 | 446 | 491 | - | 451 | 446 |
| 泰 州 | 1 084 | 366 | 423 | 361 | 661 | 5 |
| 徐 州 | 2 833 | - | 103 | - | 2 730 | - |
| 连云港 | 1 069 | - | 411 | - | 658 | - |
| 无 锡 | - | - | - | - | - | - |
| 宿 迁 | 72 | - | - | - | 72 | - |
| 淮 安 | 3 753 | - | … | - | 3 753 | - |
| 扬州内河 | - | - | - | - | - | - |
| 镇江内河 | 353 | - | 318 | - | 35 | - |
| 杭 州 | 228 | - | 138 | - | 91 | - |
| 嘉兴内河 | 1 937 | - | 35 | - | 1 903 | - |
| 湖 州 | 4 119 | - | 1 394 | - | 2 725 | - |
| 合 肥 | 1 682 | - | 893 | - | 789 | - |
| 亳 州 | - | - | - | - | - | - |
| 阜 阳 | 1 | - | - | - | 1 | - |
| 淮 南 | - | - | - | - | - | - |
| 滁 州 | 3 937 | - | 3 937 | - | - | - |
| 马鞍山 | 5 653 | - | 1 330 | - | 4 323 | - |
| 芜 湖 | 11 773 | 416 | 8 647 | 416 | 3 126 | - |
| 铜 陵 | 7 334 | 50 | 3 194 | 50 | 4 140 | - |
| 池 州 | 11 225 | 244 | 10 838 | 244 | 387 | - |
| 安 庆 | 19 | - | 1 | - | 18 | - |
| 南 昌 | 1 411 | 35 | 95 | 33 | 1 317 | 2 |
| 九 江 | 5 265 | - | 1 383 | - | 3 883 | - |

## 5-17 （续表三）

单位：千吨

| 港口 | 总计 | 外贸 | 出港 | 外贸 | 进港 | 外贸 |
|---|---|---|---|---|---|---|
| 武 汉 | 2 633 | - | 78 | - | 2 555 | - |
| 黄 石 | 1 691 | 5 | 378 | 2 | 1 313 | 2 |
| 荆 州 | 1 631 | - | 13 | - | 1 618 | - |
| 宜 昌 | 1 028 | 27 | 357 | 16 | 671 | 11 |
| 长 沙 | 1 062 | 11 | 4 | 4 | 1 058 | 7 |
| 湘 潭 | 47 | - | 4 | - | 43 | - |
| 株 洲 | - | - | - | - | - | - |
| 岳 阳 | 119 | - | 117 | - | 2 | - |
| 番 禺 | - | - | - | - | - | - |
| 新 塘 | 607 | - | - | - | 607 | - |
| 五 和 | - | - | - | - | - | - |
| 中 山 | 386 | … | 38 | - | 348 | … |
| 佛 山 | 13 | 1 | … | … | 12 | 1 |
| 江 门 | 4 006 | - | 982 | - | 3 024 | - |
| 虎 门 | 110 | - | 99 | - | 11 | - |
| 肇 庆 | 717 | 2 | 654 | … | 63 | 2 |
| 惠 州 | 565 | - | 565 | - | - | - |
| 南 宁 | 511 | - | 494 | - | 17 | - |
| 柳 州 | - | - | - | - | - | - |
| 贵 港 | 3 480 | 1 | 1 644 | 1 | 1 836 | - |
| 梧 州 | 4 015 | - | 4 011 | - | 4 | - |
| 来 宾 | 2 292 | - | 2 292 | - | - | - |
| 重 庆 | 6 981 | - | 2 506 | - | 4 475 | - |
| 泸 州 | 2 362 | 1 | 1 181 | … | 1 181 | 1 |
| 宜 宾 | 2 675 | - | 2 386 | - | 289 | - |
| 乐 山 | 320 | - | 320 | - | - | - |
| 南 充 | - | - | - | - | - | - |
| 广 安 | - | - | - | - | - | - |
| 达 州 | - | - | - | - | - | - |

## 5-18　规模以上港口化学肥料及农药吞吐量

单位：千吨

| 港　口 | 总计 | 外贸 | 出港 | 外贸 | 进港 | 外贸 |
|---|---|---|---|---|---|---|
| 总　计 | 48 661 | 26 390 | 28 333 | 19 204 | 20 329 | 7 185 |
| 沿海合计 | 23 740 | 19 102 | 14 942 | 12 716 | 8 798 | 6 386 |
| 丹　东 | 84 | - | - | - | 84 | - |
| 大　连 | 7 | 1 | 5 | 1 | 3 | - |
| 营　口 | 1 912 | 1 523 | 394 | 365 | 1 518 | 1 158 |
| 锦　州 | 235 | 235 | 235 | 235 | - | - |
| 秦皇岛 | 490 | 461 | 387 | 376 | 103 | 85 |
| 黄　骅 | 112 | 96 | 106 | 90 | 6 | 6 |
| 唐　山 | 136 | 131 | 34 | 34 | 102 | 97 |
| 天　津 | 1 618 | 1 567 | 1 555 | 1 505 | 63 | 62 |
| 烟　台 | 2 725 | 2 633 | 1 985 | 1 974 | 740 | 660 |
| 威　海 | - | - | - | - | - | - |
| 青　岛 | 1 219 | 1 170 | 440 | 392 | 779 | 779 |
| 日　照 | 394 | 386 | 394 | 386 | - | - |
| 上　海 | 55 | 31 | 27 | 26 | 29 | 6 |
| 连云港 | 757 | 757 | 102 | 102 | 655 | 655 |
| 盐　城 | - | - | - | - | - | - |
| 嘉　兴 | - | - | - | - | - | - |
| 宁波－舟山 | 224 | 199 | 199 | 199 | 26 | - |
| ＃宁　波 | 214 | 193 | 193 | 193 | 20 | - |
| 　舟　山 | 11 | 5 | 5 | 5 | 5 | - |
| 台　州 | 20 | - | - | - | 20 | - |
| 温　州 | 8 | - | - | - | 8 | - |
| 福　州 | 234 | 217 | 217 | 214 | 17 | 3 |
| ＃福州市港口 | 220 | 217 | 214 | 214 | 5 | 3 |
| 　宁德市港口 | 14 | - | 3 | - | 11 | - |
| 莆　田 | - | - | - | - | - | - |
| 泉　州 | 6 | - | - | - | 6 | - |

## 5-18 （续表一）

单位：千吨

| 港口 | 总计 | 外贸 | 出港 | 外贸 | 进港 | 外贸 |
|---|---|---|---|---|---|---|
| 厦　门 | 124 | 75 | 56 | 56 | 68 | 19 |
| #厦门市港口 | 87 | 75 | 56 | 56 | 31 | 19 |
| 漳州市港口 | 37 | - | - | - | 37 | - |
| 汕　头 | 134 | 1 | 7 | - | 128 | 1 |
| 汕　尾 | - | - | - | - | - | - |
| 惠　州 | - | - | - | - | - | - |
| 深　圳 | - | - | - | - | - | - |
| 虎　门 | 1 701 | 1 301 | 308 | - | 1 393 | 1 301 |
| 广　州 | 184 | 50 | 100 | 19 | 83 | 31 |
| 中　山 | 7 | … | … | … | 6 | - |
| 珠　海 | - | - | - | - | - | - |
| 江　门 | 9 | - | … | - | 9 | - |
| 阳　江 | - | - | - | - | - | - |
| 茂　名 | 10 | - | - | - | 10 | - |
| 湛　江 | 2 114 | 2 077 | 1 454 | 1 421 | 660 | 655 |
| 广西北部湾港 | 7 039 | 5 721 | 5 711 | 4 852 | 1 328 | 869 |
| #北　海 | 1 053 | 1 024 | 983 | 964 | 70 | 60 |
| 钦　州 | 1 617 | 902 | 879 | 588 | 737 | 314 |
| 防　城 | 4 369 | 3 795 | 3 849 | 3 300 | 520 | 495 |
| 海　口 | 1 088 | 3 | 299 | - | 789 | 3 |
| 洋　浦 | 207 | - | 51 | - | 155 | - |
| 八　所 | 887 | 468 | 875 | 468 | 12 | - |
| **内河合计** | **24 922** | **7 287** | **13 391** | **6 488** | **11 531** | **799** |
| 哈尔滨 | - | - | - | - | - | - |
| 佳木斯 | - | - | - | - | - | - |
| 上　海 | 7 | - | … | - | 7 | - |
| 南　京 | 6 431 | 3 350 | 3 345 | 2 921 | 3 086 | 429 |

## 5-18（续表二）

单位：千吨

| 港口 | 总计 | 外贸 | 出港 | 外贸 | 进港 | 外贸 |
|---|---|---|---|---|---|---|
| 镇 江 | 2 848 | 1 416 | 1 536 | 1 416 | 1 311 | – |
| 苏 州 | 2 079 | 982 | 1 104 | 959 | 975 | 22 |
| 南 通 | 2 790 | 1 207 | 1 334 | 967 | 1 456 | 240 |
| 常 州 | 121 | – | 57 | – | 65 | – |
| 江 阴 | 120 | 1 | 90 | 1 | 30 | … |
| 扬 州 | 25 | – | 4 | – | 21 | – |
| 泰 州 | 665 | 228 | 314 | 179 | 351 | 50 |
| 徐 州 | 3 | – | – | – | 3 | – |
| 连云港 | 33 | – | 2 | – | 31 | – |
| 无 锡 | 1 404 | – | 916 | – | 488 | – |
| 宿 迁 | 1 | – | – | – | 1 | – |
| 淮 安 | 76 | – | 36 | – | 40 | – |
| 扬州内河 | 4 | – | 1 | – | 3 | – |
| 镇江内河 | 42 | – | – | – | 42 | – |
| 杭 州 | 45 | – | 1 | – | 44 | – |
| 嘉兴内河 | 59 | – | 17 | – | 42 | – |
| 湖 州 | 26 | – | – | – | 26 | – |
| 合 肥 | 21 | – | – | – | 21 | – |
| 亳 州 | … | – | – | – | … | – |
| 阜 阳 | 11 | – | 9 | – | 2 | – |
| 淮 南 | 4 | – | – | – | 4 | – |
| 滁 州 | 27 | – | – | – | 27 | – |
| 马鞍山 | 4 | – | 4 | – | – | – |
| 芜 湖 | 1 | – | – | – | 1 | – |
| 铜 陵 | 266 | – | 207 | – | 60 | – |
| 池 州 | 31 | – | … | – | 31 | – |
| 安 庆 | 44 | – | 5 | – | 39 | – |
| 南 昌 | 62 | – | – | – | 62 | – |
| 九 江 | 439 | – | 91 | – | 348 | – |

5-18 （续表三）

单位：千吨

| 港口 | 总计 | 外贸 | 出港 | 外贸 | 进港 | 外贸 |
|---|---|---|---|---|---|---|
| 武汉 | 207 | - | 93 | - | 114 | - |
| 黄石 | 61 | - | 48 | - | 14 | - |
| 荆州 | 321 | - | 310 | - | 12 | - |
| 宜昌 | 384 | 26 | 326 | 26 | 59 | … |
| 长沙 | 15 | 14 | 1 | 1 | 15 | 14 |
| 湘潭 | - | - | - | - | - | - |
| 株洲 | 56 | - | - | - | 56 | - |
| 岳阳 | 48 | - | - | - | 48 | - |
| 番禺 | - | - | - | - | - | - |
| 新塘 | 45 | - | - | - | 45 | - |
| 五和 | 4 | - | 4 | - | - | - |
| 中山 | 6 | - | - | - | 6 | - |
| 佛山 | 8 | 1 | 1 | 1 | 7 | … |
| 江门 | 75 | 48 | 24 | 19 | 51 | 29 |
| 虎门 | 53 | - | 8 | - | 45 | - |
| 肇庆 | 62 | - | 35 | - | 26 | - |
| 惠州 | - | - | - | - | - | - |
| 南宁 | 40 | - | - | - | 40 | - |
| 柳州 | - | - | - | - | - | - |
| 贵港 | 390 | 8 | 188 | … | 202 | 8 |
| 梧州 | 33 | - | … | - | 33 | - |
| 来宾 | 1 | - | 1 | - | - | - |
| 重庆 | 4 450 | - | 2 540 | - | 1 911 | - |
| 泸州 | 577 | 7 | 554 | … | 23 | 7 |
| 宜宾 | 372 | - | 181 | - | 190 | - |
| 乐山 | - | - | - | - | - | - |
| 南充 | 25 | - | 7 | - | 17 | - |
| 广安 | - | - | - | - | - | - |
| 达州 | - | - | - | - | - | - |

# 5-19 规模以上港口盐吞吐量

单位：千吨

| 港口 | 总计 | | 出港 | | 进港 | |
|---|---|---|---|---|---|---|
| | | 外贸 | | 外贸 | | 外贸 |
| **总计** | **22 719** | **9 761** | **7 738** | **444** | **14 981** | **9 317** |
| **沿海合计** | **11 792** | **9 036** | **1 678** | **117** | **10 114** | **8 919** |
| 丹东 | 149 | 105 | 4 | – | 145 | 105 |
| 大连 | 563 | 446 | – | – | 563 | 446 |
| 营口 | 672 | 632 | – | – | 672 | 632 |
| 锦州 | 942 | 919 | – | – | 942 | 919 |
| 秦皇岛 | – | – | – | – | – | – |
| 黄骅 | 81 | 61 | 26 | 6 | 55 | 55 |
| 唐山 | 1 316 | 1 316 | 5 | 5 | 1 310 | 1 310 |
| 天津 | 564 | 554 | 29 | 18 | 536 | 536 |
| 烟台 | 451 | 416 | 32 | 13 | 419 | 404 |
| 威海 | – | – | – | – | – | – |
| 青岛 | 320 | 320 | – | – | 320 | 320 |
| 日照 | 37 | 37 | 37 | 37 | – | – |
| 上海 | 1 042 | 894 | – | – | 1 042 | 894 |
| 连云港 | 725 | 561 | 198 | 33 | 527 | 527 |
| 盐城 | 782 | 395 | 387 | – | 395 | 395 |
| 嘉兴 | 563 | 279 | – | – | 563 | 279 |
| 宁波－舟山 | 2 550 | 1 468 | 910 | 5 | 1 639 | 1 464 |
| #宁波 | 1 609 | 1 395 | 39 | – | 1 570 | 1 395 |
| 舟山 | 941 | 74 | 872 | 5 | 69 | 69 |
| 台州 | 4 | – | – | – | 4 | – |
| 温州 | 1 | – | – | – | 1 | – |
| 福州 | 438 | 290 | – | – | 438 | 290 |
| #福州市港口 | 438 | 290 | – | – | 438 | 290 |
| 宁德市港口 | – | – | – | – | – | – |
| 莆田 | – | – | – | – | – | – |
| 泉州 | 142 | 122 | – | – | 142 | 122 |

5-19 （续表一）

单位：千吨

| 港口 | 总计 | 外贸 | 出港 | 外贸 | 进港 | 外贸 |
|---|---|---|---|---|---|---|
| 厦　门 | 56 | 56 | － | － | 56 | 56 |
| #厦门市港口 | － | － | － | － | － | － |
| 　漳州市港口 | 56 | 56 | － | － | 56 | 56 |
| 汕　头 | 12 | － | － | － | 12 | － |
| 汕　尾 | － | － | － | － | － | － |
| 惠　州 | － | － | － | － | － | － |
| 深　圳 | － | － | － | － | － | － |
| 虎　门 | 15 | － | 5 | － | 11 | － |
| 广　州 | 76 | … | 15 | … | 61 | － |
| 中　山 | 11 | … | － | － | 11 | … |
| 珠　海 | － | － | － | － | － | － |
| 江　门 | 10 | － | － | － | 10 | － |
| 阳　江 | － | － | － | － | － | － |
| 茂　名 | － | － | － | － | － | － |
| 湛　江 | － | － | － | － | － | － |
| 广西北部湾港 | 208 | 121 | 27 | － | 181 | 121 |
| #北　海 | 15 | － | － | － | 15 | － |
| 　钦　州 | 185 | 121 | 27 | － | 158 | 121 |
| 　防　城 | 8 | － | … | － | 8 | － |
| 海　口 | 12 | － | 1 | － | 11 | － |
| 洋　浦 | 48 | 45 | 1 | － | 47 | 45 |
| 八　所 | － | － | － | － | － | － |
| **内河合计** | **10 927** | **725** | **6 060** | **326** | **4 867** | **399** |
| 哈尔滨 | － | － | － | － | － | － |
| 佳木斯 | － | － | － | － | － | － |
| 上　海 | 174 | － | 10 | － | 164 | － |
| 南　京 | 429 | 1 | 7 | 1 | 422 | － |

## 5-19（续表二）

单位：千吨

| 港 口 | 总计 | 外贸 | 出港 | 外贸 | 进港 | 外贸 |
|---|---|---|---|---|---|---|
| 镇 江 | 1 845 | 47 | 1 787 | 47 | 57 | - |
| 苏 州 | 231 | 66 | 67 | 15 | 164 | 51 |
| 南 通 | 383 | 55 | 73 | 6 | 309 | 49 |
| 常 州 | - | - | - | - | - | - |
| 江 阴 | - | - | - | - | - | - |
| 扬 州 | 4 | - | 4 | - | - | - |
| 泰 州 | 1 138 | 387 | 360 | 103 | 779 | 285 |
| 徐 州 | - | - | - | - | - | - |
| 连云港 | 52 | - | - | - | 52 | - |
| 无 锡 | 19 | - | - | - | 19 | - |
| 宿 迁 | - | - | - | - | - | - |
| 淮 安 | 2 641 | - | 2 462 | - | 179 | - |
| 扬州内河 | 75 | - | - | - | 75 | - |
| 镇江内河 | - | - | - | - | - | - |
| 杭 州 | 41 | - | - | - | 41 | - |
| 嘉兴内河 | 408 | - | - | - | 408 | - |
| 湖 州 | 52 | - | - | - | 52 | - |
| 合 肥 | 86 | - | - | - | 86 | - |
| 亳 州 | - | - | - | - | - | - |
| 阜 阳 | - | - | - | - | - | - |
| 淮 南 | 22 | - | - | - | 22 | - |
| 滁 州 | - | - | - | - | - | - |
| 马鞍山 | 120 | - | - | - | 120 | - |
| 芜 湖 | 125 | - | 1 | - | 124 | - |
| 铜 陵 | - | - | - | - | - | - |
| 池 州 | - | - | - | - | - | - |
| 安 庆 | - | - | - | - | - | - |
| 南 昌 | 120 | 108 | 106 | 104 | 14 | 5 |
| 九 江 | 381 | - | - | - | 381 | - |

## 5-19 （续表三）

单位：千吨

| 港口 | 总计 | 外贸 | 出港 | 外贸 | 进港 | 外贸 |
|---|---|---|---|---|---|---|
| 武　汉 | 7 | - | 3 | - | 3 | - |
| 黄　石 | 64 | 58 | 55 | 50 | 9 | 8 |
| 荆　州 | - | - | - | - | - | - |
| 宜　昌 | - | - | - | - | - | - |
| 长　沙 | 2 | - | 1 | - | 1 | - |
| 湘　潭 | - | - | - | - | - | - |
| 株　洲 | 87 | - | - | - | 87 | - |
| 岳　阳 | 22 | - | - | - | 22 | - |
| 番　禺 | - | - | - | - | - | - |
| 新　塘 | - | - | - | - | - | - |
| 五　和 | - | - | - | - | - | - |
| 中　山 | 4 | 1 | … | … | 4 | 1 |
| 佛　山 | - | - | - | - | - | - |
| 江　门 | 18 | - | … | - | 18 | - |
| 虎　门 | 7 | - | - | - | 7 | - |
| 肇　庆 | 3 | - | - | - | 3 | - |
| 惠　州 | - | - | - | - | - | - |
| 南　宁 | - | - | - | - | - | - |
| 柳　州 | - | - | - | - | - | - |
| 贵　港 | - | - | - | - | - | - |
| 梧　州 | 2 | - | - | - | 2 | - |
| 来　宾 | - | - | - | - | - | - |
| 重　庆 | 2 109 | - | 883 | - | 1 226 | - |
| 泸　州 | 1 | 1 | 1 | 1 | … | … |
| 宜　宾 | 125 | - | 121 | - | 4 | - |
| 乐　山 | 119 | - | 119 | - | - | - |
| 南　充 | 12 | - | - | - | 12 | - |
| 广　安 | - | - | - | - | - | - |
| 达　州 | - | - | - | - | - | - |

# 5-20 规模以上港口粮食吞吐量

单位：千吨

| 港　口 | 总计 | | 出港 | | 进港 | |
|---|---|---|---|---|---|---|
| | | 外贸 | | 外贸 | | 外贸 |
| **总　计** | **327 641** | **121 499** | **106 806** | **1 793** | **220 835** | **119 706** |
| **沿海合计** | **213 929** | **99 893** | **71 035** | **1 506** | **142 894** | **98 387** |
| 丹　东 | 3 420 | 396 | 3 025 | – | 396 | 396 |
| 大　连 | 13 660 | 7 237 | 6 828 | 825 | 6 832 | 6 412 |
| 营　口 | 16 553 | 1 024 | 15 524 | 11 | 1 029 | 1 013 |
| 锦　州 | 11 833 | 53 | 11 785 | 53 | 48 | – |
| 秦皇岛 | 2 603 | 2 513 | – | – | 2 603 | 2 513 |
| 黄　骅 | 1 280 | 822 | 5 | – | 1 276 | 822 |
| 唐　山 | 1 024 | 1 005 | – | – | 1 024 | 1 005 |
| 天　津 | 8 465 | 7 784 | 584 | 170 | 7 881 | 7 613 |
| 烟　台 | 3 913 | 3 371 | 56 | 52 | 3 857 | 3 319 |
| 威　海 | 8 | – | – | – | 8 | – |
| 青　岛 | 8 274 | 8 138 | 153 | 94 | 8 122 | 8 044 |
| 日　照 | 12 494 | 11 655 | 167 | – | 12 327 | 11 655 |
| 上　海 | 3 028 | 1 861 | 956 | – | 2 072 | 1 861 |
| 连云港 | 7 348 | 7 302 | 14 | 12 | 7 334 | 7 291 |
| 盐　城 | 5 977 | 1 405 | 2 301 | – | 3 676 | 1 405 |
| 嘉　兴 | 7 | – | – | – | 7 | – |
| 宁波－舟山 | 11 669 | 6 631 | 4 681 | 234 | 6 988 | 6 397 |
| #宁　波 | 3 384 | 2 150 | 1 168 | – | 2 217 | 2 150 |
| 舟　山 | 8 285 | 4 481 | 3 513 | 234 | 4 772 | 4 246 |
| 台　州 | 1 | – | – | – | 1 | – |
| 温　州 | 62 | – | 10 | – | 52 | – |
| 福　州 | 2 381 | 2 019 | – | – | 2 381 | 2 019 |
| #福州市港口 | 2 381 | 2 019 | – | – | 2 381 | 2 019 |
| 宁德市港口 | – | – | – | – | – | – |
| 莆　田 | 773 | 446 | 7 | – | 765 | 446 |
| 泉　州 | 1 466 | 1 178 | – | – | 1 466 | 1 178 |

## 5-20 （续表一）

单位：千吨

| 港 口 | 总计 | 外贸 | 出港 | 外贸 | 进港 | 外贸 |
|---|---|---|---|---|---|---|
| 厦 门 | 3 285 | 1 324 | 28 | - | 3 257 | 1 324 |
| #厦门市港口 | 1 155 | 1 032 | 14 | - | 1 141 | 1 032 |
| 漳州市港口 | 2 130 | 292 | 14 | - | 2 116 | 292 |
| 汕 头 | 1 721 | 263 | … | … | 1 721 | 263 |
| 汕 尾 | - | - | - | - | - | - |
| 惠 州 | 34 | - | 5 | - | 29 | - |
| 深 圳 | 17 212 | 3 763 | 7 643 | - | 9 569 | 3 763 |
| 虎 门 | 18 833 | 5 435 | 6 197 | - | 12 637 | 5 435 |
| 广 州 | 25 976 | 10 412 | 8 418 | 30 | 17 558 | 10 382 |
| 中 山 | 141 | 1 | 3 | - | 138 | 1 |
| 珠 海 | 52 | - | 10 | - | 42 | - |
| 江 门 | 1 151 | - | 289 | - | 862 | - |
| 阳 江 | 2 084 | 1 338 | 131 | - | 1 953 | 1 338 |
| 茂 名 | 2 266 | - | 4 | - | 2 262 | - |
| 湛 江 | 3 061 | 2 275 | 7 | - | 3 054 | 2 275 |
| 广西北部湾港 | 17 502 | 10 238 | 1 598 | 25 | 15 905 | 10 213 |
| #北 海 | 2 670 | 2 139 | 4 | - | 2 665 | 2 139 |
| 钦 州 | 8 470 | 2 905 | 1 069 | 25 | 7 401 | 2 880 |
| 防 城 | 6 363 | 5 194 | 524 | … | 5 838 | 5 194 |
| 海 口 | 4 118 | 2 | 571 | - | 3 547 | 2 |
| 洋 浦 | 252 | - | 35 | - | 217 | - |
| 八 所 | - | - | - | - | - | - |
| **内河合计** | **113 713** | **21 606** | **35 772** | **287** | **77 941** | **21 319** |
| 哈尔滨 | - | - | - | - | - | - |
| 佳木斯 | - | - | - | - | - | - |
| 上 海 | 314 | - | 145 | - | 169 | - |
| 南 京 | 1 625 | 906 | 435 | - | 1 190 | 906 |

## 5-20 （续表二）

单位：千吨

| 港口 | 总计 | 外贸 | 出港 | 外贸 | 进港 | 外贸 |
|---|---|---|---|---|---|---|
| 镇 江 | 12 775 | 4 694 | 5 711 | – | 7 064 | 4 694 |
| 苏 州 | 11 383 | 5 452 | 3 567 | 161 | 7 817 | 5 292 |
| 南 通 | 16 040 | 6 492 | 5 686 | – | 10 354 | 6 492 |
| 常 州 | – | – | – | – | – | – |
| 江 阴 | 2 248 | 345 | 954 | 29 | 1 294 | 315 |
| 扬 州 | 12 | – | 12 | – | – | – |
| 泰 州 | 31 042 | 3 205 | 13 054 | 8 | 17 988 | 3 196 |
| 徐 州 | 1 835 | – | 256 | – | 1 579 | – |
| 连云港 | 41 | – | 40 | – | 2 | – |
| 无 锡 | 1 957 | – | 492 | – | 1 465 | – |
| 宿 迁 | 425 | – | 154 | – | 271 | – |
| 淮 安 | 1 950 | – | 1 790 | – | 161 | – |
| 扬州内河 | 458 | – | 391 | – | 67 | – |
| 镇江内河 | 108 | – | – | – | 108 | – |
| 杭 州 | 292 | – | 70 | – | 222 | – |
| 嘉兴内河 | 1 338 | – | 277 | – | 1 061 | – |
| 湖 州 | 554 | – | 36 | – | 518 | – |
| 合 肥 | 1 656 | … | 691 | … | 965 | … |
| 亳 州 | 260 | – | 206 | – | 54 | – |
| 阜 阳 | 100 | – | 84 | – | 16 | – |
| 淮 南 | 51 | – | 17 | – | 35 | – |
| 滁 州 | 352 | – | 118 | – | 234 | – |
| 马鞍山 | 189 | – | 42 | – | 147 | – |
| 芜 湖 | 456 | – | 27 | – | 429 | – |
| 铜 陵 | 3 | – | 3 | – | – | – |
| 池 州 | 26 | – | 5 | – | 20 | – |
| 安 庆 | 132 | 42 | 20 | – | 112 | 42 |
| 南 昌 | 2 855 | 205 | 78 | 21 | 2 777 | 184 |
| 九 江 | 60 | – | – | – | 60 | – |

## 5-20 （续表三）

单位：千吨

| 港口 | 总计 | 外贸 | 出港 | 外贸 | 进港 | 外贸 |
|---|---|---|---|---|---|---|
| 武 汉 | 1 449 | – | 128 | – | 1 321 | – |
| 黄 石 | 130 | 1 | 10 | 1 | 120 | – |
| 荆 州 | 829 | – | 3 | – | 826 | – |
| 宜 昌 | 83 | – | 24 | – | 59 | – |
| 长 沙 | 617 | 12 | 3 | … | 614 | 12 |
| 湘 潭 | – | – | – | – | – | – |
| 株 洲 | 185 | – | – | – | 185 | – |
| 岳 阳 | 1 563 | – | 258 | – | 1 305 | – |
| 番 禺 | 1 705 | – | – | – | 1 705 | – |
| 新 塘 | – | – | – | – | – | – |
| 五 和 | 37 | – | – | – | 37 | – |
| 中 山 | 86 | – | 12 | – | 74 | – |
| 佛 山 | 1 392 | 155 | 42 | 34 | 1 349 | 121 |
| 江 门 | 1 427 | 27 | 60 | 11 | 1 367 | 16 |
| 虎 门 | 3 346 | 3 | 139 | – | 3 207 | 3 |
| 肇 庆 | 1 886 | 41 | 47 | 21 | 1 838 | 20 |
| 惠 州 | 40 | – | – | – | 40 | – |
| 南 宁 | 491 | – | – | – | 491 | – |
| 柳 州 | 85 | – | – | – | 85 | – |
| 贵 港 | 3 105 | … | 384 | … | 2 721 | … |
| 梧 州 | 1 604 | 24 | 261 | 1 | 1 344 | 23 |
| 来 宾 | 173 | – | 1 | – | 172 | – |
| 重 庆 | 2 730 | – | 7 | – | 2 723 | – |
| 泸 州 | 71 | 2 | 31 | – | 39 | 2 |
| 宜 宾 | 22 | – | 3 | – | 19 | – |
| 乐 山 | – | – | – | – | – | – |
| 南 充 | 116 | – | 1 | – | 115 | – |
| 广 安 | 3 | – | 1 | – | 3 | – |
| 达 州 | … | – | … | – | … | – |

## 5-21 规模以上港口机械、设备、电器吞吐量

单位：千吨

| 港　口 | 总计 | 外贸 | 出港 | 外贸 | 进港 | 外贸 |
|---|---|---|---|---|---|---|
| **总　计** | **235 324** | **142 301** | **130 408** | **84 337** | **104 916** | **57 964** |
| **沿海合计** | **221 707** | **134 786** | **120 064** | **78 198** | **101 643** | **56 588** |
| 丹　东 | 355 | … | … | … | 355 | – |
| 大　连 | 3 576 | 2 496 | 2 297 | 2 081 | 1 279 | 415 |
| 营　口 | 10 910 | 281 | 5 355 | 279 | 5 555 | 2 |
| 锦　州 | 1 | – | 1 | – | … | – |
| 秦皇岛 | 44 | 44 | 44 | 44 | … | … |
| 黄　骅 | 4 | 4 | 4 | 4 | 1 | – |
| 唐　山 | 40 | 24 | 24 | 24 | 16 | – |
| 天　津 | 55 372 | 37 363 | 33 131 | 23 765 | 22 241 | 13 598 |
| 烟　台 | 212 | 175 | 176 | 174 | 36 | 1 |
| 威　海 | 10 | 4 | 6 | 3 | 4 | 1 |
| 青　岛 | 4 999 | 811 | 798 | 773 | 4 201 | 38 |
| 日　照 | 78 | 38 | 30 | 13 | 48 | 25 |
| 上　海 | 81 765 | 68 898 | 43 188 | 36 623 | 38 577 | 32 274 |
| 连云港 | 1 367 | 1 334 | 1 362 | 1 330 | 5 | 4 |
| 盐　城 | 4 583 | 2 630 | 4 579 | 2 626 | 3 | 3 |
| 嘉　兴 | 10 | – | 2 | – | 8 | 0 |
| 宁波－舟山 | 393 | 78 | 106 | 60 | 286 | 18 |
| 　#宁　波 | 71 | 65 | 60 | 54 | 11 | 11 |
| 　　舟　山 | 321 | 13 | 46 | 6 | 275 | 7 |
| 台　州 | 1 465 | 1 464 | 5 | 3 | 1 461 | 1 461 |
| 温　州 | – | – | – | – | – | – |
| 福　州 | 31 | 26 | 20 | 17 | 10 | 9 |
| 　#福州市港口 | 18 | 13 | 8 | 4 | 10 | 9 |
| 　宁德市港口 | 13 | 13 | 13 | 13 | – | – |
| 莆　田 | 9 | 9 | 8 | 8 | 2 | 2 |
| 泉　州 | 2 | 1 | 2 | 1 | 1 | – |

5-21 （续表一）

单位：千吨

| 港口 | 总计 | 外贸 | 出港 | 外贸 | 进港 | 外贸 |
|---|---|---|---|---|---|---|
| 厦门 | 80 | 68 | 57 | 55 | 23 | 13 |
| #厦门市港口 | 45 | 45 | 32 | 32 | 14 | 13 |
| 漳州市港口 | 35 | 23 | 26 | 23 | 9 | … |
| 汕头 | 2 627 | 1 305 | 1 315 | 665 | 1 313 | 640 |
| 汕尾 | 2 | – | – | – | 2 | – |
| 惠州 | 86 | 79 | … | – | 86 | 79 |
| 深圳 | 9 | 5 | 2 | 1 | 7 | 4 |
| 虎门 | 1 346 | 240 | 700 | 23 | 646 | 217 |
| 广州 | 39 512 | 14 932 | 19 914 | 7 646 | 19 599 | 7 286 |
| 中山 | 1 177 | 1 114 | 1 021 | 975 | 156 | 139 |
| 珠海 | 204 | 165 | 138 | 105 | 66 | 60 |
| 江门 | 112 | 27 | 68 | 22 | 44 | 5 |
| 阳江 | – | – | – | – | – | – |
| 茂名 | 4 | 1 | 3 | 1 | 1 | – |
| 湛江 | 9 | … | 3 | – | 7 | … |
| 广西北部湾港 | 1 166 | 966 | 833 | 776 | 333 | 190 |
| #北海 | 47 | 11 | 26 | 7 | 21 | 5 |
| 钦州 | 627 | 489 | 328 | 306 | 299 | 183 |
| 防城 | 491 | 466 | 479 | 463 | 13 | 3 |
| 海口 | 10 128 | 202 | 4 870 | 100 | 5 258 | 102 |
| 洋浦 | 16 | – | 3 | – | 13 | – |
| 八所 | … | … | – | – | … | … |
| **内河合计** | **13 617** | **7 515** | **10 344** | **6 139** | **3 273** | **1 376** |
| 哈尔滨 | – | – | – | – | – | – |
| 佳木斯 | 4 | 4 | 4 | 4 | – | – |
| 上海 | 1 | – | 1 | – | 1 | – |
| 南京 | 587 | 91 | 579 | 87 | 8 | 5 |

## 5-21 （续表二）

单位：千吨

| 港 口 | 总计 | 外贸 | 出港 | 外贸 | 进港 | 外贸 |
|---|---|---|---|---|---|---|
| 镇 江 | 2 | … | 1 | … | … | - |
| 苏 州 | 2 283 | 1 653 | 1 984 | 1 622 | 299 | 31 |
| 南 通 | 374 | 175 | 280 | 167 | 95 | 9 |
| 常 州 | 13 | … | 13 | … | … | - |
| 江 阴 | 395 | 121 | 295 | 100 | 100 | 21 |
| 扬 州 | 11 | 7 | 11 | 7 | - | - |
| 泰 州 | 897 | 590 | 225 | 92 | 672 | 498 |
| 徐 州 | 1 | - | 1 | - | - | - |
| 连云港 | - | - | - | - | - | - |
| 无 锡 | - | - | - | - | - | - |
| 宿 迁 | - | - | - | - | - | - |
| 淮 安 | 26 | - | 22 | - | 4 | - |
| 扬州内河 | - | - | - | - | - | - |
| 镇江内河 | - | - | - | - | - | - |
| 杭 州 | 51 | - | 43 | - | 8 | - |
| 嘉兴内河 | … | | | | … | |
| 湖 州 | - | - | - | - | - | - |
| 合 肥 | 388 | 125 | 364 | 123 | 24 | 2 |
| 亳 州 | - | - | - | - | - | - |
| 阜 阳 | - | - | - | - | - | - |
| 淮 南 | … | - | - | - | … | - |
| 滁 州 | - | - | - | - | - | - |
| 马鞍山 | … | … | … | … | … | - |
| 芜 湖 | 1 | 1 | - | - | 1 | 1 |
| 铜 陵 | … | - | - | - | … | - |
| 池 州 | - | - | - | - | - | - |
| 安 庆 | 33 | 4 | - | - | 33 | 4 |
| 南 昌 | 120 | 115 | 72 | 71 | 47 | 45 |
| 九 江 | 87 | 1 | 7 | 1 | 80 | - |

# 5-21 （续表三）

单位：千吨

| 港口 | 总计 | 外贸 | 出港 | 外贸 | 进港 | 外贸 |
|---|---|---|---|---|---|---|
| 武汉 | 518 | 2 | 434 | 2 | 85 | – |
| 黄石 | 20 | 19 | 15 | 14 | 5 | 5 |
| 荆州 | 3 | – | 2 | – | … | – |
| 宜昌 | 527 | 31 | 264 | 19 | 263 | 13 |
| 长沙 | 190 | 169 | 98 | 98 | 92 | 71 |
| 湘潭 | – | – | – | – | – | – |
| 株洲 | 3 | – | 3 | – | – | – |
| 岳阳 | … | – | … | – | … | – |
| 番禺 | 130 | … | 129 | … | 1 | – |
| 新塘 | 23 | 23 | – | – | 23 | 23 |
| 五和 | 46 | 46 | – | – | 46 | 46 |
| 中山 | 1 402 | 468 | 1 339 | 445 | 63 | 23 |
| 佛山 | 3 300 | 3 066 | 2 989 | 2 760 | 311 | 306 |
| 江门 | 755 | 655 | 499 | 431 | 256 | 224 |
| 虎门 | 13 | 7 | 3 | … | 10 | 7 |
| 肇庆 | 56 | 48 | 50 | 47 | 6 | 2 |
| 惠州 | – | – | – | – | – | – |
| 南宁 | … | – | – | – | … | – |
| 柳州 | – | – | – | – | – | – |
| 贵港 | 44 | … | 6 | … | 38 | … |
| 梧州 | 8 | 7 | 2 | 1 | 6 | 6 |
| 来宾 | – | – | – | – | – | – |
| 重庆 | 73 | – | 18 | – | 55 | – |
| 泸州 | 1 016 | 84 | 450 | 50 | 566 | 34 |
| 宜宾 | 198 | – | 124 | – | 74 | – |
| 乐山 | 20 | – | 19 | – | 1 | – |
| 南充 | – | – | – | – | – | – |
| 广安 | – | – | – | – | – | – |
| 达州 | – | – | – | – | – | – |

## 5-22 规模以上港口化工原料及制品吞吐量

单位：千吨

| 港口 | 总计 | 外贸 | 出港 | 外贸 | 进港 | 外贸 |
|---|---|---|---|---|---|---|
| 总　计 | 269 283 | 98 665 | 107 023 | 17 512 | 162 260 | 81 154 |
| 沿海合计 | 152 449 | 62 648 | 61 839 | 11 116 | 90 610 | 51 531 |
| 丹　东 | 35 | – | – | – | 35 | – |
| 大　连 | 19 085 | 5 691 | 11 516 | 93 | 7 569 | 5 598 |
| 营　口 | 786 | 69 | 566 | 56 | 219 | 13 |
| 锦　州 | 1 160 | 241 | 1 056 | 235 | 104 | 6 |
| 秦皇岛 | 124 | 95 | 21 | 21 | 103 | 74 |
| 黄　骅 | 8 | 8 | 8 | 8 | – | – |
| 唐　山 | 716 | 89 | 668 | 70 | 48 | 19 |
| 天　津 | 22 289 | 12 694 | 12 859 | 5 902 | 9 430 | 6 792 |
| 烟　台 | 2 798 | 831 | 1 838 | 240 | 960 | 592 |
| 威　海 | – | – | – | – | – | – |
| 青　岛 | 1 643 | 1 191 | 1 135 | 688 | 508 | 503 |
| 日　照 | 354 | 258 | 206 | 119 | 148 | 139 |
| 上　海 | 9 836 | 2 498 | 3 956 | 182 | 5 880 | 2 315 |
| 连云港 | 3 863 | 3 018 | 863 | 356 | 3 000 | 2 662 |
| 盐　城 | 1 620 | 352 | 828 | 148 | 791 | 204 |
| 嘉　兴 | 6 262 | 3 454 | 409 | 208 | 5 854 | 3 246 |
| 宁波－舟山 | 21 199 | 10 880 | 5 633 | 265 | 15 566 | 10 615 |
| 　#宁　波 | 17 506 | 9 249 | 3 889 | 265 | 13 617 | 8 984 |
| 　　舟　山 | 3 693 | 1 631 | 1 745 | – | 1 949 | 1 631 |
| 台　州 | 109 | – | 20 | – | 89 | – |
| 温　州 | 641 | 78 | 1 | – | 640 | 78 |
| 福　州 | 1 434 | 356 | 322 | 55 | 1 112 | 300 |
| 　#福州市港口 | 1 434 | 356 | 322 | 55 | 1 112 | 300 |
| 　　宁德市港口 | – | – | – | – | – | – |
| 莆　田 | 42 | 21 | 22 | 21 | 20 | – |
| 泉　州 | 5 036 | 762 | 2 353 | – | 2 683 | 762 |

## 5-22 （续表一）

单位：千吨

| 港口 | 总计 | | 出港 | | 进港 | |
|---|---|---|---|---|---|---|
| | | 外贸 | | 外贸 | | 外贸 |
| 厦　门 | 1 174 | 327 | 130 | 4 | 1 044 | 323 |
| #厦门市港口 | 665 | 296 | 27 | 3 | 637 | 293 |
| 漳州市港口 | 509 | 30 | 103 | … | 407 | 30 |
| 汕　头 | 2 683 | 100 | 156 | 36 | 2 527 | 64 |
| 汕　尾 | – | – | – | – | – | – |
| 惠　州 | 4 425 | 901 | 2 633 | 96 | 1 792 | 805 |
| 深　圳 | 167 | 36 | – | – | 167 | 36 |
| 虎　门 | 11 081 | 4 051 | 1 866 | 69 | 9 215 | 3 983 |
| 广　州 | 5 902 | 3 406 | 1 134 | 607 | 4 767 | 2 799 |
| 中　山 | 1 135 | 546 | 221 | 184 | 914 | 361 |
| 珠　海 | 3 772 | 1 757 | 680 | 29 | 3 092 | 1 727 |
| 江　门 | 517 | 60 | 112 | 13 | 405 | 47 |
| 阳　江 | 442 | – | 6 | – | 436 | – |
| 茂　名 | 359 | 30 | 359 | 30 | – | – |
| 湛　江 | 2 020 | 1 723 | 243 | – | 1 777 | 1 723 |
| 广西北部湾港 | 10 660 | 5 633 | 5 058 | 1 369 | 5 602 | 4 264 |
| #北　海 | 680 | 541 | 191 | 126 | 489 | 415 |
| 钦　州 | 5 753 | 1 468 | 4 032 | 960 | 1 721 | 508 |
| 防　城 | 4 227 | 3 623 | 835 | 283 | 3 392 | 3 341 |
| 海　口 | 2 377 | 25 | 979 | 9 | 1 398 | 16 |
| 洋　浦 | 5 276 | 1 466 | 2 636 | – | 2 640 | 1 466 |
| 八　所 | 1 421 | – | 1 347 | – | 74 | – |
| **内河合计** | **116 834** | **36 018** | **45 184** | **6 395** | **71 650** | **29 622** |
| 哈尔滨 | – | – | – | – | – | – |
| 佳木斯 | – | – | – | – | – | – |
| 上　海 | 26 | – | 4 | – | 23 | – |
| 南　京 | 14 495 | 2 592 | 6 323 | 775 | 8 172 | 1 817 |

## 5-22 （续表二）

单位：千吨

| 港口 | 总计 | 外贸 | 出港 | 外贸 | 进港 | 外贸 |
|---|---|---|---|---|---|---|
| 镇 江 | 5 422 | 1 971 | 2 062 | 357 | 3 359 | 1 613 |
| 苏 州 | 23 858 | 14 199 | 6 582 | 1 874 | 17 276 | 12 324 |
| 南 通 | 6 205 | 3 091 | 2 124 | 47 | 4 081 | 3 044 |
| 常 州 | 2 029 | 690 | 497 | 7 | 1 532 | 683 |
| 江 阴 | 14 157 | 7 199 | 3 100 | 495 | 11 057 | 6 704 |
| 扬 州 | 631 | 142 | 111 | - | 520 | 142 |
| 泰 州 | 7 775 | 2 878 | 3 285 | 948 | 4 490 | 1 930 |
| 徐 州 | 4 | - | 0 | - | 4 | - |
| 连云港 | 187 | - | 26 | - | 161 | - |
| 无 锡 | 1 786 | - | 33 | - | 1 754 | - |
| 宿 迁 | 816 | - | 326 | - | 490 | - |
| 淮 安 | 4 269 | - | 3 810 | - | 459 | - |
| 扬州内河 | 204 | - | 195 | - | 9 | - |
| 镇江内河 | 85 | - | 83 | - | 2 | - |
| 杭 州 | 432 | - | 2 | - | 430 | - |
| 嘉兴内河 | 3 039 | - | 443 | - | 2 596 | - |
| 湖 州 | 1 606 | - | 36 | - | 1 570 | - |
| 合 肥 | 501 | 22 | 394 | - | 107 | 22 |
| 亳 州 | - | - | - | - | - | - |
| 阜 阳 | 2 | - | - | - | 2 | - |
| 淮 南 | 23 | - | 23 | - | - | - |
| 滁 州 | 284 | - | - | - | 284 | - |
| 马鞍山 | 105 | - | 21 | - | 84 | - |
| 芜 湖 | 1 191 | - | 1 132 | - | 59 | - |
| 铜 陵 | 1 378 | - | 1 276 | - | 102 | - |
| 池 州 | 828 | - | 634 | - | 194 | - |
| 安 庆 | 1 073 | 9 | 550 | 8 | 524 | 1 |
| 南 昌 | 282 | - | 20 | - | 262 | - |
| 九 江 | 852 | - | 380 | - | 472 | - |

## 5-22 （续表三）

单位：千吨

| 港口 | 总计 | 外贸 | 出港 | 外贸 | 进港 | 外贸 |
|---|---|---|---|---|---|---|
| 武 汉 | 430 | – | 75 | – | 355 | – |
| 黄 石 | 509 | 30 | 476 | 29 | 33 | 2 |
| 荆 州 | 1 042 | – | 340 | – | 702 | – |
| 宜 昌 | 1 159 | 173 | 284 | 159 | 875 | 14 |
| 长 沙 | 431 | 286 | 255 | 239 | 176 | 47 |
| 湘 潭 | – | – | – | – | – | – |
| 株 洲 | 280 | – | 162 | – | 118 | – |
| 岳 阳 | 421 | – | 115 | – | 306 | – |
| 番 禺 | – | – | – | – | – | – |
| 新 塘 | 2 007 | – | 24 | – | 1 984 | – |
| 五 和 | – | – | – | – | – | – |
| 中 山 | 348 | 77 | 30 | 20 | 319 | 57 |
| 佛 山 | 2 158 | 2 034 | 1 180 | 1 146 | 979 | 888 |
| 江 门 | 1 742 | 431 | 346 | 193 | 1 396 | 238 |
| 虎 门 | 856 | 6 | 5 | – | 851 | 6 |
| 肇 庆 | 159 | 43 | 64 | 16 | 95 | 28 |
| 惠 州 | – | – | – | – | – | – |
| 南 宁 | 13 | – | 11 | – | 3 | – |
| 柳 州 | 6 | – | 6 | – | – | – |
| 贵 港 | 561 | 1 | 410 | 1 | 151 | … |
| 梧 州 | 1 153 | 38 | 974 | 32 | 180 | 6 |
| 来 宾 | 26 | – | 26 | – | – | – |
| 重 庆 | 6 745 | – | 4 828 | – | 1 917 | – |
| 泸 州 | 1 418 | 103 | 1 045 | 49 | 373 | 54 |
| 宜 宾 | 1 657 | – | 894 | – | 763 | – |
| 乐 山 | 167 | – | 161 | – | 5 | – |
| 南 充 | – | – | – | – | – | – |
| 广 安 | – | – | – | – | – | – |
| 达 州 | – | – | – | – | – | – |

## 5-23 规模以上港口有色金属吞吐量

单位：千吨

| 港 口 | 总计 | 外贸 | 出港 | 外贸 | 进港 | 外贸 |
|---|---|---|---|---|---|---|
| **总 计** | **13 970** | **10 314** | **4 951** | **3 686** | **9 019** | **6 628** |
| **沿海合计** | **10 144** | **7 030** | **3 120** | **2 016** | **7 023** | **5 014** |
| 丹 东 | 37 | - | 37 | - | - | - |
| 大 连 | 25 | 12 | 21 | 9 | 3 | 3 |
| 营 口 | - | - | - | - | - | - |
| 锦 州 | 385 | 20 | 2 | - | 383 | 20 |
| 秦皇岛 | - | - | - | - | - | - |
| 黄 骅 | - | - | - | - | - | - |
| 唐 山 | - | - | - | - | - | - |
| 天 津 | 5 444 | 4 910 | 1 942 | 1 708 | 3 502 | 3 202 |
| 烟 台 | 5 | 5 | 5 | 5 | - | - |
| 威 海 | - | - | - | - | - | - |
| 青 岛 | - | - | - | - | - | - |
| 日 照 | - | - | - | - | - | - |
| 上 海 | 343 | 172 | 3 | - | 341 | 172 |
| 连云港 | 1 866 | 1 414 | 229 | 35 | 1 637 | 1 380 |
| 盐 城 | - | - | - | - | - | - |
| 嘉 兴 | - | - | - | - | - | - |
| 宁波-舟山 | 1 | - | - | - | 1 | - |
| #宁 波 | 1 | - | - | - | 1 | - |
| 舟 山 | - | - | - | - | - | - |
| 台 州 | - | - | - | - | - | - |
| 温 州 | - | - | - | - | - | - |
| 福 州 | 247 | 45 | 2 | - | 245 | 45 |
| #福州市港口 | 201 | - | 2 | - | 199 | - |
| 宁德市港口 | 46 | 45 | - | - | 46 | 45 |
| 莆 田 | - | - | - | - | - | - |
| 泉 州 | - | - | - | - | - | - |

## 5-23 （续表一）

单位：千吨

| 港 口 | 总计 | 外贸 | 出港 | 外贸 | 进港 | 外贸 |
|---|---|---|---|---|---|---|
| 厦门 | – | – | – | – | – | – |
| #厦门市港口 | – | – | – | – | – | – |
| 漳州市港口 | – | – | – | – | – | – |
| 汕头 | … | … | … | … | – | – |
| 汕尾 | – | – | – | – | – | – |
| 惠州 | – | – | – | – | – | – |
| 深圳 | 14 | 14 | – | – | 14 | 14 |
| 虎门 | 294 | 16 | 138 | … | 156 | 16 |
| 广州 | 505 | 229 | 182 | 123 | 323 | 106 |
| 中山 | 21 | 21 | 10 | 10 | 11 | 11 |
| 珠海 | – | – | – | – | – | – |
| 江门 | … | … | … | … | … | … |
| 阳江 | – | – | – | – | – | – |
| 茂名 | – | – | – | – | – | – |
| 湛江 | – | – | – | – | – | – |
| 广西北部湾港 | 906 | 171 | 531 | 126 | 375 | 45 |
| #北海 | 170 | 2 | 8 | – | 161 | 2 |
| 钦州 | 592 | 166 | 408 | 123 | 184 | 43 |
| 防城 | 145 | 3 | 116 | 3 | 29 | … |
| 海口 | 27 | – | 12 | – | 15 | – |
| 洋浦 | 23 | – | 6 | – | 17 | – |
| 八所 | – | – | – | – | – | – |
| 内河合计 | 3 826 | 3 284 | 1 831 | 1 670 | 1 996 | 1 614 |
| 哈尔滨 | – | – | – | – | – | – |
| 佳木斯 | – | – | – | – | – | – |
| 上海 | – | – | – | – | – | – |
| 南京 | 1 | – | – | – | 1 | – |

## 5-23 (续表二)

单位:千吨

| 港 口 | 总计 | 外贸 | 出港 | 外贸 | 进港 | 外贸 |
|---|---|---|---|---|---|---|
| 镇 江 | - | - | - | - | - | - |
| 苏 州 | 109 | 72 | 27 | - | 82 | 72 |
| 南 通 | - | - | - | - | - | - |
| 常 州 | - | - | - | - | - | - |
| 江 阴 | 134 | 8 | 71 | 5 | 63 | 3 |
| 扬 州 | - | - | - | - | - | - |
| 泰 州 | 7 | - | 3 | - | 4 | - |
| 徐 州 | - | - | - | - | - | - |
| 连云港 | - | - | - | - | - | - |
| 无 锡 | - | - | - | - | - | - |
| 宿 迁 | - | - | - | - | - | - |
| 淮 安 | … | - | - | - | … | - |
| 扬州内河 | - | - | - | - | - | - |
| 镇江内河 | - | - | - | - | - | - |
| 杭 州 | - | - | - | - | - | - |
| 嘉兴内河 | - | - | - | - | - | - |
| 湖 州 | 185 | - | - | - | 185 | - |
| 合 肥 | - | - | - | - | - | - |
| 亳 州 | - | - | - | - | - | - |
| 阜 阳 | - | - | - | - | - | - |
| 淮 南 | - | - | - | - | - | - |
| 滁 州 | - | - | - | - | - | - |
| 马鞍山 | - | - | - | - | - | - |
| 芜 湖 | - | - | - | - | - | - |
| 铜 陵 | 3 | - | 3 | - | - | - |
| 池 州 | 10 | - | - | - | 10 | - |
| 安 庆 | - | - | - | - | - | - |
| 南 昌 | - | - | - | - | - | - |
| 九 江 | 17 | - | 1 | - | 16 | - |

## 5-23 （续表三）

单位：千吨

| 港口 | 总计 | 外贸 | 出港 | 外贸 | 进港 | 外贸 |
|---|---|---|---|---|---|---|
| 武 汉 | – | – | – | – | – | – |
| 黄 石 | 72 | 67 | 22 | 17 | 50 | 50 |
| 荆 州 | – | – | – | – | – | – |
| 宜 昌 | 16 | 13 | 15 | 13 | 1 | – |
| 长 沙 | 15 | 14 | 10 | 10 | 5 | 4 |
| 湘 潭 | – | – | – | – | – | – |
| 株 洲 | 28 | – | 26 | – | 2 | – |
| 岳 阳 | 16 | – | 8 | – | 8 | – |
| 番 禺 | – | – | – | – | – | – |
| 新 塘 | – | – | – | – | – | – |
| 五 和 | – | – | – | – | – | – |
| 中 山 | 7 | 1 | 1 | 1 | 6 | 1 |
| 佛 山 | 2 508 | 2 503 | 1 519 | 1 514 | 989 | 989 |
| 江 门 | 7 | 4 | 4 | 4 | 3 | 1 |
| 虎 门 | 3 | 3 | 2 | 2 | … | … |
| 肇 庆 | 250 | 249 | 97 | 95 | 154 | 154 |
| 惠 州 | – | – | – | – | – | – |
| 南 宁 | 16 | – | 7 | – | 9 | – |
| 柳 州 | – | – | – | – | – | – |
| 贵 港 | 7 | … | … | – | 6 | … |
| 梧 州 | 361 | 350 | 15 | 9 | 346 | 341 |
| 来 宾 | 1 | – | 1 | – | – | – |
| 重 庆 | 55 | – | – | – | 55 | – |
| 泸 州 | … | … | … | … | … | … |
| 宜 宾 | – | – | – | – | – | – |
| 乐 山 | – | – | – | – | – | – |
| 南 充 | – | – | – | – | – | – |
| 广 安 | – | – | – | – | – | – |
| 达 州 | – | – | – | – | – | – |

## 5-24　规模以上港口轻工、医药产品吞吐量

单位：千吨

| 港　口 | 总计 | 外贸 | 出港 | 外贸 | 进港 | 外贸 |
|---|---|---|---|---|---|---|
| 总　计 | 119 876 | 53 565 | 61 202 | 28 325 | 58 674 | 25 240 |
| 沿海合计 | 98 634 | 44 445 | 52 408 | 25 651 | 46 226 | 18 793 |
| 丹　东 | 199 | 197 | 74 | 73 | 125 | 125 |
| 大　连 | 66 | 18 | 8 | 8 | 58 | 10 |
| 营　口 | 639 | 554 | … | … | 639 | 554 |
| 锦　州 | 104 | 86 | 18 | - | 86 | 86 |
| 秦皇岛 | - | - | - | - | - | - |
| 黄　骅 | - | - | - | - | - | - |
| 唐　山 | 215 | 211 | - | - | 215 | 211 |
| 天　津 | 56 962 | 31 779 | 34 119 | 22 513 | 22 843 | 9 265 |
| 烟　台 | 56 | 56 | - | - | 56 | 56 |
| 威　海 | - | - | - | - | - | - |
| 青　岛 | 2 594 | 2 471 | 99 | 10 | 2 495 | 2 461 |
| 日　照 | 215 | 200 | 15 | - | 200 | 200 |
| 上　海 | 886 | 263 | 321 | - | 566 | 263 |
| 连云港 | 690 | 680 | 4 | - | 686 | 680 |
| 盐　城 | 145 | 137 | 5 | - | 139 | 137 |
| 嘉　兴 | - | - | - | - | - | - |
| 宁波-舟山 | 1 214 | 385 | - | - | 1 214 | 385 |
| 　#宁　波 | 1 158 | 385 | - | - | 1 158 | 385 |
| 　　舟　山 | 55 | - | - | - | 55 | - |
| 台　州 | 10 | - | - | - | 10 | - |
| 温　州 | 4 | - | … | - | 3 | - |
| 福　州 | 17 | 14 | - | - | 17 | 14 |
| 　#福州市港口 | 17 | 14 | - | - | 17 | 14 |
| 　　宁德市港口 | - | - | - | - | - | - |
| 莆　田 | … | … | … | … | … | … |
| 泉　州 | 38 | 33 | - | - | 38 | 33 |

# 5-24 （续表一）

单位：千吨

| 港 口 | 总计 | | 出港 | | 进港 | |
|---|---|---|---|---|---|---|
| | | 外贸 | | 外贸 | | 外贸 |
| 厦 门 | 354 | 354 | 17 | 17 | 337 | 337 |
| # 厦门市港口 | 253 | 253 | 2 | 2 | 251 | 251 |
| 漳州市港口 | 101 | 101 | 15 | 15 | 86 | 86 |
| 汕 头 | 2 717 | 513 | 2 089 | 499 | 628 | 14 |
| 汕 尾 | – | – | – | – | – | – |
| 惠 州 | – | – | – | – | – | – |
| 深 圳 | 23 | – | … | – | 23 | – |
| 虎 门 | 8 040 | 584 | 3 333 | 192 | 4 706 | 392 |
| 广 州 | 8 321 | 2 475 | 3 198 | 535 | 5 123 | 1 939 |
| 中 山 | 1 463 | 1 253 | 1 034 | 873 | 428 | 380 |
| 珠 海 | 708 | 456 | 248 | 18 | 460 | 438 |
| 江 门 | 576 | 486 | 332 | 283 | 244 | 204 |
| 阳 江 | 4 | – | 4 | – | – | – |
| 茂 名 | – | – | – | – | – | – |
| 湛 江 | 263 | 232 | 20 | – | 243 | 232 |
| 广西北部湾港 | 7 394 | 905 | 5 266 | 601 | 2 128 | 304 |
| # 北 海 | 767 | 19 | 507 | 3 | 261 | 16 |
| 钦 州 | 6 356 | 801 | 4 633 | 596 | 1 724 | 205 |
| 防 城 | 271 | 85 | 126 | 2 | 144 | 83 |
| 海 口 | 2 497 | 33 | 787 | 31 | 1 710 | 3 |
| 洋 浦 | 2 220 | 69 | 1 416 | – | 804 | 69 |
| 八 所 | – | – | – | – | – | – |
| **内河合计** | **21 242** | **9 120** | **8 795** | **2 674** | **12 448** | **6 446** |
| 哈尔滨 | – | – | – | – | – | – |
| 佳木斯 | – | – | – | – | – | – |
| 上 海 | 2 | – | – | – | 2 | – |
| 南 京 | 8 | 1 | 1 | 1 | 7 | – |

## 5-24 （续表二）

单位：千吨

| 港口 | 总计 | 外贸 | 出港 | 外贸 | 进港 | 外贸 |
|---|---|---|---|---|---|---|
| 镇 江 | 1 076 | 665 | 81 | – | 995 | 665 |
| 苏 州 | 6 930 | 4 220 | 2 287 | – | 4 644 | 4 220 |
| 南 通 | 80 | 9 | 68 | – | 11 | 9 |
| 常 州 | 70 | – | 28 | – | 43 | – |
| 江 阴 | 1 183 | 45 | 433 | 13 | 749 | 33 |
| 扬 州 | 4 | – | … | – | 3 | – |
| 泰 州 | 317 | 254 | 310 | 254 | 6 | … |
| 徐 州 | 1 | – | – | – | 1 | – |
| 连云港 | 48 | – | 48 | – | – | – |
| 无 锡 | – | – | – | – | – | – |
| 宿 迁 | 1 | – | – | – | 1 | – |
| 淮 安 | 256 | – | 69 | – | 187 | – |
| 扬州内河 | – | – | – | – | – | – |
| 镇江内河 | – | – | – | – | – | – |
| 杭 州 | 234 | – | 46 | – | 188 | – |
| 嘉兴内河 | 199 | – | 32 | – | 167 | – |
| 湖 州 | 60 | – | – | – | 60 | – |
| 合 肥 | 970 | … | 232 | … | 737 | … |
| 亳 州 | – | – | – | – | – | – |
| 阜 阳 | – | – | – | – | – | – |
| 淮 南 | – | – | – | – | – | – |
| 滁 州 | – | – | – | – | – | – |
| 马鞍山 | 15 | – | 15 | – | … | – |
| 芜 湖 | 7 | – | – | – | 7 | – |
| 铜 陵 | – | – | – | – | – | – |
| 池 州 | – | – | – | – | – | – |
| 安 庆 | 334 | 93 | 86 | 80 | 248 | 13 |
| 南 昌 | 327 | 91 | 97 | 73 | 230 | 18 |
| 九 江 | 368 | – | 11 | – | 357 | – |

## 5-24 （续表三）

单位：千吨

| 港口 | 总计 | 外贸 | 出港 | 外贸 | 进港 | 外贸 |
|---|---|---|---|---|---|---|
| 武 汉 | 178 | – | 78 | – | 100 | – |
| 黄 石 | 11 | 3 | 4 | 3 | 6 | 1 |
| 荆 州 | 270 | – | 251 | – | 19 | – |
| 宜 昌 | 415 | 193 | 225 | 181 | 190 | 12 |
| 长 沙 | 170 | 108 | 76 | 73 | 94 | 36 |
| 湘 潭 | – | – | – | – | – | – |
| 株 洲 | – | – | – | – | – | – |
| 岳 阳 | 15 | – | 15 | – | … | – |
| 番 禺 | 249 | – | – | – | 249 | – |
| 新 塘 | 122 | 51 | 15 | 15 | 106 | 36 |
| 五 和 | 79 | 79 | 79 | 79 | – | – |
| 中 山 | 877 | 615 | 735 | 580 | 143 | 34 |
| 佛 山 | 1 026 | 763 | 398 | 213 | 627 | 551 |
| 江 门 | 2 229 | 1 785 | 1 344 | 1 055 | 885 | 730 |
| 虎 门 | 972 | 11 | 668 | … | 304 | 11 |
| 肇 庆 | 287 | 109 | 124 | 40 | 163 | 69 |
| 惠 州 | – | – | – | – | – | – |
| 南 宁 | 169 | – | 167 | – | 3 | – |
| 柳 州 | 8 | – | 6 | – | 2 | – |
| 贵 港 | 181 | 2 | 131 | 1 | 51 | 1 |
| 梧 州 | 68 | 12 | 47 | 10 | 21 | 2 |
| 来 宾 | 146 | – | 146 | – | … | – |
| 重 庆 | 551 | – | 125 | – | 426 | – |
| 泸 州 | 494 | 9 | 267 | 5 | 227 | 5 |
| 宜 宾 | 234 | – | 47 | – | 186 | – |
| 乐 山 | 1 | – | 1 | – | – | – |
| 南 充 | – | – | – | – | – | – |
| 广 安 | – | – | – | – | – | – |
| 达 州 | – | – | – | – | – | – |

## 5-25 规模以上港口农、林、牧、渔业产品吞吐量

单位:千吨

| 港 口 | 总计 | 外贸 | 出港 | 外贸 | 进港 | 外贸 |
|---|---|---|---|---|---|---|
| **总 计** | **55 959** | **22 354** | **19 235** | **3 549** | **36 723** | **18 805** |
| **沿海合计** | **41 021** | **19 172** | **12 953** | **3 009** | **28 069** | **16 164** |
| 丹 东 | 2 338 | 6 | 6 | 6 | 2 332 | – |
| 大 连 | 786 | 646 | 9 | 7 | 778 | 639 |
| 营 口 | 477 | 386 | 50 | 2 | 427 | 384 |
| 锦 州 | 4 | 4 | 4 | 4 | – | – |
| 秦皇岛 | 133 | 117 | 20 | 13 | 113 | 104 |
| 黄 骅 | 27 | 27 | – | – | 27 | 27 |
| 唐 山 | 6 | 6 | – | – | 6 | 6 |
| 天 津 | 9 568 | 6 338 | 3 485 | 1 826 | 6 084 | 4 512 |
| 烟 台 | 186 | 177 | 15 | 7 | 171 | 170 |
| 威 海 | … | … | | | … | … |
| 青 岛 | 346 | 346 | 13 | 13 | 333 | 333 |
| 日 照 | 259 | 251 | 8 | – | 251 | 251 |
| 上 海 | 1 248 | 541 | 242 | … | 1 006 | 541 |
| 连云港 | 495 | 440 | 37 | 35 | 458 | 405 |
| 盐 城 | 186 | – | 186 | – | – | – |
| 嘉 兴 | 336 | 336 | – | – | 336 | 336 |
| 宁波－舟山 | 833 | 627 | 210 | 19 | 624 | 607 |
| #宁 波 | 109 | 96 | 24 | 19 | 84 | 76 |
| 舟 山 | 725 | 531 | 186 | – | 539 | 531 |
| 台 州 | 25 | 25 | – | – | 25 | 25 |
| 温 州 | – | – | – | – | – | – |
| 福 州 | 1 180 | 207 | 18 | 9 | 1 162 | 198 |
| #福州市港口 | 214 | 205 | 16 | 7 | 199 | 198 |
| 宁德市港口 | 966 | 2 | 2 | 2 | 964 | – |
| 莆 田 | 66 | – | 31 | – | 35 | – |
| 泉 州 | 141 | 94 | 13 | – | 128 | 94 |

## 5-25 （续表一）

单位：千吨

| 港口 | 总计 | 外贸 | 出港 | 外贸 | 进港 | 外贸 |
|---|---|---|---|---|---|---|
| 厦门 | 1 178 | 1 076 | 97 | 7 | 1 081 | 1 069 |
| #厦门市港口 | 791 | 725 | 64 | 6 | 727 | 719 |
| 漳州市港口 | 387 | 351 | 33 | 1 | 354 | 351 |
| 汕头 | 5 | … | … | … | 5 | – |
| 汕尾 | – | – | – | – | – | – |
| 惠州 | – | – | – | – | – | – |
| 深圳 | 1 469 | 801 | 652 | – | 816 | 801 |
| 虎门 | 619 | 247 | 153 | 3 | 466 | 244 |
| 广州 | 2 246 | 1 977 | 216 | 42 | 2 030 | 1 935 |
| 中山 | 19 | 7 | 2 | 2 | 17 | 5 |
| 珠海 | 6 | … | 2 | … | 4 | – |
| 江门 | 128 | – | 66 | – | 61 | – |
| 阳江 | 65 | 34 | 8 | – | 58 | 34 |
| 茂名 | 12 | – | – | – | 12 | – |
| 湛江 | 633 | 604 | 26 | – | 607 | 604 |
| 广西北部湾港 | 7 985 | 3 189 | 4 197 | 771 | 3 788 | 2 418 |
| #北海 | 181 | 17 | 168 | 16 | 13 | … |
| 钦州 | 1 910 | 614 | 731 | 187 | 1 179 | 427 |
| 防城 | 5 894 | 2 559 | 3 298 | 568 | 2 596 | 1 991 |
| 海口 | 7 882 | 663 | 3 142 | 243 | 4 741 | 420 |
| 洋浦 | 130 | – | 42 | – | 88 | – |
| 八所 | 1 | – | 1 | – | – | – |
| **内河合计** | **14 937** | **3 182** | **6 283** | **540** | **8 655** | **2 642** |
| 哈尔滨 | – | – | – | – | – | – |
| 佳木斯 | – | – | – | – | – | – |
| 上海 | 10 | – | 3 | – | 7 | – |
| 南京 | 103 | 45 | 54 | 4 | 49 | 41 |

## 5-25 （续表二）

单位：千吨

| 港 口 | 总计 | 外贸 | 出港 | 外贸 | 进港 | 外贸 |
|---|---|---|---|---|---|---|
| 镇 江 | 718 | 115 | 481 | - | 237 | 115 |
| 苏 州 | 4 341 | 1 339 | 2 422 | 4 | 1 918 | 1 335 |
| 南 通 | 2 862 | 1 196 | 1 517 | 389 | 1 345 | 807 |
| 常 州 | - | - | - | - | - | - |
| 江 阴 | 558 | 35 | 312 | 17 | 246 | 18 |
| 扬 州 | - | - | - | - | - | - |
| 泰 州 | 188 | 145 | 35 | - | 153 | 145 |
| 徐 州 | 1 | - | - | - | 1 | - |
| 连云港 | - | - | - | - | - | - |
| 无 锡 | - | - | - | - | - | - |
| 宿 迁 | 174 | - | 22 | - | 152 | - |
| 淮 安 | 119 | - | 14 | - | 104 | - |
| 扬州内河 | 42 | - | 11 | - | 31 | - |
| 镇江内河 | - | - | - | - | - | - |
| 杭 州 | - | - | - | - | - | - |
| 嘉兴内河 | 69 | - | 18 | - | 51 | - |
| 湖 州 | 7 | - | 2 | - | 5 | - |
| 合 肥 | - | - | - | - | - | - |
| 亳 州 | - | - | - | - | - | - |
| 阜 阳 | 11 | - | - | - | 11 | - |
| 淮 南 | - | - | - | - | - | - |
| 滁 州 | - | - | - | - | - | - |
| 马鞍山 | - | - | - | - | - | - |
| 芜 湖 | 2 | - | 2 | - | - | - |
| 铜 陵 | - | - | - | - | - | - |
| 池 州 | - | - | - | - | - | - |
| 安 庆 | 19 | 18 | 2 | 2 | 18 | 17 |
| 南 昌 | 1 715 | 11 | 18 | 4 | 1 698 | 7 |
| 九 江 | 458 | - | 178 | - | 280 | - |

5-25 （续表三）

单位：千吨

| 港口 | 总计 | 外贸 | 出港 | 外贸 | 进港 | 外贸 |
|---|---|---|---|---|---|---|
| 武 汉 | 340 | – | 8 | – | 331 | – |
| 黄 石 | 2 | 1 | … | … | 1 | 1 |
| 荆 州 | 223 | – | 19 | – | 204 | – |
| 宜 昌 | 43 | 1 | 12 | … | 31 | 1 |
| 长 沙 | 243 | 59 | 38 | 38 | 204 | 21 |
| 湘 潭 | – | – | – | – | – | – |
| 株 洲 | | | | | | |
| 岳 阳 | 158 | – | 75 | – | 84 | – |
| 番 禺 | 97 | – | 97 | – | – | – |
| 新 塘 | -- | – | – | – | – | – |
| 五 和 | 24 | 24 | – | – | 24 | 24 |
| 中 山 | 38 | 2 | 8 | … | 30 | 2 |
| 佛 山 | 62 | 39 | 38 | 30 | 25 | 10 |
| 江 门 | 206 | 18 | 13 | 5 | 193 | 13 |
| 虎 门 | – | – | – | – | – | – |
| 肇 庆 | 144 | 60 | 66 | 46 | 77 | 15 |
| 惠 州 | – | – | – | – | – | – |
| 南 宁 | 202 | 0 | 40 | – | 161 | – |
| 柳 州 | – | – | – | – | – | – |
| 贵 港 | 55 | 1 | 1 | … | 54 | 1 |
| 梧 州 | 62 | 3 | 56 | – | 7 | 3 |
| 来 宾 | 3 | – | 3 | – | – | – |
| 重 庆 | 884 | – | 380 | – | 503 | – |
| 泸 州 | 755 | 69 | 335 | 1 | 420 | 67 |
| 宜 宾 | – | – | – | – | – | – |
| 乐 山 | 1 | – | 1 | – | – | – |
| 南 充 | – | – | – | – | – | – |
| 广 安 | – | – | – | – | – | – |
| 达 州 | 2 | – | 1 | – | 1 | – |

## 5-26　规模以上港口其他吞吐量

单位：千吨

| 港口 | 总计 | 外贸 | 出港 | 外贸 | 进港 | 外贸 |
|---|---|---|---|---|---|---|
| 总　计 | 3 195 996 | 1 208 288 | 1 718 686 | 698 339 | 1 477 310 | 509 948 |
| 沿海合计 | 2 811 507 | 1 096 377 | 1 515 041 | 638 202 | 1 296 466 | 458 176 |
| 丹　东 | 54 885 | 1 832 | 25 807 | 1 616 | 29 078 | 216 |
| 大　连 | 278 890 | 63 821 | 148 311 | 34 071 | 130 579 | 29 749 |
| 营　口 | 169 440 | 1 659 | 94 805 | 1 082 | 74 635 | 577 |
| 锦　州 | 61 222 | 200 | 56 892 | 73 | 4 330 | 127 |
| 秦皇岛 | 7 110 | 2 475 | 4 894 | 1 636 | 2 215 | 839 |
| 黄　骅 | 8 956 | 5 | 6 752 | … | 2 204 | 5 |
| 唐　山 | 33 907 | 735 | 21 350 | 300 | 12 557 | 434 |
| 天　津 | 33 924 | 16 674 | 14 415 | 4 960 | 19 508 | 11 714 |
| 烟　台 | 115 303 | 9 045 | 53 003 | 7 139 | 62 300 | 1 906 |
| 威　海 | 36 619 | 21 661 | 20 259 | 11 782 | 16 360 | 9 878 |
| 青　岛 | 196 921 | 144 659 | 116 496 | 91 186 | 80 425 | 53 474 |
| 日　照 | 70 595 | 4 275 | 37 294 | 2 424 | 33 301 | 1 850 |
| 上　海 | 336 584 | 255 295 | 182 108 | 142 974 | 154 476 | 112 321 |
| 连云港 | 49 283 | 17 119 | 26 814 | 11 031 | 22 469 | 6 088 |
| 盐　城 | 1 568 | 1 082 | 810 | 532 | 758 | 550 |
| 嘉　兴 | 16 673 | 6 234 | 6 669 | 2 969 | 10 004 | 3 265 |
| 宁波－舟山 | 290 516 | 206 992 | 163 762 | 129 878 | 126 754 | 77 114 |
| #宁　波 | 254 642 | 199 557 | 147 765 | 125 899 | 106 877 | 73 658 |
| 舟　山 | 35 875 | 7 435 | 15 998 | 3 979 | 19 877 | 3 457 |
| 台　州 | 15 940 | 999 | 7 300 | 197 | 8 640 | 802 |
| 温　州 | 23 845 | 1 084 | 10 163 | 613 | 13 682 | 471 |
| 福　州 | 42 809 | 18 912 | 19 957 | 12 109 | 22 851 | 6 803 |
| #福州市港口 | 40 551 | 18 741 | 19 452 | 12 077 | 21 099 | 6 665 |
| 宁德市港口 | 2 257 | 171 | 505 | 32 | 1 752 | 139 |
| 莆　田 | 229 | 200 | 85 | 65 | 144 | 135 |
| 泉　州 | 41 221 | 1 093 | 18 991 | 535 | 22 230 | 559 |

## 5-26 （续表一）

单位：千吨

| 港　口 | 总计 | 外贸 | 出港 | 外贸 | 进港 | 外贸 |
|---|---|---|---|---|---|---|
| 厦　门 | 122 198 | 63 820 | 63 139 | 35 210 | 59 060 | 28 610 |
| #厦门市港口 | 112 663 | 63 714 | 58 826 | 35 161 | 53 837 | 28 553 |
| 　漳州市港口 | 9 536 | 106 | 4 313 | 49 | 5 223 | 57 |
| 汕　头 | 4 265 | 1 648 | 1 307 | 1 241 | 2 958 | 407 |
| 汕　尾 | 91 | 91 | 12 | 12 | 79 | 79 |
| 惠　州 | 3 387 | 71 | 2 257 | 15 | 1 131 | 56 |
| 深　圳 | 201 461 | 173 313 | 122 758 | 103 548 | 78 703 | 69 765 |
| 虎　门 | 11 266 | 1 689 | 4 735 | 592 | 6 531 | 1 098 |
| 广　州 | 303 183 | 65 474 | 145 471 | 31 525 | 157 713 | 33 949 |
| 中　山 | 2 884 | 1 949 | 1 381 | 1 100 | 1 503 | 848 |
| 珠　海 | 40 429 | 5 824 | 21 558 | 4 024 | 18 871 | 1 800 |
| 江　门 | 7 187 | 1 710 | 3 160 | 1 000 | 4 027 | 710 |
| 阳　江 | 479 | - | 192 | - | 288 | - |
| 茂　名 | 2 850 | 357 | 1 184 | 93 | 1 666 | 264 |
| 湛　江 | 149 560 | 2 190 | 75 808 | 1 348 | 73 751 | 842 |
| 广西北部湾港 | 8 942 | 1 217 | 4 997 | 636 | 3 945 | 581 |
| 　#北　海 | 1 607 | 21 | 1 077 | 13 | 530 | 8 |
| 　　钦　州 | 4 950 | 960 | 2 549 | 493 | 2 401 | 467 |
| 　　防　城 | 2 385 | 236 | 1 371 | 130 | 1 013 | 106 |
| 海　口 | 63 440 | 286 | 27 763 | 142 | 35 677 | 144 |
| 洋　浦 | 3 368 | 685 | 2 310 | 541 | 1 058 | 144 |
| 八　所 | 78 | 1 | 75 | 1 | 3 | - |
| 内河合计 | 384 489 | 111 910 | 203 646 | 60 138 | 180 843 | 51 773 |
| 哈尔滨 | - | - | - | - | - | - |
| 佳木斯 | 142 | 139 | 88 | 87 | 54 | 51 |
| 上　海 | 3 970 | - | 2 166 | - | 1 804 | - |
| 南　京 | 29 222 | 8 623 | 14 705 | 5 822 | 14 517 | 2 801 |

## 5-26 （续表二）

单位：千吨

| 港　口 | 总计 | 外贸 | 出港 | 外贸 | 进港 | 外贸 |
|---|---|---|---|---|---|---|
| 镇　江 | 6 830 | 2 946 | 4 513 | 1 999 | 2 317 | 947 |
| 苏　州 | 107 009 | 38 185 | 55 529 | 18 837 | 51 481 | 19 349 |
| 南　通 | 16 479 | 4 254 | 8 166 | 2 438 | 8 313 | 1 816 |
| 常　州 | 3 957 | 2 124 | 2 381 | 1 665 | 1 576 | 460 |
| 江　阴 | 1 146 | 160 | 593 | 94 | 553 | 65 |
| 扬　州 | 7 809 | 1 679 | 3 234 | 1 286 | 4 574 | 393 |
| 泰　州 | 4 777 | 652 | 2 863 | 376 | 1 914 | 277 |
| 徐　州 | 261 | - | 213 | - | 48 | - |
| 连云港 | 1 529 | - | 1 477 | - | 52 | - |
| 无　锡 | 1 635 | 264 | 267 | 207 | 1 368 | 57 |
| 宿　迁 | 655 | - | 262 | - | 393 | - |
| 淮　安 | 639 | - | 298 | - | 341 | - |
| 扬州内河 | 280 | 1 | 123 | … | 156 | 1 |
| 镇江内河 | 8 | - | - | - | 8 | - |
| 杭　州 | 22 076 | … | 21 092 | - | 983 | … |
| 嘉兴内河 | 3 683 | 651 | 970 | 125 | 2 712 | 526 |
| 湖　州 | 5 920 | 1 866 | 1 298 | 586 | 4 622 | 1 280 |
| 合　肥 | 783 | 124 | 282 | 58 | 502 | 66 |
| 亳　州 | 7 | - | 5 | - | 2 | - |
| 阜　阳 | 11 | - | 7 | - | 5 | - |
| 淮　南 | 4 | - | 2 | - | 2 | - |
| 滁　州 | 146 | - | 7 | - | 139 | - |
| 马鞍山 | 2 700 | 1 288 | 610 | - | 2 090 | 1 288 |
| 芜　湖 | 5 491 | 2 519 | 3 022 | 1 574 | 2 468 | 945 |
| 铜　陵 | 3 728 | 185 | 2 184 | 92 | 1 543 | 93 |
| 池　州 | 214 | - | 113 | - | 101 | - |
| 安　庆 | 694 | 164 | 318 | 109 | 377 | 55 |
| 南　昌 | 881 | 743 | 567 | 542 | 314 | 201 |
| 九　江 | 6 659 | 3 636 | 2 779 | 2 050 | 3 880 | 1 586 |

## 5-26 （续表三）

单位：千吨

| 港口 | 总计 | 外贸 | 出港 | 外贸 | 进港 | 外贸 |
|---|---|---|---|---|---|---|
| 武 汉 | 29 376 | 10 571 | 14 625 | 5 780 | 14 752 | 4 791 |
| 黄 石 | 75 | 37 | 36 | 21 | 39 | 16 |
| 荆 州 | 1 636 | 455 | 891 | 303 | 744 | 152 |
| 宜 昌 | 437 | 138 | 228 | 79 | 210 | 59 |
| 长 沙 | 768 | 286 | 159 | 156 | 608 | 130 |
| 湘 潭 | – | – | – | – | – | – |
| 株 洲 | 62 | – | – | – | 62 | – |
| 岳 阳 | 5 442 | 4 262 | 2 626 | 2 159 | 2 815 | 2 103 |
| 番 禺 | 79 | – | 23 | – | 56 | – |
| 新 塘 | 345 | 21 | 325 | 2 | 20 | 19 |
| 五 和 | 2 289 | 803 | 824 | 139 | 1 465 | 664 |
| 中 山 | 1 578 | 748 | 646 | 395 | 932 | 352 |
| 佛 山 | 27 785 | 13 152 | 14 426 | 7 407 | 13 359 | 5 745 |
| 江 门 | 2 363 | 1 771 | 1 196 | 913 | 1 168 | 858 |
| 虎 门 | 3 660 | 12 | 1 074 | 6 | 2 586 | 6 |
| 肇 庆 | 6 853 | 1 779 | 2 402 | 780 | 4 451 | 999 |
| 惠 州 | 2 479 | – | 1 054 | – | 1 426 | – |
| 南 宁 | 107 | – | 47 | – | 60 | – |
| 柳 州 | … | … | … | … | … | … |
| 贵 港 | 1 761 | 50 | 793 | 15 | 968 | 35 |
| 梧 州 | 6 554 | 737 | 5 330 | 447 | 1 223 | 290 |
| 来 宾 | 1 850 | – | 1 637 | – | 213 | – |
| 重 庆 | 40 911 | 6 704 | 20 663 | 3 527 | 20 249 | 3 177 |
| 泸 州 | 2 664 | 61 | 1 260 | 26 | 1 404 | 35 |
| 宜 宾 | 5 983 | 120 | 3 161 | 37 | 2 822 | 83 |
| 乐 山 | 86 | – | 86 | – | – | – |
| 南 充 | – | – | – | – | – | – |
| 广 安 | – | – | – | – | – | – |
| 达 州 | – | – | – | – | – | – |

# 5-27 规模以上港口集装箱吞吐量

| 港 口 | 总计（TEU） | 出港（TEU） | | | 进港（TEU） | | | 重量（万吨） | |
|---|---|---|---|---|---|---|---|---|---|
| | | | 40 英尺 | 20 英尺 | | 40 英尺 | 20 英尺 | | 货重 |
| **总 计** | **236 941 451** | **119 479 739** | **36 312 579** | **45 554 613** | **117 461 713** | **35 648 543** | **44 924 762** | **278 575** | **229 564** |
| **沿海合计** | **209 925 494** | **106 056 267** | **32 594 329** | **39 616 397** | **103 869 227** | **31 808 408** | **39 035 537** | **244 973** | **201 375** |
| 丹 东 | 1 863 385 | 937 984 | 151 852 | 634 280 | 925 401 | 152 808 | 619 785 | 3 794 | 3 366 |
| 大 连 | 9 707 366 | 4 855 797 | 1 397 421 | 2 056 480 | 4 851 569 | 1 410 321 | 2 026 310 | 11 845 | 9 605 |
| 营 口 | 6 277 589 | 3 123 381 | 404 862 | 2 313 657 | 3 154 208 | 404 159 | 2 345 890 | 14 282 | 12 734 |
| 锦 州 | 1 217 652 | 657 657 | 46 100 | 565 457 | 559 995 | 27 308 | 505 379 | 2 119 | 1 734 |
| 秦皇岛 | 559 330 | 280 411 | 41 939 | 196 533 | 278 919 | 48 016 | 182 887 | 698 | 530 |
| 黄 骅 | 653 586 | 325 459 | 64 490 | 196 479 | 328 127 | 63 559 | 201 009 | 896 | 758 |
| 唐 山 | 2 530 303 | 1 261 973 | 56 754 | 1 148 465 | 1 268 330 | 57 825 | 1 152 653 | 3 390 | 2 816 |
| 天 津 | 15 068 987 | 7 616 886 | 2 075 151 | 3 450 546 | 7 452 101 | 2 045 071 | 3 346 884 | 16 444 | 13 234 |
| 烟 台 | 2 702 293 | 1 322 268 | 269 147 | 783 974 | 1 380 025 | 271 106 | 837 813 | 2 525 | 1 939 |
| 威 海 | 733 344 | 369 795 | 122 506 | 116 474 | 363 548 | 112 970 | 129 452 | 716 | 553 |
| 青 岛 | 18 308 563 | 9 290 424 | 3 114 641 | 2 992 191 | 9 018 139 | 3 021 133 | 2 908 697 | 18 774 | 14 922 |
| 日 照 | 3 220 624 | 1 603 045 | 262 668 | 1 077 434 | 1 617 579 | 265 382 | 1 086 509 | 6 770 | 6 072 |
| 上 海 | 40 233 090 | 20 429 843 | 7 166 844 | 5 867 998 | 19 803 247 | 6 948 673 | 5 674 287 | 39 759 | 32 047 |
| 连云港 | 4 709 652 | 2 399 767 | 844 035 | 710 574 | 2 309 885 | 807 729 | 691 963 | 4 746 | 3 783 |
| 盐 城 | 207 911 | 103 491 | 19 993 | 63 505 | 104 420 | 20 309 | 63 802 | 156 | 114 |
| 嘉 兴 | 1 442 366 | 748 417 | 242 153 | 264 097 | 693 950 | 222 211 | 249 514 | 1 662 | 1 347 |
| 宁波－舟山 | 24 607 038 | 12 428 673 | 4 541 679 | 3 069 744 | 12 178 365 | 4 443 289 | 3 013 172 | 24 832 | 19 752 |
| #宁 波 | 23 565 908 | 11 898 478 | 4 339 827 | 2 949 211 | 11 667 430 | 4 248 665 | 2 896 673 | 24 081 | 19 215 |
| 舟 山 | 1 041 131 | 530 195 | 201 852 | 120 533 | 510 936 | 194 624 | 116 499 | 751 | 537 |
| 台 州 | 212 838 | 99 170 | 13 728 | 71 714 | 113 668 | 15 511 | 82 646 | 250 | 204 |
| 温 州 | 607 460 | 302 528 | 64 773 | 172 982 | 304 932 | 65 135 | 174 662 | 893 | 772 |
| 福 州 | 3 007 996 | 1 478 898 | 341 109 | 778 642 | 1 529 098 | 348 622 | 813 837 | 4 145 | 3 488 |
| #福州市港口 | 2 922 173 | 1 434 114 | 340 827 | 734 422 | 1 488 059 | 348 245 | 773 552 | 3 995 | 3 356 |
| 宁德市港口 | 85 823 | 44 784 | 282 | 44 220 | 41 039 | 377 | 40 285 | 150 | 131 |
| 莆 田 | 16 463 | 6 598 | 2 255 | 1 958 | 9 865 | 3 979 | 1 780 | 20 | 16 |
| 泉 州 | 2 242 632 | 1 123 609 | 202 609 | 717 916 | 1 119 023 | 202 885 | 712 713 | 4 118 | 3 640 |

5-27 （续表一）

| 港　口 | 总计（TEU） | 出港（TEU） | 40英尺 | 20英尺 | 进港（TEU） | 40英尺 | 20英尺 | 重量（万吨） | 货重 |
|---|---|---|---|---|---|---|---|---|---|
| 厦　门 | 10 381 385 | 5 226 556 | 1 635 028 | 1 848 286 | 5 154 829 | 1 603 243 | 1 838 478 | 11 909 | 9 807 |
| #厦门市港口 | 9 945 542 | 4 994 486 | 1 597 541 | 1 691 190 | 4 951 056 | 1 576 836 | 1 687 519 | 11 100 | 9 093 |
| 漳州市港口 | 435 843 | 232 070 | 37 487 | 157 096 | 203 773 | 26 407 | 150 959 | 809 | 714 |
| 汕　头 | 1 299 168 | 649 904 | 227 547 | 192 240 | 649 264 | 228 538 | 189 675 | 1 322 | 1 062 |
| 汕　尾 | 14 102 | 6 896 | 1 524 | – | 7 206 | 1 848 | – | 9 | 7 |
| 惠　州 | 206 959 | 103 064 | 41 941 | 18 793 | 103 894 | 42 084 | 19 436 | 222 | 184 |
| 深　圳 | 25 208 650 | 12 778 912 | 5 111 751 | 2 122 342 | 12 429 738 | 4 980 185 | 2 043 240 | 18 572 | 13 463 |
| 虎　门 | 3 408 367 | 1 717 511 | 338 373 | 1 032 660 | 1 690 857 | 323 603 | 1 037 056 | 5 355 | 4 673 |
| 广　州 | 20 169 736 | 10 196 007 | 2 776 891 | 4 605 994 | 9 973 729 | 2 707 169 | 4 524 659 | 29 729 | 25 668 |
| 中　山 | 862 220 | 433 205 | 163 322 | 99 494 | 429 015 | 162 807 | 98 507 | 620 | 447 |
| 珠　海 | 2 270 394 | 1 133 093 | 256 676 | 618 911 | 1 137 301 | 257 374 | 621 574 | 4 046 | 3 585 |
| 江　门 | 578 705 | 361 882 | 90 666 | 151 403 | 216 823 | 41 165 | 134 081 | 706 | 590 |
| 阳　江 | 22 279 | 11 153 | 584 | 9 985 | 11 126 | 518 | 10 090 | 48 | 42 |
| 茂　名 | 97 385 | 48 826 | 7 952 | 32 922 | 48 559 | 7 777 | 33 005 | 176 | 157 |
| 湛　江 | 903 320 | 449 031 | 104 718 | 239 487 | 454 289 | 104 056 | 246 040 | 1 327 | 1 131 |
| 广西北部湾港 | 2 277 688 | 1 128 325 | 164 677 | 798 944 | 1 149 363 | 165 209 | 818 918 | 4 414 | 3 891 |
| #北　海 | 238 785 | 119 930 | 25 145 | 69 640 | 118 855 | 23 858 | 71 139 | 415 | 364 |
| 钦　州 | 1 770 016 | 885 586 | 132 023 | 621 513 | 884 430 | 132 148 | 620 107 | 3 582 | 3 171 |
| 防　城 | 268 887 | 122 809 | 7 509 | 107 791 | 146 078 | 9 203 | 127 672 | 417 | 356 |
| 海　口 | 1 635 979 | 818 913 | 166 768 | 485 323 | 817 066 | 164 174 | 488 673 | 3 119 | 2 769 |
| 洋　浦 | 458 692 | 226 917 | 59 202 | 108 513 | 231 775 | 60 657 | 110 461 | 567 | 473 |
| 八　所 | – | – | – | – | – | – | – | – | – |
| 内河合计 | 27 015 957 | 13 423 472 | 3 718 250 | 5 938 216 | 13 592 485 | 3 840 135 | 5 889 225 | 33 602 | 28 189 |
| 哈尔滨 | – | – | – | – | – | – | – | – | – |
| 佳木斯 | – | – | – | – | – | – | – | – | – |
| 上　海 | – | – | – | – | – | – | – | – | – |
| 南　京 | 3 167 411 | 1 342 789 | 429 005 | 483 771 | 1 824 622 | 665 819 | 491 830 | 2 764 | 2 127 |

## 5-27 (续表二)

| 港 口 | 总计<br>(TEU) | 出港<br>(TEU) | 40英尺 | 20英尺 | 进港<br>(TEU) | 40英尺 | 20英尺 | 重量<br>(万吨) | 货重 |
|---|---|---|---|---|---|---|---|---|---|
| 镇 江 | 405 288 | 190 338 | 25 106 | 140 126 | 214 950 | 25 682 | 163 586 | 621 | 540 |
| 苏 州 | 5 875 179 | 3 016 365 | 832 289 | 1 346 652 | 2 858 814 | 777 753 | 1 300 957 | 8 116 | 6 939 |
| 南 通 | 1 007 150 | 617 931 | 163 258 | 271 599 | 389 219 | 95 711 | 197 592 | 1 140 | 935 |
| 常 州 | 253 743 | 134 474 | 36 022 | 62 430 | 119 269 | 29 473 | 60 323 | 353 | 302 |
| 江 阴 | 540 718 | 277 375 | 45 721 | 185 933 | 263 343 | 39 469 | 184 405 | 1 090 | 982 |
| 扬 州 | 489 111 | 262 776 | 68 990 | 124 796 | 226 335 | 63 645 | 99 045 | 521 | 416 |
| 泰 州 | 330 284 | 165 211 | 47 282 | 70 647 | 165 073 | 47 024 | 71 025 | 399 | 333 |
| 徐 州 | 15 185 | 7 533 | 294 | 6 945 | 7 652 | 282 | 7 088 | 25 | 22 |
| 连云港 | 1 082 | 526 | – | 526 | 556 | – | 556 | 3 | 3 |
| 无 锡 | 30 181 | 15 828 | 4 973 | 5 882 | 14 353 | 4 389 | 5 575 | 35 | 29 |
| 宿 迁 | 21 305 | 8 101 | 170 | 7 761 | 13 204 | 205 | 12 794 | 34 | 30 |
| 淮 安 | 172 523 | 88 250 | 2 678 | 79 604 | 84 274 | 2 737 | 76 140 | 346 | 311 |
| 扬州内河 | 7 633 | 3 893 | 302 | 3 289 | 3 740 | 295 | 3 150 | 11 | 9 |
| 镇江内河 | – | – | – | – | – | – | – | – | – |
| 杭 州 | 51 382 | 25 434 | 6 506 | 12 422 | 25 948 | 7 292 | 11 364 | 52 | 44 |
| 嘉兴内河 | 188 426 | 95 232 | 31 774 | 31 684 | 93 194 | 31 157 | 30 880 | 250 | 212 |
| 湖 州 | 353 578 | 172 398 | 64 280 | 43 838 | 181 180 | 67 527 | 46 126 | 369 | 293 |
| 合 肥 | 264 131 | 131 275 | 45 884 | 39 507 | 132 856 | 46 061 | 40 734 | 276 | 223 |
| 亳 州 | – | – | – | – | – | – | – | – | – |
| 阜 阳 | 616 | 290 | – | 290 | 326 | – | 326 | 1 | 1 |
| 淮 南 | – | – | – | – | – | – | – | – | – |
| 滁 州 | – | – | – | – | – | – | – | – | – |
| 马鞍山 | 252 394 | 125 747 | 55 334 | 15 079 | 126 647 | 56 967 | 12 713 | 187 | 159 |
| 芜 湖 | 703 975 | 344 142 | 136 868 | 70 260 | 359 833 | 142 318 | 75 053 | 421 | 281 |
| 铜 陵 | 44 003 | 21 851 | 1 344 | 19 163 | 22 152 | 1 179 | 19 794 | 46 | 36 |
| 池 州 | 15 380 | 7 864 | 386 | 7 092 | 7 516 | 323 | 6 870 | 21 | 18 |
| 安 庆 | 82 839 | 40 989 | 9 472 | 22 043 | 41 849 | 9 615 | 22 617 | 103 | 93 |
| 南 昌 | 133 314 | 65 105 | 10 876 | 43 353 | 68 209 | 12 683 | 42 843 | 218 | 192 |
| 九 江 | 334 731 | 165 339 | 33 875 | 97 589 | 169 392 | 33 917 | 101 558 | 461 | 394 |

## 5-27 （续表三）

| 港 口 | 总计（TEU） | 出港（TEU） | 40英尺 | 20英尺 | 进港（TEU） | 40英尺 | 20英尺 | 重量（万吨） | 货重 |
|---|---|---|---|---|---|---|---|---|---|
| 武 汉 | 1 357 393 | 676 773 | 170 700 | 333 717 | 680 620 | 165 637 | 347 789 | 1 949 | 1 677 |
| 黄 石 | 30 021 | 15 269 | 2 040 | 11 186 | 14 752 | 2 006 | 10 739 | 51 | 44 |
| 荆 州 | 109 429 | 52 600 | 6 260 | 40 080 | 56 829 | 6 706 | 43 417 | 164 | 142 |
| 宜 昌 | 170 180 | 85 566 | 18 054 | 49 458 | 84 614 | 18 121 | 48 372 | 279 | 242 |
| 长 沙 | 148 556 | 73 831 | 25 546 | 22 721 | 74 725 | 26 011 | 22 692 | 142 | 112 |
| 湘 潭 | – | – | – | – | – | – | – | – | – |
| 株 洲 | – | – | – | – | – | – | – | – | – |
| 岳 阳 | 422 843 | 213 511 | 73 055 | 67 358 | 209 332 | 71 170 | 66 890 | 543 | 459 |
| 番 禺 | 23 032 | 11 516 | 5 758 | – | 11 516 | 5 758 | – | 24 | 20 |
| 新 塘 | 9 320 | 3 323 | 1 467 | 389 | 5 997 | 2 755 | 487 | 7 | 5 |
| 五 和 | 169 913 | 75 603 | 18 226 | 39 151 | 94 310 | 25 026 | 44 258 | 239 | 201 |
| 中 山 | 578 206 | 290 147 | 114 893 | 59 074 | 288 059 | 113 791 | 59 082 | 437 | 321 |
| 佛 山 | 3 901 227 | 1 958 215 | 543 908 | 860 454 | 1 943 012 | 529 520 | 875 793 | 4 528 | 3 752 |
| 江 门 | 773 333 | 392 147 | 140 906 | 106 788 | 381 187 | 139 581 | 99 899 | 764 | 610 |
| 虎 门 | 504 847 | 235 786 | 88 940 | 57 906 | 269 061 | 105 574 | 57 913 | 575 | 474 |
| 肇 庆 | 803 844 | 391 936 | 50 061 | 289 359 | 411 908 | 45 662 | 320 134 | 1 281 | 1 115 |
| 惠 州 | 147 387 | 73 580 | 6 604 | 60 372 | 73 807 | 6 789 | 60 229 | 246 | 219 |
| 南 宁 | 5 333 | 2 427 | – | 2 427 | 2 906 | 2 | 2 902 | 9 | 8 |
| 柳 州 | 42 | 30 | 15 | – | 12 | 6 | – | … | … |
| 贵 港 | 222 188 | 112 101 | 8 802 | 94 497 | 110 087 | 8 650 | 90 614 | 403 | 358 |
| 梧 州 | 647 332 | 322 505 | 22 466 | 277 573 | 324 827 | 24 511 | 275 805 | 1 243 | 1 110 |
| 来 宾 | 31 139 | 16 195 | 173 | 15 849 | 14 944 | 185 | 14 574 | 55 | 48 |
| 重 庆 | 1 288 521 | 633 733 | 183 186 | 266 959 | 654 789 | 189 895 | 274 518 | 1 664 | 1 396 |
| 泸 州 | 550 204 | 275 123 | 123 628 | 27 862 | 275 081 | 127 449 | 20 183 | 568 | 461 |
| 宜 宾 | 380 106 | 184 501 | 60 873 | 62 755 | 195 605 | 63 807 | 67 991 | 568 | 492 |
| 乐 山 | – | – | – | – | – | – | – | – | – |
| 南 充 | – | – | – | – | – | – | – | – | – |
| 广 安 | – | – | – | – | – | – | – | – | – |
| 达 州 | – | – | – | – | – | – | – | – | – |

## 5-28 规模以上港口集装箱吞吐量（重箱）

| 港口 | 总计<br>（TEU） | 出港<br>（TEU） | 40英尺 | 20英尺 | 进港<br>（TEU） | 40英尺 | 20英尺 |
|---|---|---|---|---|---|---|---|
| 总　计 | 157 301 926 | 93 960 503 | 29 164 086 | 34 595 663 | 63 341 423 | 17 611 781 | 27 979 283 |
| 沿海合计 | 139 395 537 | 84 374 437 | 26 667 732 | 30 013 996 | 55 021 101 | 15 436 463 | 24 024 224 |
| 丹　东 | 1 346 230 | 686 677 | 93 881 | 498 915 | 659 553 | 92 535 | 474 483 |
| 大　连 | 6 095 714 | 3 210 911 | 903 184 | 1 401 010 | 2 884 803 | 866 319 | 1 151 425 |
| 营　口 | 5 087 513 | 3 013 007 | 390 772 | 2 231 463 | 2 074 506 | 332 954 | 1 408 598 |
| 锦　州 | 621 301 | 528 866 | 24 336 | 480 194 | 92 435 | 7 954 | 76 527 |
| 秦皇岛 | 211 577 | 161 932 | 34 754 | 92 424 | 49 645 | 10 703 | 28 239 |
| 黄　骅 | 302 679 | 238 989 | 22 513 | 193 963 | 63 690 | 9 484 | 44 722 |
| 唐　山 | 1 105 765 | 711 258 | 30 298 | 650 662 | 394 507 | 36 539 | 321 429 |
| 天　津 | 8 245 520 | 5 061 682 | 1 346 808 | 2 356 485 | 3 183 838 | 959 001 | 1 260 355 |
| 烟　台 | 1 108 981 | 638 984 | 175 696 | 287 592 | 469 997 | 132 352 | 205 293 |
| 威　海 | 389 969 | 262 989 | 88 777 | 77 191 | 126 980 | 35 307 | 55 029 |
| 青　岛 | 11 211 351 | 7 522 231 | 2 515 918 | 2 439 457 | 3 689 120 | 1 222 770 | 1 236 679 |
| 日　照 | 2 808 404 | 1 481 985 | 237 537 | 1 006 650 | 1 326 419 | 200 824 | 924 724 |
| 上　海 | 30 080 971 | 18 363 244 | 6 598 086 | 4 972 545 | 11 717 727 | 3 989 319 | 3 713 302 |
| 连云港 | 1 912 251 | 1 103 602 | 236 375 | 630 231 | 808 649 | 111 686 | 584 863 |
| 盐　城 | 77 230 | 44 007 | 16 760 | 10 487 | 33 223 | 9 189 | 14 845 |
| 嘉　兴 | 941 535 | 448 279 | 163 238 | 121 792 | 493 256 | 154 110 | 185 036 |
| 宁波-舟山 | 15 269 414 | 10 494 244 | 4 098 343 | 2 087 676 | 4 775 170 | 1 576 811 | 1 610 759 |
| 　#宁　波 | 14 784 230 | 10 228 243 | 3 991 680 | 2 036 279 | 4 555 987 | 1 490 111 | 1 565 595 |
| 　　舟　山 | 485 184 | 266 001 | 106 663 | 51 397 | 219 183 | 86 700 | 45 164 |
| 台　州 | 101 756 | 24 966 | 6 204 | 12 558 | 76 790 | 9 970 | 56 850 |
| 温　州 | 395 026 | 144 325 | 48 588 | 47 149 | 250 701 | 45 639 | 159 423 |
| 福　州 | 1 925 369 | 1 015 994 | 281 046 | 438 786 | 909 376 | 165 551 | 577 358 |
| 　#福州市港口 | 1 871 352 | 1 002 747 | 280 799 | 426 033 | 868 606 | 165 295 | 537 100 |
| 　宁德市港口 | 54 017 | 13 247 | 247 | 12 753 | 40 770 | 256 | 40 258 |
| 莆　田 | 11 770 | 2 796 | 541 | 1 610 | 8 974 | 3 875 | 1 150 |
| 泉　州 | 1 811 214 | 833 489 | 161 907 | 509 200 | 977 725 | 164 770 | 648 158 |

## 5-28 （续表一）

| 港口 | 总计<br>（TEU） | 出港<br>（TEU） | 40英尺 | 20英尺 | 进港<br>（TEU） | 40英尺 | 20英尺 |
|---|---|---|---|---|---|---|---|
| 厦门 | 7 159 124 | 4 302 981 | 1 360 873 | 1 493 008 | 2 856 143 | 756 178 | 1 329 243 |
| #厦门市港口 | 6 842 811 | 4 166 473 | 1 344 948 | 1 388 350 | 2 676 338 | 732 258 | 1 197 278 |
| 漳州市港口 | 316 313 | 136 508 | 15 925 | 104 658 | 179 805 | 23 920 | 131 965 |
| 汕头 | 837 024 | 481 577 | 204 397 | 70 229 | 355 447 | 93 823 | 167 785 |
| 汕尾 | 7 206 | – | – | – | 7 206 | 1 848 | – |
| 惠州 | 109 599 | 87 288 | 39 495 | 7 954 | 22 311 | 3 180 | 15 951 |
| 深圳 | 16 677 055 | 11 975 574 | 4 842 934 | 1 882 142 | 4 701 481 | 1 746 427 | 1 174 551 |
| 虎门 | 2 333 877 | 941 298 | 142 734 | 653 600 | 1 392 579 | 285 851 | 814 408 |
| 广州 | 14 572 331 | 6 964 363 | 1 801 552 | 3 338 658 | 7 607 968 | 1 897 546 | 3 800 782 |
| 中山 | 541 939 | 417 184 | 160 898 | 90 159 | 124 755 | 37 266 | 50 187 |
| 珠海 | 1 826 478 | 1 017 807 | 235 684 | 545 960 | 808 671 | 151 637 | 504 866 |
| 江门 | 301 876 | 142 554 | 25 861 | 90 434 | 159 322 | 26 758 | 105 806 |
| 阳江 | 17 911 | 6 845 | 86 | 6 673 | 11 066 | 518 | 10 030 |
| 茂名 | 76 253 | 34 292 | 4 346 | 25 600 | 41 961 | 7 471 | 27 019 |
| 湛江 | 641 767 | 346 920 | 87 051 | 172 786 | 294 847 | 42 349 | 210 032 |
| 广西北部湾港 | 1 676 766 | 957 176 | 139 403 | 678 350 | 719 589 | 85 434 | 548 719 |
| #北海 | 166 331 | 81 928 | 18 250 | 45 428 | 84 403 | 11 496 | 61 411 |
| 钦州 | 1 348 446 | 765 365 | 115 899 | 533 547 | 583 080 | 70 562 | 441 954 |
| 防城 | 161 989 | 109 883 | 5 254 | 99 375 | 52 106 | 3 376 | 45 354 |
| 海口 | 1 256 774 | 491 540 | 89 682 | 312 169 | 765 234 | 145 714 | 473 761 |
| 洋浦 | 298 021 | 212 582 | 57 174 | 98 234 | 85 439 | 16 801 | 51 837 |
| 八所 | – | – | – | – | – | – | – |
| 内河合计 | 17 906 389 | 9 586 067 | 2 496 354 | 4 581 667 | 8 320 322 | 2 175 318 | 3 955 059 |
| 哈尔滨 | – | – | – | – | – | – | – |
| 佳木斯 | – | – | – | – | – | – | – |
| 上海 | – | – | – | – | – | – | – |
| 南京 | 1 649 532 | 991 444 | 298 742 | 393 118 | 658 089 | 162 646 | 332 459 |

5-28 （续表二）

| 港口 | 总计<br>（TEU） | 出港<br>（TEU） | 40英尺 | 20英尺 | 进港<br>（TEU） | 40英尺 | 20英尺 |
| --- | --- | --- | --- | --- | --- | --- | --- |
| 镇江 | 261 068 | 167 002 | 17 292 | 132 418 | 94 066 | 18 380 | 57 306 |
| 苏州 | 4 526 940 | 2 244 504 | 577 484 | 1 089 039 | 2 282 437 | 632 671 | 1 015 288 |
| 南通 | 564 525 | 305 604 | 78 923 | 147 675 | 258 920 | 56 119 | 146 680 |
| 常州 | 159 518 | 104 687 | 27 290 | 50 107 | 54 831 | 9 505 | 35 821 |
| 江阴 | 435 166 | 202 768 | 32 662 | 137 444 | 232 398 | 33 617 | 165 164 |
| 扬州 | 298 168 | 199 988 | 57 845 | 84 298 | 98 180 | 20 679 | 56 822 |
| 泰州 | 215 935 | 144 779 | 45 719 | 53 341 | 71 156 | 6 375 | 58 406 |
| 徐州 | 8 573 | 7 417 | 294 | 6 829 | 1 156 | 82 | 992 |
| 连云港 | 1 082 | 526 | – | 526 | 556 | – | 556 |
| 无锡 | 19 196 | 15 659 | 4 908 | 5 843 | 3 537 | 1 067 | 1 403 |
| 宿迁 | 14 236 | 7 669 | 95 | 7 479 | 6 567 | 117 | 6 333 |
| 淮安 | 111 347 | 83 136 | 2 068 | 76 129 | 28 211 | 1 295 | 23 758 |
| 扬州内河 | 3 626 | 3 383 | 211 | 2 961 | 243 | 55 | 133 |
| 镇江内河 | – | – | – | – | – | – | – |
| 杭州 | 28 772 | 5 191 | 1 792 | 1 607 | 23 581 | 6 418 | 10 745 |
| 嘉兴内河 | 130 977 | 44 540 | 14 160 | 16 220 | 86 437 | 29 549 | 27 339 |
| 湖州 | 266 327 | 117 163 | 52 014 | 13 135 | 149 164 | 52 879 | 43 406 |
| 合肥 | 160 078 | 113 632 | 45 114 | 23 404 | 46 446 | 4 285 | 37 876 |
| 亳州 | – | – | – | – | – | – | – |
| 阜阳 | 371 | 228 | – | 228 | 143 | – | 143 |
| 淮南 | – | – | – | – | – | – | – |
| 滁州 | – | – | – | – | – | – | – |
| 马鞍山 | 121 753 | 15 147 | 3 140 | 8 867 | 106 606 | 49 526 | 7 554 |
| 芜湖 | 333 040 | 228 701 | 87 074 | 54 411 | 104 340 | 29 751 | 44 824 |
| 铜陵 | 20 212 | 7 605 | 389 | 6 827 | 12 607 | 981 | 10 645 |
| 池州 | 7 666 | 4 040 | 339 | 3 362 | 3 626 | 63 | 3 500 |
| 安庆 | 50 935 | 33 245 | 7 453 | 18 337 | 17 690 | 2 002 | 13 686 |
| 南昌 | 98 379 | 57 938 | 10 318 | 37 302 | 40 441 | 3 954 | 32 533 |
| 九江 | 214 741 | 107 642 | 16 035 | 75 572 | 107 099 | 17 583 | 71 933 |

## 5-28 (续表三)

| 港口 | 总计（TEU） | 出港（TEU） | 40英尺 | 20英尺 | 进港（TEU） | 40英尺 | 20英尺 |
|---|---|---|---|---|---|---|---|
| 武　汉 | 1 067 657 | 578 001 | 139 417 | 297 574 | 489 656 | 120 422 | 248 702 |
| 黄　石 | 19 786 | 11 069 | 1 752 | 7 565 | 8 717 | 477 | 7 763 |
| 荆　州 | 83 995 | 46 816 | 5 645 | 35 526 | 37 179 | 3 850 | 29 479 |
| 宜　昌 | 133 295 | 79 765 | 17 375 | 45 015 | 53 530 | 13 633 | 26 264 |
| 长　沙 | 94 137 | 53 331 | 19 582 | 14 153 | 40 806 | 11 310 | 18 184 |
| 湘　潭 | - | - | - | - | - | - | - |
| 株　洲 | - | - | - | - | - | - | - |
| 岳　阳 | 302 918 | 144 392 | 46 941 | 50 481 | 158 526 | 53 811 | 50 890 |
| 番　禺 | 11 516 | - | - | - | 11 516 | 5 758 | - |
| 新　塘 | 8 079 | 2 088 | 963 | 162 | 5 991 | 2 755 | 481 |
| 五　和 | 86 280 | 28 570 | 6 628 | 15 314 | 57 710 | 13 843 | 30 024 |
| 中　山 | 330 608 | 277 529 | 113 659 | 48 935 | 53 079 | 11 703 | 29 666 |
| 佛　山 | 2 422 715 | 1 383 721 | 323 628 | 735 711 | 1 038 994 | 307 069 | 417 384 |
| 江　门 | 501 083 | 337 475 | 124 334 | 87 643 | 163 608 | 54 193 | 54 936 |
| 虎　门 | 314 433 | 67 461 | 9 722 | 48 017 | 246 972 | 102 580 | 41 812 |
| 肇　庆 | 522 339 | 178 974 | 15 011 | 146 922 | 343 365 | 36 630 | 269 655 |
| 惠　州 | 121 892 | 50 808 | 4 924 | 40 960 | 71 084 | 6 320 | 58 444 |
| 南　宁 | 3 106 | 1 364 | - | 1 364 | 1 742 | - | 1 742 |
| 柳　州 | 30 | 30 | 15 | - | - | - | - |
| 贵　港 | 152 092 | 53 061 | 7 862 | 37 337 | 99 031 | 4 611 | 87 636 |
| 梧　州 | 399 415 | 289 514 | 16 064 | 257 386 | 109 901 | 11 741 | 86 419 |
| 来　宾 | 18 558 | 14 816 | 171 | 14 474 | 3 742 | - | 3 742 |
| 重　庆 | 948 717 | 437 773 | 128 399 | 180 578 | 510 944 | 141 818 | 227 218 |
| 泸　州 | 398 683 | 191 389 | 85 123 | 21 143 | 207 294 | 94 620 | 18 054 |
| 宜　宾 | 262 893 | 144 484 | 47 778 | 48 928 | 118 409 | 38 575 | 41 259 |
| 乐　山 | - | - | - | - | - | - | - |
| 南　充 | - | - | - | - | - | - | - |
| 广　安 | - | - | - | - | - | - | - |
| 达　州 | - | - | - | - | - | - | - |

# 主要统计指标解释

**码头泊位长度** 指报告期末用于停系靠船舶，进行货物装卸和上下旅客地段的实际长度。包括固定的、浮动的各种型式码头的泊位长度。计算单位：米。

**泊位个数** 指报告期末泊位的实际数量。计算单位：个。

**旅客吞吐量** 指报告期内经由水路乘船进、出港区范围的旅客数量。不包括免票儿童、船员人数、轮渡和港内短途客运的旅客人数。计算单位：人。

**货物吞吐量** 指报告期内经由水路进、出港区范围并经过装卸的货物数量。包括邮件、办理托运手续的行李、包裹以及补给的船舶的燃料、物料和淡水。计算单位：吨。

**集装箱吞吐量** 指报告期内由水路进、出港区范围并经装卸的集装箱数量。计算单位：箱、TEU、吨。

# 六、交通固定资产投资

# 简 要 说 明

一、本篇资料反映我国交通固定资产投资完成的基本情况。

二、公路和水运建设投资的统计范围为全社会固定资产投资，由各省（区、市）交通运输厅（局、委）提供，其他投资的统计范围为交通部门投资，交通运输部所属单位、主要港口和有关运输企业的数据由各单位直接报送。

## 6-1 交通固定资产投资额（按地区和使用方向分）

单位：万元

| 地 区 | 总 计 | 公路建设 | 沿海建设 | 内河建设 | 其他建设 |
|---|---|---|---|---|---|
| 全国总计 | 231 411 633 | 212 533 286 | 6 694 886 | 5 693 897 | 6 489 563 |
| 东部地区 | 74 138 405 | 61 068 796 | 6 465 122 | 2 152 662 | 4 451 825 |
| 中部地区 | 44 210 711 | 41 289 377 | – | 2 141 141 | 780 194 |
| 西部地区 | 113 062 516 | 110 175 114 | 229 764 | 1 400 095 | 1 257 544 |
| 北　京 | 2 656 624 | 2 607 844 | – | – | 48 780 |
| 天　津 | 551 955 | 357 083 | 184 407 | – | 10 466 |
| 河　北 | 6 651 557 | 5 427 095 | 714 728 | – | 509 733 |
| 山　西 | 2 912 877 | 2 912 177 | – | 700 | – |
| 内蒙古 | 7 024 440 | 7 004 509 | – | – | 19 931 |
| 辽　宁 | 2 487 888 | 2 020 589 | 464 418 | – | 2 881 |
| 吉　林 | 2 641 666 | 2 640 702 | – | 965 | – |
| 黑龙江 | 2 087 162 | 2 059 269 | – | 10 593 | 17 300 |
| 上　海 | 5 565 012 | 1 638 732 | 305 512 | 207 073 | 3 413 695 |
| 江　苏 | 6 739 388 | 5 424 497 | 474 932 | 817 858 | 22 101 |
| 浙　江 | 15 682 608 | 13 582 154 | 1 236 535 | 614 369 | 249 549 |
| 安　徽 | 8 451 065 | 7 849 261 | – | 591 285 | 10 519 |
| 福　建 | 8 905 782 | 7 830 173 | 999 981 | 45 050 | 30 578 |
| 江　西 | 4 788 184 | 4 561 449 | – | 226 735 | – |
| 山　东 | 9 098 027 | 7 878 272 | 1 042 624 | 140 198 | 36 932 |
| 河　南 | 5 178 133 | 4 825 786 | – | 242 013 | 110 333 |
| 湖　北 | 9 906 753 | 8 585 533 | – | 702 675 | 618 545 |
| 湖　南 | 8 244 871 | 7 855 199 | – | 366 175 | 23 497 |
| 广　东 | 13 989 423 | 12 679 902 | 859 508 | 328 113 | 121 900 |
| 广　西 | 8 035 282 | 7 586 259 | 229 764 | 186 085 | 33 175 |
| 海　南 | 1 810 143 | 1 622 455 | 182 477 | – | 5 210 |
| 重　庆 | 5 044 319 | 4 679 975 | – | 345 477 | 18 867 |
| 四　川 | 15 049 108 | 14 280 079 | – | 531 426 | 237 603 |
| 贵　州 | 16 505 487 | 16 245 378 | – | 216 117 | 43 992 |
| 云　南 | 16 035 337 | 15 927 832 | – | 102 400 | 5 105 |
| 西　藏 | 5 691 633 | 5 665 599 | – | – | 26 034 |
| 陕　西 | 5 824 005 | 5 806 783 | – | 8 510 | 8 713 |
| 甘　肃 | 8 657 129 | 8 401 215 | – | 1 414 | 254 500 |
| 青　海 | 4 466 070 | 4 461 981 | – | 4 089 | – |
| 宁　夏 | 2 006 805 | 1 987 294 | – | 4 577 | 14 934 |
| 新　疆 | 18 722 901 | 18 128 209 | – | – | 594 692 |
| #兵　团 | 774 927 | 774 927 | – | – | – |

## 6-2 公路建设投资完成额（按公路种类分）

单位：万元

| 地区 | 总计 | 高速公路 | 其他公路 | 农村公路 |
|---|---|---|---|---|
| 全国总计 | 212 533 286 | 92 578 636 | 72 641 400 | 47 313 250 |
| 东部地区 | 61 068 796 | 30 993 263 | 18 300 826 | 11 774 706 |
| 中部地区 | 41 289 377 | 12 765 747 | 17 218 896 | 11 304 734 |
| 西部地区 | 110 175 114 | 48 819 626 | 37 121 679 | 24 233 810 |
| 北京 | 2 607 844 | 2 147 204 | 267 577 | 193 063 |
| 天津 | 357 083 | 60 496 | 261 159 | 35 428 |
| 河北 | 5 427 095 | 3 358 271 | 1 294 588 | 774 237 |
| 山西 | 2 912 177 | 1 068 095 | 484 134 | 1 359 948 |
| 内蒙古 | 7 004 509 | 1 384 397 | 3 975 680 | 1 644 432 |
| 辽宁 | 2 020 589 | 412 452 | 954 725 | 653 412 |
| 吉林 | 2 640 702 | 1 853 781 | 417 909 | 369 012 |
| 黑龙江 | 2 059 269 | 304 216 | 1 368 009 | 387 044 |
| 上海 | 1 638 732 | 644 837 | 516 471 | 477 424 |
| 江苏 | 5 424 497 | 860 309 | 2 824 968 | 1 739 220 |
| 浙江 | 13 582 154 | 5 950 887 | 4 181 598 | 3 449 669 |
| 安徽 | 7 849 261 | 1 898 449 | 3 638 147 | 2 312 665 |
| 福建 | 7 830 173 | 3 273 213 | 3 429 786 | 1 127 174 |
| 江西 | 4 561 449 | 662 800 | 2 191 371 | 1 707 279 |

## 6-2 （续表一）

单位：万元

| 地区 | 总计 | 高速公路 | 其他公路 | 农村公路 |
|---|---|---|---|---|
| 山东 | 7 878 272 | 3 299 626 | 2 718 468 | 1 860 177 |
| 河南 | 4 825 786 | 1 597 723 | 1 721 063 | 1 507 001 |
| 湖北 | 8 585 533 | 3 292 779 | 3 350 736 | 1 942 018 |
| 湖南 | 7 855 199 | 2 087 905 | 4 047 527 | 1 719 767 |
| 广东 | 12 679 902 | 10 204 632 | 1 359 319 | 1 115 951 |
| 广西 | 7 586 259 | 5 016 970 | 2 004 749 | 564 540 |
| 海南 | 1 622 455 | 781 336 | 492 168 | 348 952 |
| 重庆 | 4 679 975 | 2 228 282 | 1 083 332 | 1 368 362 |
| 四川 | 14 280 079 | 6 483 528 | 4 419 376 | 3 377 175 |
| 贵州 | 16 245 378 | 9 014 226 | 4 495 813 | 2 735 339 |
| 云南 | 15 927 832 | 11 850 414 | 1 984 264 | 2 093 154 |
| 西藏 | 5 665 599 | – | 3 217 478 | 2 448 121 |
| 陕西 | 5 806 783 | 2 821 315 | 1 769 780 | 1 215 688 |
| 甘肃 | 8 401 215 | 3 602 781 | 2 799 471 | 1 998 963 |
| 青海 | 4 461 981 | 1 642 621 | 2 445 770 | 373 590 |
| 宁夏 | 1 987 294 | 1 002 147 | 495 810 | 489 337 |
| 新疆 | 18 128 209 | 3 772 944 | 8 430 156 | 5 925 109 |
| #兵团 | 774 927 | – | 697 980 | 76 947 |

注：其他公路指普通国道、普通省、专用公路项目和场站项目。

## 6-3 公路建设投资

| 地区 | 总计 | 国道 | 国家高速公路 | 省道 | 县道 | 乡道 |
|---|---|---|---|---|---|---|
| 全国总计 | 212 533 286 | 83 332 219 | 38 012 891 | 67 308 376 | 14 572 374 | 13 509 260 |
| 东部地区 | 61 068 796 | 21 462 865 | 12 053 106 | 22 845 511 | 6 882 659 | 2 299 208 |
| 中部地区 | 41 289 377 | 11 619 941 | 3 794 333 | 14 256 169 | 2 938 097 | 3 320 203 |
| 西部地区 | 110 175 114 | 50 249 413 | 22 165 452 | 30 206 697 | 4 751 618 | 7 889 850 |
| 北京 | 2 607 844 | 1 352 000 | 994 695 | 899 047 | 95 712 | 91 205 |
| 天津 | 357 083 | 114 434 | 5 407 | 205 121 | 12 040 | 18 811 |
| 河北 | 5 427 095 | 2 347 745 | 749 820 | 1 991 671 | 91 193 | 207 821 |
| 山西 | 2 912 177 | 603 659 | 295 746 | 874 793 | 379 549 | 303 738 |
| 内蒙古 | 7 004 509 | 3 172 387 | 1 006 397 | 1 786 355 | 561 036 | 262 793 |
| 辽宁 | 2 020 589 | 586 274 | 279 000 | 645 686 | 224 006 | 335 324 |
| 吉林 | 2 640 702 | 1 899 649 | 1 383 400 | 328 291 | 161 241 | 45 290 |
| 黑龙江 | 2 059 269 | 964 925 | – | 509 739 | 21 034 | 203 574 |
| 上海 | 1 638 732 | 209 879 | – | 766 847 | 397 257 | 80 000 |
| 江苏 | 5 424 497 | 602 227 | – | 2 243 530 | 1 652 118 | 54 932 |
| 浙江 | 13 582 154 | 5 662 885 | 3 235 532 | 3 609 333 | 2 784 647 | 391 638 |
| 安徽 | 7 849 261 | 2 224 218 | 671 957 | 2 752 509 | 293 363 | 741 254 |
| 福建 | 7 830 173 | 4 453 038 | 1 967 092 | 1 725 310 | 670 140 | 268 577 |
| 江西 | 4 561 449 | 1 766 616 | 486 389 | 997 716 | 533 826 | 721 096 |
| 山东 | 7 878 272 | 2 697 916 | 1 812 703 | 2 747 785 | 463 965 | 163 652 |
| 河南 | 4 825 786 | 1 004 722 | 32 516 | 2 029 905 | 277 546 | 430 302 |
| 湖北 | 8 585 533 | 1 552 596 | 392 828 | 3 165 076 | 663 030 | 377 600 |
| 湖南 | 7 855 199 | 1 603 558 | 531 497 | 3 598 140 | 608 508 | 497 350 |
| 广东 | 12 679 902 | 2 591 313 | 2 227 521 | 7 697 665 | 442 973 | 617 048 |
| 广西 | 7 586 259 | 3 994 811 | 3 125 230 | 2 627 509 | 216 594 | 127 837 |
| 海南 | 1 622 455 | 845 155 | 781 336 | 313 516 | 48 609 | 70 200 |
| 重庆 | 4 679 975 | 1 233 316 | 735 761 | 1 938 208 | 548 697 | 32 930 |
| 四川 | 14 280 079 | 8 137 700 | 2 759 608 | 2 429 516 | 594 045 | 1 017 249 |
| 贵州 | 16 245 378 | 5 283 940 | 2 017 182 | 7 621 683 | 354 806 | 172 220 |
| 云南 | 15 927 832 | 6 871 588 | 3 366 876 | 6 853 804 | 396 591 | 1 350 656 |
| 西藏 | 5 665 599 | 2 678 729 | – | 472 824 | 513 943 | 685 937 |
| 陕西 | 5 806 783 | 3 625 004 | 1 584 306 | 736 494 | 335 007 | 223 900 |
| 甘肃 | 8 401 215 | 4 324 502 | 2 729 960 | 1 436 338 | 281 650 | 1 102 139 |
| 青海 | 4 461 981 | 2 583 159 | 1 198 252 | 1 464 955 | 61 967 | 107 965 |
| 宁夏 | 1 987 294 | 916 819 | 666 600 | 379 430 | 136 366 | 85 066 |
| 新疆 | 18 128 209 | 7 427 458 | 2 975 280 | 2 459 582 | 750 916 | 2 721 157 |
| #兵团 | 774 927 | 165 685 | – | 416 603 | 21 822 | 50 420 |

注：国道（国家高速公路）投资完成额中不包括属于国家高速公路网中的独立桥梁隧道部分。

## 完成额（按设施分）

单位：万元

| 村道 | 专用公路 | 农村公路渡口改造、渡改桥 | 独立桥梁 | 独立隧道 | 客运站 | 货运站 | 普通国省道服务区 |
|---|---|---|---|---|---|---|---|
| 17 567 538 | 2 934 669 | 61 226 | 5 107 339 | 539 896 | 2 876 531 | 4 624 297 | 99 561 |
| 2 118 855 | 172 749 | – | 1 699 400 | 339 708 | 1 022 691 | 2 208 668 | 16 481 |
| 4 393 313 | 241 232 | 36 861 | 2 679 417 | 9 612 | 631 581 | 1 117 409 | 45 542 |
| 11 055 369 | 2 520 688 | 24 365 | 728 522 | 190 576 | 1 222 259 | 1 298 219 | 37 539 |
| – | – | – | 3 000 | – | 26 348 | 140 252 | 280 |
| 4 577 | 1 400 | – | – | – | – | – | 700 |
| 410 911 | – | – | 71 746 | – | 37 946 | 268 062 | – |
| 668 151 | – | – | 46 411 | 5 990 | 28 873 | – | 1 013 |
| 790 684 | 92 150 | – | 101 976 | 22 707 | 111 721 | 98 838 | 3 862 |
| 61 090 | – | – | 65 950 | – | 9 874 | 87 484 | 4 902 |
| 115 434 | – | – | 79 211 | – | 8 462 | 3 000 | 125 |
| 138 155 | 654 | – | 54 013 | – | 44 617 | 122 558 | – |
| – | – | – | 167 | 184 582 | – | – | – |
| – | 10 274 | – | 134 169 | – | 120 157 | 607 089 | – |
| 159 309 | 17 352 | – | 232 144 | 7 562 | 240 487 | 474 049 | 2 748 |
| 1 240 116 | – | – | 498 120 | – | 67 045 | 27 826 | 4 810 |
| 110 799 | 140 729 | – | 108 778 | 2 196 | 105 201 | 240 558 | 4 847 |
| 294 876 | – | – | 202 385 | – | 24 934 | 9 000 | 11 000 |
| 1 177 753 | – | – | 116 123 | – | 157 347 | 351 345 | 2 386 |
| 663 160 | – | – | 251 203 | – | 89 282 | 66 840 | 12 827 |
| 819 945 | – | 431 | 1 228 622 | 3 622 | 166 121 | 601 070 | 7 421 |
| 453 475 | 240 578 | 36 430 | 319 452 | – | 202 247 | 287 115 | 8 346 |
| 32 329 | – | – | 853 426 | 94 168 | 311 152 | 39 829 | – |
| 216 228 | 275 602 | – | 34 830 | – | 56 718 | 34 930 | 1 200 |
| 162 086 | 2 994 | – | 113 897 | 51 200 | 14 179 | – | 618 |
| 747 359 | 8 168 | 3 020 | 46 722 | 26 197 | 68 137 | 7 524 | 19 698 |
| 1 596 140 | 104 577 | – | 37 410 | 3 654 | 204 141 | 155 648 | – |
| 2 136 117 | 370 000 | 20 273 | 52 025 | 10 061 | 154 857 | 67 400 | 1 996 |
| 299 227 | 2 628 | – | 52 736 | 3 825 | 62 011 | 31 500 | 3 267 |
| 1 167 786 | 16 591 | – | 79 630 | 34 629 | 13 280 | – | 2 250 |
| 638 373 | – | 1 072 | 51 567 | 80 003 | 45 201 | 70 162 | – |
| 577 407 | – | – | 36 802 | – | 106 986 | 531 875 | 3 516 |
| 200 063 | – | – | 9 110 | – | 33 012 | – | 1 750 |
| 258 607 | 36 793 | – | 91 276 | 9 500 | 56 194 | 17 243 | – |
| 2 427 379 | 1 614 179 | – | 134 437 | – | 310 001 | 283 100 | – |
| 3 705 | 8 100 | – | 85 372 | – | 23 220 | – | – |

# 主要统计指标解释

**交通固定资产投资额** 是以货币形式表现的在一定时期内建造和购置固定资产活动的工作量以及与此有关的费用的总称。它是反映交通固定资产投资规模、结构和发展速度的综合性指标,又是观察工程进展和考核投资效果的重要依据。交通固定资产投资一般按以下分组标志进行分类。

按照建设性质,分为新建、扩建、改建、迁建和恢复。

按照构成,分为建筑、安装工程,设备、器具购置,其他。

按照行业分类,分为水上运输业、公路运输业、支持系统和交通部门其他。

# 七、交通运输科技

# 简 要 说 明

一、本篇资料反映交通运输行业科技机构、人员、基础条件建设、科技项目、科技成果基本情况。

二、交通运输科技活动人员、科研建设投资、实验室及工程技术中心统计范围是纳入统计的交通运输科技机构所拥有的科技活动人员、为科研投入的资金、所拥有的实验室及工程技术中心。

三、交通运输科技项目包括列入科技管理部门、行业管理部门、重点交通运输企事业单位计划的交通运输领域科技项目。

四、本篇资料由交通运输部科技司提供。

## 7-1 交通运输科技机构数量（按地区分）

计量单位：个

| 省 区 | 合计 | 交通运输部直属科技机构 | 省、自治区、直辖市属科技机构 | 市属科技机构 | 直属及联系紧密高等院校 | 事业、企业单位属科技机构 |
|---|---|---|---|---|---|---|
| 全国总计 | 114 | 8 | 34 | 3 | 16 | 53 |
| 东部地区 | 61 | 8 | 10 | 1 | 8 | 34 |
| 北　京 | 22 | 7 | 1 | - | - | 14 |
| 天　津 | 7 | 1 | 1 | - | - | 5 |
| 河　北 | 1 | - | 1 | - | - | - |
| 辽　宁 | 2 | - | 1 | - | 1 | - |
| 上　海 | 9 | - | - | - | 2 | 7 |
| 江　苏 | 7 | - | 2 | - | 3 | 2 |
| 浙　江 | 2 | - | 1 | - | - | 1 |
| 福　建 | 2 | - | 1 | - | 1 | - |
| 山　东 | 2 | - | 1 | - | 1 | - |
| 广　东 | 7 | - | 1 | 1 | - | 5 |
| 海　南 | - | - | - | - | - | - |
| 中部地区 | 22 | - | 12 | 1 | 4 | 5 |
| 山　西 | 1 | - | 1 | - | - | - |
| 吉　林 | 2 | - | 2 | - | - | - |
| 黑龙江 | 2 | - | 1 | - | 1 | - |
| 安　徽 | 3 | - | 3 | - | - | - |
| 江　西 | 1 | - | 1 | - | - | - |
| 河　南 | 1 | - | 1 | - | - | - |
| 湖　北 | 8 | - | 1 | 1 | 1 | 5 |
| 湖　南 | 4 | - | 2 | - | 2 | - |
| 西部地区 | 31 | - | 12 | 1 | 4 | 14 |
| 内蒙古 | 1 | - | - | 1 | - | - |
| 广　西 | 4 | - | - | - | 1 | 3 |
| 重　庆 | 5 | - | - | - | 1 | 4 |
| 四　川 | 4 | - | 3 | - | 1 | - |
| 贵　州 | 2 | - | 1 | - | - | 1 |
| 云　南 | 3 | - | 2 | - | - | 1 |
| 西　藏 | 1 | - | 1 | - | - | - |
| 陕　西 | 5 | - | - | - | 1 | 4 |
| 甘　肃 | 1 | - | 1 | - | - | - |
| 青　海 | 1 | - | 1 | - | - | - |
| 宁　夏 | 1 | - | 1 | - | - | - |
| 新　疆 | 3 | - | 2 | - | - | 1 |

## 7-2 交通运输科技活动人员数量（按机构性质分）

计量单位：人

| | | 总计 | 交通运输部直属科技机构 | 省、自治区、直辖市属科技机构 | 市属科技机构 | 直属及联系紧密高等院校 | 事业、企业单位属科技机构 |
|---|---|---|---|---|---|---|---|
| 全国总计 | | 43 561 | 4 586 | 7 220 | 77 | 7 864 | 23 814 |
| 按编制分类 | 事业编制 | 12 344 | 1 940 | 1 401 | 45 | 7 775 | 1 183 |
| | 企业编制 | 31 217 | 2 646 | 5 819 | 32 | 89 | 22 631 |
| 按性别分类 | 女性 | 10 209 | 1 516 | 1 606 | 30 | 2 702 | 4 355 |
| | 男性 | 33 352 | 3 070 | 5 614 | 47 | 5 162 | 19 459 |
| 按学位分类 | 博士 | 4 555 | 477 | 189 | 2 | 3 244 | 643 |
| | 硕士 | 13 428 | 1 853 | 2 740 | 42 | 2 910 | 5 883 |
| | 其他 | 25 578 | 2 256 | 4 291 | 33 | 1 710 | 17 288 |
| 按学历分类 | 研究生 | 16 817 | 2 206 | 2 763 | 42 | 5 527 | 6 279 |
| | 大学本科 | 21 090 | 1 748 | 3 507 | 24 | 1 930 | 13 881 |
| | 大专及其他 | 5 654 | 632 | 950 | 11 | 407 | 3 654 |
| 按职称分类 | 高级 | 15 004 | 1 768 | 2 711 | 18 | 3 588 | 6 919 |
| | 中级 | 14 874 | 1 269 | 2 192 | 25 | 3 352 | 8 036 |
| | 初级及其他 | 13 683 | 1 549 | 2 317 | 34 | 924 | 8 859 |

# 7-3 交通运输科研实验室及研究中心数量（按地区分）

计量单位：个

| 省区 | 实验室和研究中心数量总计 | 机构内设科研实验室数量 | | | | | 机构内设工程技术（研究）中心数量 | | | | |
|---|---|---|---|---|---|---|---|---|---|---|---|
| | | 合计 | 其中：省部级以上 | | | | 合计 | 其中：省部级以上 | | | |
| | | | 小计 | 国家级 | 行业级 | 省级 | | 小计 | 国家级 | 行业级 | 省级 |
| **合　计** | **386** | **178** | **146** | **16** | **57** | **73** | **208** | **188** | **22** | **57** | **109** |
| **交通运输部直属科技机构** | **39** | **25** | **13** | **2** | **11** | **–** | **14** | **14** | **7** | **7** | **–** |
| **省、自治区、直辖市属科技机构** | **72** | **28** | **23** | **2** | **5** | **16** | **44** | **38** | **2** | **6** | **30** |
| **市属科技机构** | **–** | **–** | **–** | **–** | **–** | **–** | **–** | **–** | **–** | **–** | **–** |
| **直属及联系紧密高等院校** | **86** | **57** | **46** | **2** | **15** | **29** | **29** | **27** | **3** | **4** | **20** |
| **事业、企业单位属科技机构** | **79** | **17** | **16** | **3** | **8** | **5** | **62** | **59** | **9** | **11** | **39** |
| **东部地区** | **219** | **90** | **67** | **6** | **34** | **27** | **129** | **113** | **18** | **31** | **64** |
| 北　京 | 60 | 29 | 17 | 2 | 13 | 2 | 31 | 28 | 6 | 15 | 7 |
| 天　津 | 15 | 9 | 8 | 1 | 4 | 3 | 6 | 5 | 3 | – | 2 |
| 河　北 | 2 | – | – | – | – | – | 2 | 2 | – | 1 | 1 |
| 辽　宁 | 34 | 23 | 15 | – | 4 | 11 | 11 | 9 | 2 | 1 | 6 |
| 上　海 | 43 | 10 | 10 | 1 | 6 | 3 | 33 | 31 | 7 | 3 | 21 |
| 江　苏 | 45 | 11 | 11 | 2 | 4 | 5 | 34 | 27 | – | 7 | 20 |
| 浙　江 | 3 | 1 | – | – | – | – | 2 | 1 | – | 1 | – |
| 福　建 | 5 | 2 | 2 | – | – | 2 | 3 | 3 | – | – | 3 |
| 山　东 | 4 | 3 | 3 | – | 2 | 1 | 1 | 1 | – | 1 | – |
| 广　东 | 8 | 2 | 1 | – | 1 | – | 6 | 6 | – | 2 | 4 |
| 海　南 | – | – | – | – | – | – | – | – | – | – | – |
| **中部地区** | **76** | **40** | **37** | **3** | **11** | **23** | **36** | **34** | **1** | **14** | **19** |
| 山　西 | 13 | 6 | 6 | – | 1 | 5 | 7 | 7 | 1 | – | 6 |
| 吉　林 | 4 | 2 | 2 | – | 1 | 1 | 2 | – | – | – | – |
| 黑龙江 | 6 | 4 | 4 | – | 2 | 2 | 2 | 2 | – | – | 2 |
| 安　徽 | 3 | – | – | – | – | – | 3 | 3 | – | 3 | – |
| 江　西 | 5 | 1 | 1 | – | – | 1 | 4 | 4 | – | 1 | 3 |
| 河　南 | 10 | 3 | 3 | 1 | – | 2 | 7 | 7 | – | 3 | 4 |
| 湖　北 | 11 | 3 | 3 | – | 2 | 1 | 8 | 8 | – | 6 | 2 |
| 湖　南 | 24 | 21 | 18 | 2 | 5 | 11 | 3 | 3 | – | 1 | 2 |
| **西部地区** | **89** | **48** | **42** | **7** | **12** | **23** | **41** | **39** | **3** | **10** | **26** |
| 内蒙古 | – | – | – | – | – | – | – | – | – | – | – |
| 广　西 | 7 | 1 | 1 | – | – | 1 | 6 | 6 | – | 1 | 5 |
| 重　庆 | 32 | 23 | 22 | 5 | 4 | 13 | 9 | 8 | 2 | – | 6 |
| 四　川 | 3 | 1 | 1 | – | – | 1 | 2 | 2 | – | 2 | – |
| 贵　州 | 1 | – | – | – | – | – | 1 | 1 | – | 1 | – |
| 云　南 | 11 | 4 | 1 | 1 | – | – | 7 | 7 | – | 1 | 6 |
| 西　藏 | – | – | – | – | – | – | – | – | – | – | – |
| 陕　西 | 26 | 12 | 11 | 1 | 6 | 4 | 14 | 13 | – | 4 | 9 |
| 甘　肃 | 3 | 2 | 2 | – | – | 2 | 1 | 1 | – | 1 | – |
| 青　海 | 4 | 3 | 2 | – | 1 | 1 | 1 | 1 | 1 | – | – |
| 宁　夏 | 1 | 1 | 1 | – | – | 1 | – | – | – | – | – |
| 新　疆 | 1 | 1 | 1 | – | 1 | – | – | – | – | – | – |

## 7-4 交通运输科技成果、效益及影响情况

| 指标 | 计量单位 | 数量 | 指标 | 计量单位 | 数量 |
|---|---|---|---|---|---|
| 形成研究报告数 | 篇 | 3 467 | 出版著作数 | 篇 | 231 |
| 发表科技论文数 | 篇 | 10 657 | | 万字 | 6 544 |
| 其中：核心期刊 | 篇 | 3 521 | 形成新产品、新材料、新工艺、新装置数 | 项 | 356 |
| 向国外发表 | 篇 | 2 284 | 其中：国家级重点新产品 | 项 | 21 |
| SCI、EI、ISTP 收录 | 篇 | 2 573 | 省级重点新产品 | 项 | 30 |
| 专利申请受理数 | 项 | 3 704 | 政府科技奖获奖数 | 项 | 77 |
| 其中：发明专利 | 项 | 1 966 | 其中：国家级 | 项 | 3 |
| 实用新型 | 项 | 1 718 | 省部级 | 项 | 57 |
| 外观设计 | 项 | 20 | 社会科技奖获奖数 | 项 | 351 |
| 其中：国外申请受理数 | 项 | 38 | 其中：公路学会奖 | 项 | 165 |
| 专利授权数 | 项 | 2 701 | 航海学会奖 | 项 | 60 |
| 其中：发明专利 | 项 | 936 | 港口协会奖 | 项 | 49 |
| 实用新型 | 项 | 1 735 | 水运建设协会奖 | 项 | 46 |
| 外观设计 | 项 | 30 | 制定标准数 | 个 | 603 |
| 其中：国外授权数 | 项 | 18 | 其中：国家标准 | 个 | 44 |
| 建立试验基地数 | 个 | 38 | 行业标准 | 个 | 250 |
| 形成示范点数 | 个 | 135 | 地方标准 | 个 | 200 |
| 建立数据库数 | 个 | 161 | 企业标准 | 个 | 96 |
| 建设网站数 | 个 | 41 | 出台规章制度数 | 项 | 202 |
| 科技成果鉴定数 | 项 | 551 | 出台政策建议数 | 项 | 211 |
| 软件产品登记数 | 项 | 642 | 培养人才数 | 人 | 3 698 |
| 成果转让合同数 | 项 | 452 | 其中：博士 | 人 | 375 |
| 成果转让合同金额 | 万元 | 288 838 | 硕士 | 人 | 2 350 |
| 研究成果推广数 | 个 | 431 | | | |

# 主要统计指标解释

**交通运输科技机构** 指纳入《交通运输科技统计报表制度》，从事交通运输行业科学研究与技术开发活动的单位。

**交通运输科技活动人员** 指在交通运输领域从事科技活动、科技服务及科技管理的人员。对于交通运输企业而言，科技活动人员是指直接从事（或参与）交通运输科技活动、专门从事交通运输科技活动管理和为交通运输科技活动提供直接服务且累计从事科技活动时间占制度工作时间10%（含）以上的人员。

**国家（重点）实验室、工程技术（研究）中心** 通过科技部、国家发展改革委员会验收或评估，正式授予"国家重点实验室""国家工程技术研究中心""国家工程技术中心"称号，颁发证书和牌匾的实验室或工程技术（研究）中心。

**行业（重点）实验室、工程技术（研究）中心** 通过交通运输部验收或评估，正式授予"交通运输行业重点实验室"或"交通运输行业工程技术（研究）中心"称号，并颁发证书和牌匾的实验室或工程技术（研究）中心；或通过教育部等其他部委验收或评估，但研究领域属于交通运输行业，授予称号并颁发证书和牌匾的实验室和工程技术（研究）中心。

**培养人才数** 参与科研项目，并通过科研项目顺利获得博士、硕士学位的人员数量。

# 八、救助打捞

# 简 要 说 明

一、本篇资料反映交通运输救助打捞系统执行救助和抢险打捞任务,完成生产,以及救助打捞系统装备的基本情况。

二、填报范围:交通运输部各救助局、各打捞局、各救助飞行队。

三、本篇资料由交通运输部救助打捞局提供。

## 8-1　救助任务执行情况

| 项　目 | 计算单位 | 总　计 |
| --- | --- | --- |
| 一、船舶值班待命艘天 | 艘天 | 26 250 |
| 二、应急救助任务 | 次 | 1 436 |
| 三、救捞力量出动 | 次 | 2 125 |
| 　　救捞船舶 | 艘次 | 583 |
| 　　救助艇 | 艘次 | 264 |
| 　　救助飞机 | 架次 | 654 |
| 　　应急救助队 | 队次 | 624 |
| 四、海上救助志愿力量出动 | 人次 | 212 |
| 　　出动救助志愿船 | 艘次 | - |
| 五、获救遇险人员 | 人 | 2 657 |
| 　　中国籍 | 人 | 2 250 |
| 　　外国籍 | 人 | 407 |
| 六、获救遇险船舶 | 艘 | 184 |
| 　　中国籍 | 艘 | 158 |
| 　　外国籍 | 艘 | 26 |
| 七、获救财产价值 | 万元 | 726 573 |
| 八、打捞任务 | 次 | 27 |
| 　其中：打捞沉船 | 艘 | 20 |
| 　　中国籍 | 艘 | 19 |
| 　　外国籍 | 艘 | 1 |
| 　　打捞沉物 | 件 | 1 |
| 　　　 | 吨 | 1 |
| 　　打捞坠（海水）航空器 | 架 | - |
| 　　打捞遇难人员 | 人 | 165 |
| 　　其他抢险打捞任务 | 次 | 27 |
| 九、应急清污任务 | 次 | - |
| 　　清除沉船存油 | 吨 | - |

## 8-2 救捞系统船舶情况

| 项　　目 | | 计算单位 | 总　　计 |
|---|---|---|---|
| 救捞船舶合计 | 艘数 | 艘 | 194 |
| | 总吨位 | 吨 | 682 453 |
| | 功率 | 千瓦 | 905 803 |
| | 起重能力 | 吨 | 16 326 |
| | 载重能力 | 吨 | - |
| 一、海洋救助船 | 艘数 | 艘 | 32 |
| | 总吨位 | 吨 | 110 257 |
| | 功率 | 千瓦 | 286 280 |
| 二、近海快速救助船 | 艘数 | 艘 | 10 |
| | 总吨位 | 吨 | 5 325 |
| | 功率 | 千瓦 | 49 280 |
| 三、沿海救生艇 | 艘数 | 艘 | 35 |
| | 总吨位 | 吨 | 1 410 |
| | 功率 | 千瓦 | 19 828 |
| 四、救捞拖轮 | 艘数 | 艘 | 81 |
| | 总吨位 | 吨 | 198 411 |
| | 功率 | 千瓦 | 463 415 |
| 五、救捞工程船 | 艘数 | 艘 | 25 |
| | 总吨位 | 吨 | 226 555 |
| | 功率 | 千瓦 | 87 000 |
| 六、起重船 | 艘数 | 艘 | 11 |
| | 总吨位 | 吨 | 140 495 |
| | 起重量 | 吨 | 16 326 |
| 七、货船 | 艘数 | 艘 | - |
| | 总吨位 | 吨 | - |
| | 载重量 | 吨 | - |

## 8-3　救助飞机飞行情况

| 项　　目 | 计算单位 | 总　　计 |
|---|---|---|
| 一、飞机飞行次数 | 架次 | 7 268 |
| 　救助（任务）飞行次数 | 架次 | 681 |
| 　训练飞行次数 | 架次 | 6330 |
| 二、飞机飞行时间 | 小时：分钟 | 5 749:59:00 |
| 　其中：海上飞行时间 | 小时：分钟 | 3 496:45:00 |
| 　　　　夜间飞行时间 | 小时：分钟 | 582:25:00 |
| 　救助（任务）飞行时间 | 小时：分钟 | 1 402:10:00 |
| 　训练飞行时间 | 小时：分钟 | 3 955:24:00 |

## 8-4　捞、拖完成情况

| 项　　目 | 计算单位 | 总　　计 |
|---|---|---|
| 一、打捞业务 | 次 | 49 |
| 　其中：抢险打捞 | 次 | 20 |
| 　内：（一）打捞沉船 | 艘 | 22 |
| 　　　（二）救助遇险船舶 | 艘 | 27 |
| 　　　（三）打捞货物 | 吨 | 10 360 |
| 二、拖航运输 | 次 | 59 |
| 三、海洋工程船舶服务 | 艘天 | 22 067 |
| 　拖轮 | 艘天 | 17 823 |
| 　工程船 | 艘天 | 1 620 |
| 　其他 | 艘天 | 2 624 |
| 四、大件吊装 | 次 | 85 |
| 五、其他综合业务 | 次 | 138 |

# 主要统计指标解释

**救捞力量** 指交通运输部各救助局、打捞局、救助飞行队的救捞船舶、救助艇、救助飞机、应急救助队等。

**防污** 指执行清除海洋污染任务。

**海洋救助船** 指各救助局拥有航速在30节以下的专业海洋救助船。

**近海快速救助船** 指各救助局拥有航速在30节以上的专业近海救助船。

**沿海救生艇** 指各救助局拥有的船长小于16米的专业小型沿海救生艇。

**救捞拖轮** 指各打捞局拥有的拖轮,包括救助拖轮、三用拖轮、平台供应船、港作拖轮等。

**救捞工程船** 指各打捞局拥有起重能力在300吨以下的各类用于海洋工程、抢险打捞等工作的船舶(含起重驳船)。

**起重船** 指各打捞局拥有起重能力在300吨以上的起重船舶。

**货船** 指各打捞局拥有用于货物运输的船舶,包括货船、集装箱船、滚装船、甲板驳、半潜(驳)船、油船等。

**小型直升机** 指各救助飞行队自有、租用的最大起飞重量在4吨及以下的直升机。

**中型直升机** 指各救助飞行队自有、租用的最大起飞重量在4吨(不含)至9吨(含)之间的直升机。

**大型直升机** 指各救助飞行队自有、租用的最大起飞重量在9吨(不含)以上的直升机。

**固定翼飞机** 指各救助飞行队自有、租用的CESSNA208机型或相当于该机型的飞机。

# 附录 交通运输历年主要指标

# 简 要 说 明

本篇资料列示了 1978 年以来的交通运输主要指标的历史数据。

主要包括：公路总里程、公路密度及通达情况、内河航道里程、公路水路客货运输量、沿海内河规模以上港口及吞吐量、交通固定资产投资。

# 附录 1-1　全国公路总里程（按行政等级分）

单位：公里

| 年份 | 总计 | 国道 | 省道 | 县道 | 乡道 | 专用公路 | 村道 |
|---|---|---|---|---|---|---|---|
| 1978 | 890 236 | 237 646 | | 586 130 | | 66 460 | – |
| 1979 | 875 794 | 249 167 | | 311 150 | 276 183 | 39 294 | – |
| 1980 | 888 250 | 249 863 | | 315 097 | 281 000 | 42 290 | – |
| 1981 | 897 462 | 250 966 | | 319 140 | 285 333 | 42 023 | – |
| 1982 | 906 963 | 252 048 | | 321 913 | 290 622 | 42 380 | – |
| 1983 | 915 079 | 254 227 | | 322 556 | 295 485 | 42 811 | – |
| 1984 | 926 746 | 255 173 | | 325 987 | 302 485 | 43 101 | – |
| 1985 | 942 395 | 254 386 | | 331 199 | 313 620 | 43 190 | – |
| 1986 | 962 769 | 255 287 | | 341 347 | 322 552 | 43 583 | – |
| 1987 | 982 243 | 106 078 | 161 537 | 329 442 | 343 348 | 41 838 | – |
| 1988 | 999 553 | 106 290 | 162 662 | 334 238 | 353 216 | 43 147 | – |
| 1989 | 1 014 342 | 106 799 | 163 562 | 338 368 | 362 444 | 43 169 | – |
| 1990 | 1 028 348 | 107 511 | 166 082 | 340 801 | 370 153 | 43 801 | – |
| 1991 | 1 041 136 | 107 238 | 169 352 | 340 915 | 379549 | 44 082 | – |
| 1992 | 1 056 707 | 107 542 | 173 353 | 344 227 | 386 858 | 44 727 | – |
| 1993 | 1 083 476 | 108 235 | 174 979 | 352 308 | 402 199 | 45 755 | – |
| 1994 | 1 117 821 | 108 664 | 173 601 | 364 654 | 425 380 | 45 522 | – |
| 1995 | 1 157 009 | 110 539 | 175 126 | 366 358 | 454 379 | 50 607 | – |
| 1996 | 1 185 789 | 110 375 | 178 129 | 378 212 | 469 693 | 49 380 | – |
| 1997 | 1 226 405 | 112 002 | 182 559 | 379 816 | 500 266 | 51 762 | – |
| 1998 | 1 278 474 | 114 786 | 189 961 | 383 747 | 536 813 | 53 167 | – |
| 1999 | 1 351 691 | 117 135 | 192 517 | 398 045 | 589 886 | 54 108 | – |
| 2000 | 1 679 848 | 118 983 | 212 450 | 461 872 | 800 681 | 85 861 | – |
| 2001 | 1 698 012 | 121 587 | 213 044 | 463 665 | 813 699 | 86 017 | – |
| 2002 | 1 765 222 | 125 003 | 216 249 | 471 239 | 865 635 | 87 096 | – |
| 2003 | 1 809 828 | 127 899 | 223 425 | 472 935 | 898 300 | 87 269 | – |
| 2004 | 1 870 661 | 129 815 | 227 871 | 479 372 | 945 180 | 88 424 | – |
| 2005 | 1 930 543 | 132 674 | 233 783 | 494 276 | 98 1430 | 88 380 | – |
| 2006 | 3 456 999 | 133 355 | 239 580 | 506 483 | 987 608 | 57 986 | 1 531 987 |
| 2007 | 3 583 715 | 137 067 | 255 210 | 514 432 | 998 422 | 57 068 | 1 621 516 |
| 2008 | 3 730 164 | 155 294 | 263 227 | 512 314 | 1 011 133 | 67 213 | 1 720 981 |
| 2009 | 3 860 823 | 158 520 | 266 049 | 519 492 | 1 019 550 | 67 174 | 1 830 037 |
| 2010 | 4 008 229 | 164 048 | 269 834 | 554 047 | 1 054 826 | 67 736 | 1 897 738 |
| 2011 | 4 106 387 | 169 389 | 304 049 | 533 576 | 1 065 996 | 68 965 | 1 964 411 |
| 2012 | 4 237 508 | 173 353 | 312 077 | 539 519 | 1 076 651 | 73 692 | 2 062 217 |
| 2013 | 4 356 218 | 176 814 | 317 850 | 546 818 | 1 090 522 | 76 793 | 2 147 421 |
| 2014 | 4 463 913 | 179 178 | 322 799 | 552 009 | 1 105 056 | 80 338 | 2 224 533 |
| 2015 | 4 577 296 | 185 319 | 329 662 | 554 331 | 1 113 173 | 81 744 | 2 313 066 |
| 2016 | 4 696 263 | 354 849 | 313 324 | 562 103 | 1 147 192 | 68 325 | 2 250 469 |
| 2017 | 4 773 469 | 358 389 | 333 782 | 550 702 | 1 157 727 | 72 038 | 2 300 831 |

# 附录1-2 全国公路总里程（按技术等级分）

单位：公里

| 年份 | 总计 | 等级公路 | | | | | | 等外公路 |
|---|---|---|---|---|---|---|---|---|
| | | 合计 | 高速 | 一级 | 二级 | 三级 | 四级 | |
| 1978 | 890 236 | – | – | – | – | – | – | – |
| 1979 | 875 794 | 506 444 | – | 188 | 11 579 | 106 167 | 388 510 | 369 350 |
| 1980 | 888 250 | 521 134 | – | 196 | 12 587 | 108 291 | 400 060 | 367 116 |
| 1981 | 897 462 | 536 670 | – | 203 | 14 434 | 111 602 | 410 431 | 360 792 |
| 1982 | 906 963 | 550 294 | – | 231 | 15 665 | 115 249 | 419 149 | 356 669 |
| 1983 | 915 079 | 562 815 | – | 255 | 17 167 | 119 203 | 426 190 | 352 264 |
| 1984 | 926 746 | 580 381 | – | 328 | 18 693 | 124 031 | 437 329 | 346 365 |
| 1985 | 942 395 | 606 443 | – | 422 | 21 194 | 128 541 | 456 286 | 335 952 |
| 1986 | 962 769 | 637 710 | – | 748 | 23 762 | 136 790 | 476 410 | 325 059 |
| 1987 | 982 243 | 668 390 | – | 1341 | 27 999 | 147 838 | 491 212 | 313 853 |
| 1988 | 999 553 | 697 271 | 147 | 1673 | 32 949 | 159 376 | 503 126 | 302 282 |
| 1989 | 1 014 342 | 715 923 | 271 | 2101 | 38 101 | 164 345 | 511 105 | 298 419 |
| 1990 | 1 028 348 | 741 104 | 522 | 2617 | 43 376 | 169 756 | 524 833 | 287 244 |
| 1991 | 1 041 136 | 764 668 | 574 | 2897 | 47 729 | 178 024 | 535 444 | 276 468 |
| 1992 | 1 056 707 | 786 935 | 652 | 3575 | 54 776 | 184 990 | 542 942 | 269 772 |
| 1993 | 1 083 476 | 822 133 | 1145 | 4633 | 63 316 | 193 567 | 559 472 | 261 343 |
| 1994 | 1 117 821 | 861 400 | 1603 | 6334 | 72 389 | 200 738 | 580 336 | 256 421 |
| 1995 | 1 157 009 | 910 754 | 2141 | 9580 | 84 910 | 207 282 | 606 841 | 246 255 |
| 1996 | 1 185 789 | 946 418 | 3422 | 11 779 | 96 990 | 216 619 | 617 608 | 239 371 |
| 1997 | 1 226 405 | 997 496 | 4771 | 14 637 | 111 564 | 230 787 | 635 737 | 228 909 |
| 1998 | 1 278 474 | 1 069 243 | 8733 | 15 277 | 125 245 | 257 947 | 662 041 | 209 231 |
| 1999 | 1 351 691 | 1 156 736 | 11 605 | 17 716 | 139 957 | 269 078 | 718 380 | 194 955 |
| 2000 | 1 679 848 | 1 315 931 | 16 285 | 25 219 | 177 787 | 305 435 | 791 206 | 363 916 |
| 2001 | 1 698 012 | 1 336 044 | 19 437 | 25 214 | 182 102 | 308 626 | 800 665 | 361 968 |
| 2002 | 1 765 222 | 1 382 926 | 25 130 | 27 468 | 197 143 | 315 141 | 818 044 | 382 296 |
| 2003 | 1 809 828 | 1 438 738 | 29 745 | 29 903 | 211 929 | 324 788 | 842 373 | 371 090 |
| 2004 | 1 870 661 | 1 515 826 | 34 288 | 33 522 | 231 715 | 335 347 | 880 954 | 354 835 |
| 2005 | 1 930 543 | 1 591 791 | 41 005 | 38 381 | 246 442 | 344 671 | 921 293 | 338 752 |
| 2006 | 3 456 999 | 2 282 872 | 45 339 | 45 289 | 262 678 | 354 734 | 1 574 833 | 1 174 128 |
| 2007 | 3 583 715 | 2 535 383 | 53 913 | 50 093 | 276 413 | 363 922 | 1 791 042 | 1 048 332 |
| 2008 | 3 730 164 | 2 778 521 | 60 302 | 54 216 | 285 226 | 374 215 | 2 004 563 | 951 642 |
| 2009 | 3 860 823 | 3 056 265 | 65 055 | 59 462 | 300 686 | 379 023 | 2 252 038 | 804 558 |
| 2010 | 4 008 229 | 3 304 709 | 74 113 | 64 430 | 308 743 | 387 967 | 2 469 456 | 703 520 |
| 2011 | 4 106 387 | 3 453 590 | 84 946 | 68 119 | 320 536 | 393 613 | 2 586 377 | 652 796 |
| 2012 | 4 237 508 | 3 609 600 | 96 200 | 74 271 | 331 455 | 401 865 | 2 705 809 | 627 908 |
| 2013 | 4 356 218 | 3 755 567 | 104 438 | 79 491 | 340 466 | 407 033 | 2 824 138 | 600 652 |
| 2014 | 4 463 913 | 3 900 834 | 111 936 | 85 362 | 348 351 | 414 199 | 2 940 986 | 563 079 |
| 2015 | 4 577 296 | 4 046 290 | 123 523 | 90 964 | 360 410 | 418 237 | 3 053 157 | 531 005 |
| 2016 | 4 696 263 | 4 226 543 | 130 973 | 99 152 | 371 102 | 424 443 | 3 200 874 | 469 719 |
| 2017 | 4 773 469 | 4 338 560 | 136 449 | 105 224 | 380 481 | 429 035 | 3 287 372 | 434 909 |

## 附录 1-3 全国公路密度及通达情况

| 年份 | 公路密度 | | 不通公路乡(镇) | | 不通公路村(队) | |
|---|---|---|---|---|---|---|
| | 以国土面积计算<br>（公里/百平方公里） | 以人口总数计算<br>（公里/万人） | 数量<br>（个） | 比重<br>(%) | 数量<br>（个） | 比重<br>(%) |
| 1978 | 9.27 | 9.25 | 5 018 | 9.50 | 213 138 | 34.17 |
| 1979 | 9.12 | 8.98 | 5 730 | 10.74 | 227 721 | 32.60 |
| 1980 | 9.25 | 9.00 | 5 138 | 9.37 | - | - |
| 1981 | 9.35 | 8.97 | 5 474 | 9.96 | - | - |
| 1982 | 9.45 | 8.92 | 5 155 | 9.35 | - | - |
| 1983 | 9.53 | 8.88 | 4 710 | 8.54 | - | - |
| 1984 | 9.65 | 8.88 | 5 485 | 9.16 | 265 078 | 36.72 |
| 1985 | 9.82 | 8.90 | 4 945 | 8.27 | 228 286 | 31.72 |
| 1986 | 10.03 | 8.96 | 4 039 | 6.79 | 218 410 | 30.17 |
| 1987 | 10.23 | 8.99 | 3 214 | 5.64 | 234 206 | 32.43 |
| 1988 | 10.41 | 9.00 | 6 500 | 9.70 | 197 518 | 28.92 |
| 1989 | 10.57 | 9.00 | 3 180 | 5.56 | 181 825 | 25.01 |
| 1990 | 10.71 | 8.99 | 2 299 | 4.02 | 190 462 | 25.96 |
| 1991 | 10.85 | 8.99 | 2 116 | 3.72 | 181 489 | 24.57 |
| 1992 | 11.01 | 9.02 | 1 632 | 3.27 | 169 175 | 22.93 |
| 1993 | 11.29 | 9.14 | 1 548 | 3.10 | 159 111 | 21.70 |
| 1994 | 11.64 | 9.33 | 1 455 | 3.00 | 150 253 | 20.50 |
| 1995 | 12.05 | 9.55 | 1 395 | 2.90 | 130 196 | 20.00 |
| 1996 | 12.35 | 9.69 | 1 335 | 2.70 | 120 048 | 19.00 |
| 1997 | 12.78 | 9.92 | 709 | 1.50 | 105 802 | 14.20 |
| 1998 | 13.32 | 10.24 | 591 | 1.30 | 92 017 | 12.30 |
| 1999 | 14.08 | 10.83 | 808 | 1.80 | 80 750 | 11.00 |
| 2000 | 17.50 | 13.00 | 341 | 0.80 | 67 786 | 9.20 |
| 2001 | 17.70 | 13.10 | 287 | 0.70 | 59 954 | 8.20 |
| 2002 | 18.40 | 13.60 | 184 | 0.50 | 54 425 | 7.70 |
| 2003 | 18.85 | 13.97 | 173 | 0.40 | 56 693 | 8.10 |
| 2004 | 19.49 | 14.44 | 167 | 0.40 | 49 339 | 7.10 |
| 2005 | 20.11 | 14.90 | 75 | 0.19 | 38 426 | 5.69 |
| 2006 | 36.01 | 26.44 | 672 | 1.70 | 89 975 | 13.60 |
| 2007 | 37.33 | 27.41 | 404 | 1.04 | 77 334 | 11.76 |
| 2008 | 38.86 | 28.53 | 292 | 0.80 | 46 178 | 7.10 |
| 2009 | 40.22 | 29.22 | 155 | 0.40 | 27 186 | 4.20 |
| 2010 | 41.75 | 30.03 | 13 | 0.03 | 5 075 | 0.79 |
| 2011 | 42.77 | 30.62 | 11 | 0.03 | 3 986 | 0.62 |
| 2012 | 44.14 | 31.45 | 12 | 0.03 | 2 869 | 0.45 |
| 2013 | 45.38 | 32.17 | 10 | 0.03 | 1 892 | 0.30 |
| 2014 | 46.50 | 32.81 | 7 | 0.02 | 1 155 | 0.18 |
| 2015 | 47.68 | 33.46 | 4 | 0.01 | 826 | 0.13 |
| 2016 | 48.92 | 33.96 | 2 | 0.01 | 397 | 0.06 |
| 2017 | 49.72 | 34.34 | 2 | 0.01 | 145 | 0.02 |

## 附录1-4 全国内河航道里程及构筑物数量

| 年 份 | 内河航道里程(公里) | | 通航河流上永久性构筑物(座) | | |
|---|---|---|---|---|---|
| | | 等级航道 | 碍航闸坝 | 船闸 | 升船机 |
| 1978 | 135 952 | 57 408 | 4 163 | 706 | 35 |
| 1979 | 107 801 | 57 472 | 2 796 | 756 | 40 |
| 1980 | 108 508 | 53 899 | 2 674 | 760 | 41 |
| 1981 | 108 665 | 54 922 | 2 672 | 758 | 41 |
| 1982 | 108 634 | 55 595 | 2 699 | 768 | 40 |
| 1983 | 108 904 | 56 177 | 2 690 | 769 | 41 |
| 1984 | 109 273 | 56 732 | 3 310 | 770 | 44 |
| 1985 | 109 075 | 57 456 | 3 323 | 758 | 44 |
| 1986 | 109 404 | 57 491 | 2 590 | 744 | 44 |
| 1987 | 109 829 | 58 165 | 3 134 | 784 | 44 |
| 1988 | 109 364 | 57 971 | 3 136 | 782 | 55 |
| 1989 | 109 040 | 58 131 | 3 187 | 825 | 46 |
| 1990 | 109 192 | 59 575 | 3 208 | 824 | 45 |
| 1991 | 109 703 | 60 336 | 3 193 | 830 | 45 |
| 1992 | 109 743 | 61 430 | 3 184 | 798 | 43 |
| 1993 | 110 174 | 63 395 | 3 063 | 790 | 44 |
| 1994 | 110 238 | 63 894 | 3 177 | 817 | 51 |
| 1995 | 110 562 | 64 323 | 3 157 | 816 | 48 |
| 1996 | 110 844 | 64 915 | 3 154 | 823 | 50 |
| 1997 | 109 827 | 64 328 | 3 045 | 823 | 48 |
| 1998 | 110 263 | 66 682 | 3 278 | 872 | 56 |
| 1999 | 116 504 | 60 156 | 1 193 | 918 | 59 |
| 2000 | 119 325 | 61 367 | 1 192 | 921 | 59 |
| 2001 | 121 535 | 63 692 | 1 713 | 906 | 60 |
| 2002 | 121 557 | 63 597 | 1 711 | 907 | 60 |
| 2003 | 123 964 | 60 865 | 1 813 | 821 | 43 |
| 2004 | 123 337 | 60 842 | 1 810 | 821 | 43 |
| 2005 | 123 263 | 61 013 | 1 801 | 826 | 42 |
| 2006 | 123 388 | 61 035 | 1 803 | 833 | 42 |
| 2007 | 123 495 | 61 197 | 1 804 | 835 | 42 |
| 2008 | 122 763 | 61 093 | 1 799 | 836 | 42 |
| 2009 | 123 683 | 61 546 | 1 809 | 847 | 42 |
| 2010 | 124 242 | 62 290 | 1 825 | 860 | 43 |
| 2011 | 124 612 | 62 648 | 1 827 | 865 | 44 |
| 2012 | 124 995 | 63 719 | 1 826 | 864 | 44 |
| 2013 | 125 853 | 64 900 | 1 835 | 864 | 45 |
| 2014 | 126 280 | 65 362 | 1 836 | 864 | 45 |
| 2015 | 127 001 | 66 257 | 1 839 | 856 | 45 |
| 2016 | 127 099 | 66 409 | 1 838 | 859 | 46 |
| 2017 | 127 019 | 66 160 | 1 839 | 858 | 46 |

注：等级航道里程数，1973年至1998年为水深1米以上航道里程数；自2004年始，内河航道里程为内河航道通航里程数。

## 附录1-5 公路客、货运输量

| 年份 | 客运量<br>（万人） | 旅客周转量<br>（亿人公里） | 货运量<br>（万吨） | 货物周转量<br>（亿吨公里） |
| --- | --- | --- | --- | --- |
| 1978 | 149 229 | 521.30 | 151 602 | 350.27 |
| 1979 | 178 618 | 603.29 | 147 935 | 350.99 |
| 1980 | 222 799 | 729.50 | 142 195 | 342.87 |
| 1981 | 261 559 | 839.00 | 134 499 | 357.76 |
| 1982 | 300 610 | 963.86 | 138 634 | 411.54 |
| 1983 | 336 965 | 1 105.61 | 144 051 | 462.68 |
| 1984 | 390 336 | 1 336.94 | 151 835 | 527.38 |
| 1985 | 476 486 | 1724.88 | 538 062 | 1903.00 |
| 1986 | 544 259 | 1 981.74 | 620 113 | 2 117.99 |
| 1987 | 593 682 | 2 190.43 | 711 424 | 2 660.39 |
| 1988 | 650 473 | 2 528.24 | 732 315 | 3 220.39 |
| 1989 | 644 508 | 2 662.11 | 733 781 | 3 374.80 |
| 1990 | 648 085 | 2 620.32 | 724 040 | 3 358.10 |
| 1991 | 682 681 | 2 871.74 | 733 907 | 3 428.00 |
| 1992 | 731 774 | 3 192.64 | 780 941 | 3 755.39 |
| 1993 | 860 719 | 3 700.70 | 840 256 | 4 070.50 |
| 1994 | 953 940 | 4 220.30 | 894 914 | 4 486.30 |
| 1995 | 1 040 810 | 4 603.10 | 939 787 | 4 694.90 |
| 1996 | 1 122 110 | 4 908.79 | 983 860 | 5 011.20 |
| 1997 | 1 204 583 | 5 541.40 | 976 536 | 5 271.50 |
| 1998 | 1 257 332 | 5 942.81 | 976 004 | 5 483.38 |
| 1999 | 1 269 004 | 6 199.24 | 990 444 | 5 724.31 |
| 2000 | 1 347 392 | 6 657.42 | 1 038 813 | 6 129.39 |
| 2001 | 1 402 798 | 7 207.08 | 1 056 312 | 6 330.44 |
| 2002 | 1 475 257 | 7 805.77 | 1 116 324 | 6 782.46 |
| 2003 | 1 464 335 | 7 695.60 | 1 159 957 | 7 099.48 |
| 2004 | 1 624 526 | 8 748.38 | 1 244 990 | 7 840.86 |
| 2005 | 1 697 381 | 9 292.08 | 1 341 778 | 8 693.19 |
| 2006 | 1 860 487 | 10 130.85 | 1 466 347 | 9 754.25 |
| 2007 | 2 050 680 | 11 506.77 | 1 639 432 | 11 354.69 |
| 2008 | 2 682 114 | 12 476.11 | 1 916 759 | 32 868.19 |
| 2009 | 2 779 081 | 13 511.44 | 2 127 834 | 37 188.82 |
| 2010 | 3 052 738 | 15 020.81 | 2 448 052 | 43 389.67 |
| 2011 | 3 286 220 | 16 760.25 | 2 820 100 | 51 374.74 |
| 2012 | 3 557 010 | 18 467.55 | 3 188 475 | 59 534.86 |
| 2013 | 1 853 463 | 11 250.94 | 3 076 648 | 55 738.08 |
| 2014 | 1 908 198 | 12 084.10 | 3 332 838 | 61 016.62 |
| 2015 | 1 619 097 | 10 742.66 | 3 150 019 | 57 955.72 |
| 2016 | 1 542 759 | 10 228.71 | 3 341 259 | 61 080.10 |
| 2017 | 1 456 784 | 9 765.18 | 3 686 858 | 66 771.52 |

## 附录1-6 水路客、货运输量

| 年　份 | 客运量（万人） | 旅客周转量（亿人公里） | 货运量（万吨） | 货物周转量（亿吨公里） |
|---|---|---|---|---|
| 1949 | 1 562 | 15.17 | 2543 | 63.12 |
| 1950 | 2 377 | 14.72 | 2684 | 51.31 |
| 1951 | 2 945 | 21.66 | 3860 | 103.51 |
| 1952 | 3 605 | 24.50 | 5141 | 145.75 |
| 1953 | 5 324 | 34.12 | 7237 | 185.64 |
| 1954 | 5 523 | 34.38 | 10 163 | 241.73 |
| 1955 | 5 646 | 35.20 | 11 715 | 303.98 |
| 1956 | 7 177 | 42.29 | 13 892 | 343.63 |
| 1957 | 8 780 | 46.38 | 15 806 | 417.39 |
| 1958 | 9492 | 45.75 | 22 540 | 522.26 |
| 1959 | 10 626 | 53.35 | 34 337 | 704.10 |
| 1960 | 12 333 | 61.90 | 38 630 | 784.90 |
| 1961 | 15 152 | 79.49 | 25 903 | 554.47 |
| 1962 | 16 397 | 83.92 | 18 013 | 455.97 |
| 1963 | 12 678 | 58.80 | 17 659 | 471.19 |
| 1964 | 11 878 | 51.32 | 21 044 | 555.03 |
| 1965 | 11 369 | 47.37 | 24 155 | 676.44 |
| 1966 | 12 780 | 64.23 | 25 067 | 771.81 |
| 1967 | 13 548 | 65.96 | 21 868 | 686.42 |
| 1968 | 14 038 | 67.76 | 19 976 | 791.69 |
| 1969 | 15 531 | 74.71 | 22 804 | 867.30 |
| 1970 | 15 767 | 71.01 | 26 848 | 939.85 |
| 1971 | 15 638 | 73.35 | 30 230 | 1 285.24 |
| 1972 | 17 297 | 77.10 | 32 916 | 1 523.62 |
| 1973 | 19 270 | 83.60 | 35 423 | 1 965.90 |
| 1974 | 19 647 | 86.87 | 35 198 | 2 180.55 |
| 1975 | 21 015 | 90.59 | 38 968 | 2 827.83 |
| 1976 | 21 298 | 94.28 | 39 875 | 2 490.41 |
| 1977 | 22 452 | 97.48 | 43 731 | 2 787.90 |
| 1978 | 23 042 | 100.63 | 47 357 | 3 801.76 |
| 1979 | 24 360 | 114.01 | 47 080 | 4 586.72 |
| 1980 | 26 439 | 129.12 | 46 833 | 5 076.49 |
| 1981 | 27 584 | 137.81 | 45 532 | 5 176.33 |
| 1982 | 27 987 | 144.54 | 48 632 | 5 505.25 |
| 1983 | 27 214 | 153.93 | 49 489 | 5 820.03 |
| 1984 | 25 974 | 153.53 | 51 527 | 6 569.44 |
| 1985 | 30 863 | 178.65 | 63 322 | 7 729.30 |

## 附录1-6 （续表一）

| 年　份 | 客运量<br>（万人） | 旅客周转量<br>（亿人公里） | 货运量<br>（万吨） | 货物周转量<br>（亿吨公里） |
| --- | --- | --- | --- | --- |
| 1986 | 34 377 | 182.06 | 82 962 | 8647.87 |
| 1987 | 38 951 | 195.92 | 80 979 | 9465.06 |
| 1988 | 35 032 | 203.92 | 89 281 | 10 070.38 |
| 1989 | 31 778 | 188.27 | 87 493 | 11 186.80 |
| 1990 | 27 225 | 164.91 | 80 094 | 11 591.90 |
| 1991 | 26 109 | 177.20 | 83 370 | 12 955.40 |
| 1992 | 26 502 | 198.35 | 92 490 | 13 256.20 |
| 1993 | 27 074 | 196.45 | 97 938 | 13 860.80 |
| 1994 | 26 165 | 183.50 | 107 091 | 15 686.60 |
| 1995 | 23 924 | 171.80 | 113 194 | 17 552.20 |
| 1996 | 22 895 | 160.57 | 127 430 | 17 862.50 |
| 1997 | 22 573 | 155.70 | 113 406 | 19 235.00 |
| 1998 | 20 545 | 120.27 | 109 555 | 19 405.80 |
| 1999 | 19 151 | 107.28 | 114 608 | 21 262.82 |
| 2000 | 19 386 | 100.54 | 122 391 | 23 734.18 |
| 2001 | 18 645 | 89.88 | 132 675 | 25 988.89 |
| 2002 | 18 693 | 81.78 | 141 832 | 27 510.64 |
| 2003 | 17 142 | 63.10 | 158 070 | 28 715.76 |
| 2004 | 19 040 | 66.25 | 187 394 | 41 428.69 |
| 2005 | 20 227 | 67.77 | 219 648 | 49 672.28 |
| 2006 | 22 047 | 73.58 | 248 703 | 55 485.75 |
| 2007 | 22 835 | 77.78 | 281 199 | 64 284.85 |
| 2008 | 20 334 | 59.18 | 294 510 | 50 262.74 |
| 2009 | 22 314 | 69.38 | 318 996 | 57 556.67 |
| 2010 | 22 392 | 72.27 | 378 949 | 68 427.53 |
| 2011 | 24 556 | 74.53 | 425 968 | 75 423.84 |
| 2012 | 25 752 | 77.48 | 458 705 | 81 707.58 |
| 2013 | 23 535 | 68.33 | 559 785 | 79 435.65 |
| 2014 | 26 293 | 74.34 | 598 283 | 92 774.56 |
| 2015 | 27 072 | 73.08 | 613 567 | 91 772.45 |
| 2016 | 27 234 | 72.33 | 638 238 | 97 338.80 |
| 2017 | 28 300 | 77.66 | 667 846 | 98 611.25 |

## 附录2-1 沿海规模以上港口泊位及吞吐量

| 年份 | 生产用泊位数（个） | 万吨级 | 旅客吞吐量（千人） | 离港 | 货物吞吐量（千吨） | 外贸 | 集装箱吞吐量（TEU） |
|---|---|---|---|---|---|---|---|
| 1978 | 311 | 133 | 5035 | 5035 | 198 340 | 59 110 | — |
| 1979 | 313 | 133 | 6850 | 6850 | 212 570 | 70 730 | 2521 |
| 1980 | 330 | 139 | 7480 | 7480 | 217 310 | 75 220 | 62 809 |
| 1981 | 325 | 141 | 15 970 | 8010 | 219 310 | 74 970 | 103 196 |
| 1982 | 328 | 143 | 16 290 | 8140 | 237 640 | 81 490 | 142 614 |
| 1983 | 336 | 148 | 17 560 | 8790 | 249 520 | 88 530 | 191 868 |
| 1984 | 330 | 148 | 17 990 | 8950 | 275 490 | 104 190 | 275 768 |
| 1985 | 373 | 173 | 22 220 | 11 060 | 311 540 | 131 450 | 474 169 |
| 1986 | 686 | 197 | 38 660 | 19 170 | 379 367 | 140 487 | 591 046 |
| 1987 | 759 | 212 | 40 409 | 20 038 | 406 039 | 146 970 | 588 046 |
| 1988 | 893 | 226 | 57 498 | 28 494 | 455 874 | 161 288 | 900 961 |
| 1989 | 905 | 253 | 52 890 | 26 195 | 490 246 | 161 688 | 1 090 249 |
| 1990 | 967 | 284 | 46 776 | 23 288 | 483 209 | 166 515 | 1 312 182 |
| 1991 | 968 | 296 | 51 231 | 24 726 | 532 203 | 195 714 | 1 896 000 |
| 1992 | 1 007 | 342 | 62 596 | 31 134 | 605 433 | 221 228 | 2 401 692 |
| 1993 | 1 057 | 342 | 69 047 | 34 204 | 678 348 | 242 869 | 3 353 252 |
| 1994 | 1 056 | 359 | 60 427 | 27 957 | 743 700 | 270 565 | 4 008 173 |
| 1995 | 1 263 | 394 | 65 016 | 31 324 | 801 656 | 309 858 | 5 515 145 |
| 1996 | 1 282 | 406 | 58 706 | 29 909 | 851 524 | 321 425 | 7 157 709 |
| 1997 | 1 330 | 449 | 57 548 | 29 026 | 908 217 | 366 793 | 9 135 402 |
| 1998 | 1 321 | 468 | 60 885 | 30 746 | 922 373 | 341 366 | 11 413 127 |
| 1999 | 1 392 | 490 | 64 014 | 31 798 | 1 051 617 | 388 365 | 15 595 479 |
| 2000 | 1 455 | 526 | 57 929 | 29 312 | 1 256 028 | 523 434 | 20 610 766 |
| 2001 | 1 443 | 527 | 60 532 | 30 423 | 1 426 340 | 599 783 | 24 700 071 |
| 2002 | 1 473 | 547 | 61 363 | 30 807 | 1 666 276 | 710 874 | 33 821 175 |
| 2003 | 2 238 | 650 | 58 593 | 29 231 | 2 011 256 | 877 139 | 44 548 747 |
| 2004 | 2 438 | 687 | 71 398 | 35 742 | 2 460 741 | 1 047 061 | 56 566 653 |
| 2005 | 3 110 | 769 | 72 897 | 36 524 | 2 927 774 | 1 241 655 | 69 888 051 |
| 2006 | 3 291 | 883 | 74 789 | 37 630 | 3 421 912 | 1 458 269 | 85 633 771 |
| 2007 | 3 453 | 967 | 69 415 | 34 942 | 3 881 999 | 1 656 307 | 104 496 339 |
| 2008 | 4 001 | 1 076 | 68 337 | 34 190 | 4 295 986 | 1 782 712 | 116 094 731 |
| 2009 | 4 516 | 1 214 | 76 000 | 38 186 | 4 754 806 | 1 979 215 | 109 908 156 |
| 2010 | 4 661 | 1 293 | 66 886 | 33 814 | 5 483 579 | 2 269 381 | 131 122 248 |
| 2011 | 4 733 | 1 366 | 73 255 | 37 128 | 6 162 924 | 2 523 176 | 145 955 734 |
| 2012 | 4 811 | 1 453 | 71 195 | 36 179 | 6 652 454 | 2 762 213 | 157 520 053 |
| 2013 | 4 841 | 1 524 | 70 160 | 35 557 | 7 280 981 | 3 024 311 | 169 015 371 |
| 2014 | 4 970 | 1 614 | 72 513 | 36 695 | 7 695 570 | 3 208 391 | 180 835 358 |
| 2015 | 5 132 | 1 723 | 73 072 | 36 940 | 7 845 778 | 3 253 260 | 188 079 698 |
| 2016 | 5 152 | 1 793 | 73 377 | 37 078 | 8 109 327 | 3 390 264 | 194 807 332 |
| 2017 | 5 324 | 1 892 | 77 285 | 39 414 | 8 654 635 | 3 588 172 | 209 925 494 |

注：1. 旅客吞吐量一栏1980年及以前年份为离港旅客人数。
2. 2008年规模以上港口口径调整。

## 附录 2-2　内河规模以上港口泊位及吞吐量

| 年份 | 生产用泊位数（个） | 万吨级 | 旅客吞吐量（千人） | 离港 | 货物吞吐量（千吨） | 外贸 | 集装箱吞吐量（TEU） |
|---|---|---|---|---|---|---|---|
| 1978 | 424 | - | - | - | 81 720 | - | - |
| 1979 | 432 | - | - | - | 85 730 | - | - |
| 1980 | 462 | - | - | - | 89 550 | - | - |
| 1981 | 449 | 4 | - | - | 87 860 | 834 | - |
| 1982 | 456 | 4 | - | - | 96 000 | 1 286 | - |
| 1983 | 482 | 6 | - | - | 106 580 | 1 802 | 6 336 |
| 1984 | 464 | 7 | - | - | 109 550 | 2 781 | 14 319 |
| 1985 | 471 | 16 | - | - | 114 410 | 5 913 | 28 954 |
| 1986 | 1 436 | 20 | 44 380 | 22 130 | 165 920 | 6483 | 39 534 |
| 1987 | 2 209 | 20 | 41 943 | 21 518 | 236 203 | 8616 | 42 534 |
| 1988 | 1 880 | 25 | 73 642 | 36 210 | 238 466 | 8498 | 63 943 |
| 1989 | 2 984 | 23 | 59 659 | 29 773 | 249 041 | 8792 | 86 605 |
| 1990 | 3 690 | 28 | 48 308 | 23 631 | 232 888 | 9363 | 115 044 |
| 1991 | 3 439 | 28 | 49 899 | 24 552 | 246 196 | 10 893 | 153 000 |
| 1992 | 3 311 | 30 | 58 367 | 28 291 | 273 064 | 13 695 | 193 754 |
| 1993 | 3 411 | 39 | 51 723 | 26 439 | 277 437 | 18 104 | 280 373 |
| 1994 | 4 551 | 42 | 43 415 | 23 447 | 295 172 | 15 596 | 359 726 |
| 1995 | 4 924 | 44 | 38 874 | 20 124 | 313 986 | 19 336 | 574 828 |
| 1996 | 5 142 | 44 | 63 210 | 33 649 | 422 711 | 22 484 | 555 807 |
| 1997 | 7 403 | 47 | 40 235 | 20 373 | 401 406 | 28 702 | 701 700 |
| 1998 | 8 493 | 47 | 45 765 | 22 804 | 388 165 | 28 993 | 1 023 558 |
| 1999 | 7 826 | 52 | 34 280 | 16 346 | 398 570 | 37 547 | 1 884 731 |
| 2000 | 6 184 | 55 | 27 600 | 13 538 | 444 516 | 43 968 | 2 021 689 |
| 2001 | 6 982 | 57 | 26 470 | 12 669 | 490 019 | 50 861 | 1 986 468 |
| 2002 | 6 593 | 62 | 23 364 | 11 800 | 567 008 | 59 530 | 2 361 163 |
| 2003 | 5 759 | 121 | 17 926 | 9 191 | 662 243 | 72 650 | 2 810 798 |
| 2004 | 6 792 | 150 | 16 369 | 8 557 | 864 139 | 84 577 | 3 625 749 |
| 2005 | 6 833 | 186 | 13 224 | 6 602 | 1 014 183 | 100 630 | 4 542 438 |
| 2006 | 6 880 | 225 | 11 056 | 5568 | 1 175 102 | 120 597 | 6 356 928 |
| 2007 | 7 951 | 250 | 10 169 | 5470 | 1 382 084 | 140 086 | 8 086 212 |
| 2008 | 8 772 | 259 | 8794 | 4625 | 1 594 806 | 142 882 | 9 641 322 |
| 2009 | 13 935 | 293 | 25 479 | 12 979 | 2 216 785 | 182 965 | 12 170 563 |
| 2010 | 14 065 | 318 | 21 539 | 11 014 | 2 618 223 | 210 246 | 14 586 422 |
| 2011 | 14 170 | 340 | 18 804 | 9 537 | 2 955 216 | 239 667 | 17 251 325 |
| 2012 | 14 014 | 369 | 17 140 | 8 712 | 3 122 277 | 268 314 | 19 373 065 |
| 2013 | 13 904 | 394 | 15 180 | 7 707 | 3 367 926 | 299 606 | 20 404 144 |
| 2014 | 13 894 | 406 | 13 097 | 6 648 | 3 492 457 | 320 909 | 20 479 620 |
| 2015 | 13 532 | 414 | 11 571 | 5 775 | 3 618 038 | 360 464 | 22 221 879 |
| 2016 | 12 923 | 423 | 10 568 | 5 115 | 3 779 388 | 395 580 | 23 842 862 |
| 2017 | 11 456 | 418 | 10 262 | 4 968 | 4 017 096 | 434 818 | 27 015 957 |

注：1. 旅客吞吐量一栏1980年及以前年份为离港旅客人数。
　　2. 2008年规模以上港口口径调整。

## 附录 3-1  交通固定资产投资（按使用方向分）

单位：亿元

| 年 份 | 合 计 | 公路建设 | 内河建设 | 沿海建设 | 其他建设 |
|---|---|---|---|---|---|
| 1978 | 24.85 | 5.76 | 0.69 | 4.31 | 14.09 |
| 1979 | 25.50 | 6.04 | 0.72 | 4.39 | 14.34 |
| 1980 | 24.39 | 5.19 | 0.70 | 6.11 | 12.38 |
| 1981 | 19.82 | 2.94 | 0.84 | 5.80 | 10.25 |
| 1982 | 25.74 | 3.67 | 0.76 | 9.41 | 11.91 |
| 1983 | 29.98 | 4.05 | 1.37 | 12.37 | 12.19 |
| 1984 | 52.42 | 16.36 | 1.95 | 16.17 | 17.94 |
| 1985 | 69.64 | 22.77 | 1.58 | 18.26 | 27.03 |
| 1986 | 106.46 | 42.45 | 3.68 | 22.81 | 37.51 |
| 1987 | 122.71 | 55.26 | 3.38 | 27.42 | 36.66 |
| 1988 | 138.57 | 74.05 | 5.07 | 23.12 | 36.33 |
| 1989 | 156.05 | 83.81 | 5.32 | 27.32 | 39.60 |
| 1990 | 180.53 | 89.19 | 7.13 | 32.05 | 52.17 |
| 1991 | 215.64 | 121.41 | 6.68 | 33.77 | 53.77 |
| 1992 | 360.24 | 236.34 | 9.39 | 43.83 | 70.68 |
| 1993 | 604.64 | 439.69 | 14.47 | 57.55 | 92.92 |
| 1994 | 791.43 | 584.66 | 22.51 | 63.06 | 121.20 |
| 1995 | 1 124.78 | 871.20 | 23.85 | 69.41 | 160.32 |
| 1996 | 1 287.25 | 1 044.41 | 29.35 | 80.33 | 133.16 |
| 1997 | 1 530.43 | 1 256.09 | 40.54 | 90.59 | 143.21 |
| 1998 | 2 460.41 | 2 168.23 | 53.93 | 89.80 | 148.45 |
| 1999 | 2 460.52 | 2 189.49 | 53.34 | 89.44 | 128.26 |
| 2000 | 2 571.73 | 2 315.82 | 54.46 | 81.62 | 119.83 |
| 2001 | 2 967.94 | 2 670.37 | 50.50 | 125.19 | 121.88 |
| 2002 | 3 491.47 | 3 211.73 | 39.95 | 138.43 | 101.36 |
| 2003 | 4 136.16 | 3 714.91 | 53.79 | 240.56 | 126.90 |
| 2004 | 5 314.07 | 4 702.28 | 71.39 | 336.42 | 203.98 |
| 2005 | 6 445.04 | 5 484.97 | 112.53 | 576.24 | 271.30 |
| 2006 | 7 383.82 | 6 231.05 | 161.22 | 707.97 | 283.58 |
| 2007 | 7 776.82 | 6 489.91 | 166.37 | 720.11 | 400.44 |
| 2008 | 8 335.42 | 6 880.64 | 193.85 | 793.49 | 467.44 |
| 2009 | 11 142.80 | 9 668.75 | 301.57 | 758.32 | 414.16 |
| 2010 | 13 212.78 | 11 482.28 | 334.53 | 836.87 | 559.10 |
| 2011 | 14 464.21 | 12 596.36 | 397.89 | 1 006.99 | 462.97 |
| 2012 | 14 512.49 | 12 713.95 | 489.68 | 1 004.14 | 304.71 |
| 2013 | 15 533.22 | 13 692.20 | 545.97 | 982.49 | 312.56 |
| 2014 | 17 171.51 | 15 460.94 | 508.12 | 951.86 | 250.59 |
| 2015 | 18 421.00 | 16 513.30 | 546.54 | 910.63 | 450.52 |
| 2016 | 19 887.63 | 17 975.81 | 552.15 | 865.23 | 494.45 |
| 2017 | 23 141.16 | 21 253.33 | 669.49 | 569.39 | 648.96 |